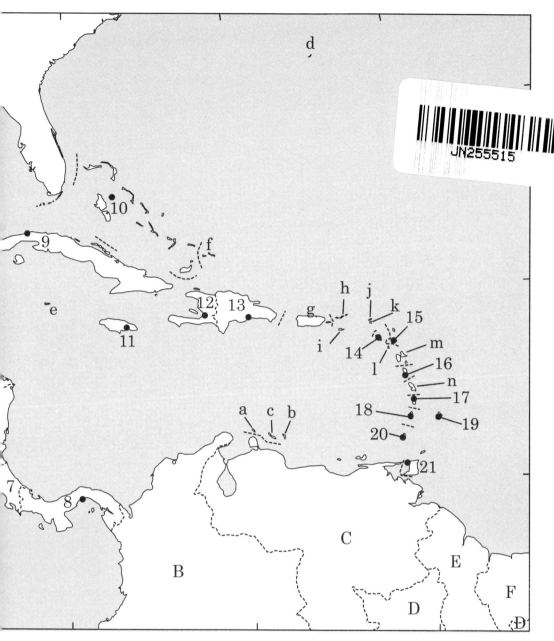

＜主な域内非独立地域（本国）＞
a. アルバ（オランダ）
b. ボネール（オランダ）
c. キュラソー（オランダ）
d. バミューダ諸島（イギリス）
e. ケイマン諸島（イギリス）
f. タークス・カイコス諸島（イギリス）
g. プエルトリコ（アメリカ合衆国）
h. 英領ヴァージン諸島（イギリス）
i. 米領ヴァージン諸島（アメリカ合衆国）
j. アンギラ（イギリス）
k. サンマルタン(フランス，北半分)／シントマールテン（オランダ，南半分）
l. モントセラート（イギリス）
m. グアドループ（フランス）
n. マルティニーク（フランス）

＜周辺国＞
A. アメリカ合衆国
B. コロンビア
C. ベネズエラ
D. ブラジル
E. ガイアナ
F. スリナム

①メキシコ市の独立記念塔（2017年3月）．②植民地時代に銀の採掘で栄えたメキシコ・グアナフアト（2015年2月）．③メキシコ・ティファナのアメリカ合衆国との国境のフェンス（2016年8月）．④グアテマラ・アンティグアの旧市街とアグア火山（2007年9月）．⑤グアテマラ・アンティグアの先住民系女性（2007年9月）．⑥ホンジュラス・サンペドロスーラの市場でトルティーリャを焼く女性（2013年9月）．⑦コスタリカ・アレナル火山（2017年8月）．⑧2016年6月に開通した第2パナマ運河（カリブ海側）（2017年8月）．

⑨パナマ・サンブラス諸島とクナ族の住民（2009年3月）．⑩パピアメント語，オランダ語，英語，スペイン語によるキュラソー島の表示板（2016年8月）．⑪独立直後に建立されたハイチ・ミローにあるサンスーシ城（2016年12月）．⑫ドミニカ共和国の首都サントドミンゴの旧市街（2012年1月）．⑬ドミニカ共和国を代表するラベガのカーニバル（2017年2月）．⑭グランドケイマン島（英領ケイマン諸島）・ジョージタウンのビーチ（2013年9月）．⑮グレナダの首都セントジョージズの中心部（2011年3月）．⑯トバゴ島（トリニダード・トバゴ）・スカボローのキングジョージ砦（2014年12月）．

（撮影：浦部浩之）

世界地誌シリーズ ⑩

中部アメリカ

石井 久生・浦部 浩之 編

朝倉書店

編集者

石井久生 共立女子大学国際学部

浦部浩之 獨協大学国際教養学部

執筆者
（　）は担当章

新木秀和 神奈川大学外国語学部（4章）

石井久生 共立女子大学国際学部（1，5章）

井上幸孝 専修大学文学部（3章）

浦部浩之 獨協大学国際教養学部（2，10章）

杓谷茂樹 公立小松大学国際文化交流学部（9章）

久松佳彰 東洋大学国際学部（7章）

松井謙一郎 拓殖大学政経学部（6章）

山岡加奈子 ジェトロ・アジア経済研究所 地域研究センター（8章）

（50音順）

ま え が き

　世界地誌シリーズの刊行のことば（カバー袖）に，「グローバル化と情報化が進行しつつある現代世界では，世界の諸地域を正確に認識することがますます重要である」とある．とくに地理学に関心のある読者にとって，世界の諸地域の姿を正確に認識しようとする姿勢は，なにを差し置いても貫かなければならない．しかし，昨今のグローバル化や情報化が，私たちに世界各地の情報を地域の偏りなく提供してくれるとはいえないのが現実である．日本と関係の深い地域の情報は私たちの周囲にあふれているが，そうでない地域の情報は不足する．そうした情報不足の地域を正確に認識することは困難で，その地域像はあいまいになってしまう．中部アメリカはそうした地域のひとつであろう．

　日本では，アメリカ合衆国の情報は容易に入手可能であるが，それより南の情報となると格段に困難になる．あたかもアメリカ合衆国とメキシコの国境に壁が存在し，日本への情報流入を阻害しているかのようである．実際そこには言語圏や宗教圏の境界が存在する．日本人は，英語をはじめとするアングロサクソン文化を明治の文明開化以降，積極的に取り入れてきたため，アメリカ合衆国の文化には比較的慣れ親しんでいる．しかし，エスニシティのボーダーを超えた中部アメリカ世界の情報を入手することは容易なことではない．こうした事情は学術分野でも同様であり，中部アメリカを研究対象とする日本の地理学者はきわめて少ない．中部アメリカの正確な地域像を読者に提供すべく企画された地誌書を世に送り出すにあたり，これが最初でかつ最大のハードルになった．しかし今回，力強い協力者を得ることができた．関連諸分野で活躍する6名の地域研究者が，本書の企画に参加してくれた．本書の執筆陣全員が現地での長期滞在経験があり，現地事情に精通している．こうした専門家が，現地で得た生の情報を最大限に活用しつつ，地誌学を共通の切り口として，それぞれが専門とする分野に関わる章を担当して完成させたのが本書である．

　本書は，大学で中部アメリカ地誌を学ぶための教科書として企画され，概説的な内容で構成されている．そのため一般読者の概説書としても十分な内容を含んでいる．ただし本書は教科書や概説書としての価値があるだけではない．中部アメリカを単独で扱った地誌書は，翻訳を含めた概説書や専門書を見回してもきわめて少ない．したがって当該地域の地誌書としての希少価値は高く，中部アメリカの地域像の啓蒙と普及に大いに貢献することが期待される．こうした期待を込めつつも，日本においてなじみの薄い地域を紹介するために，第1章では中部アメリカとその下位地域区分を丹念に定義し，中部アメリカ地誌の基本的枠組みの構築を試みた．そのうえで第2章以降では，9つのテーマに分けて地誌学的特徴を記述した．中部アメリカやその下位地域の範囲を考えるにあたって注意を要すべき点については，第10章でもあらためて検討を加えている．以上の一連の章を読み進めれば，中部アメリカの長い歴史と複雑な人種構成，その歴史のなかでかたちづくられてきた地域の社会や文化の構造的特徴，そして近年のグローバル化のもとで経験しつつある政治・経済環境の変化が理解できるであろう．それをとおして，中部アメリカの全体像とそれが内包する多様性についての知識が読者の間に醸成されることを期待している．本書の企画に参加した執筆陣と，企画から刊行までお世話になった朝倉書店編集部には，心より感謝申し上げる．

　2018年2月

石井　久生・浦部　浩之

目　　次

1. 中部アメリカ地誌へのアプローチ──地域概念と地域区分‥‥‥‥‥‥‥‥‥‥‥‥‥*1*

　1.1　「中部アメリカ」とは　　1

　1.2　中部アメリカの多様性　　4

　1.3　文化地域としての中部アメリカ　　8

　1.4　中部アメリカの重要性　　10

　　　コラム　アレクサンダー・フォン・フンボルトと中部アメリカ　12

2. 自然環境と災害──自然災害への脆弱性‥‥‥‥‥‥‥‥‥‥‥‥‥‥‥‥‥‥‥*14*

　2.1　中部アメリカの位置　　14

　2.2　地形と気候　　14

　2.3　自然災害　　18

　2.4　自然災害と低開発　　25

　　　コラム　2010年ハイチ大地震　29

3. 民族と文化の混淆──征服から現代まで‥‥‥‥‥‥‥‥‥‥‥‥‥‥‥‥‥‥*31*

　3.1　スペイン進出の歴史的経緯　　31

　3.2　先コロンブス期の中部アメリカ　　34

　3.3　民族の混淆　　35

　3.4　文化の混淆　　39

　3.5　混淆と現代国家─メキシコを例に　　42

　　　コラム　先住民文化の資源化　43

4. 多様な農業──企業的農業から零細農まで‥‥‥‥‥‥‥‥‥‥‥‥‥‥‥‥*45*

　4.1　農業の発展過程　　45

　4.2　農地改革と農業・農業地域　　51

　4.3　新自由主義経済下の農業再編　　53

　4.4　農業の新たな展開　　55

　　　コラム　食材からみる中部アメリカとのつながり　59

5. 都市化する中部アメリカ──急速な都市化と不均衡な集中‥‥‥‥‥‥‥‥*60*

　5.1　都市の立地と近年の都市化の特徴　　60

　5.2　中部アメリカ都市の歴史的展開と立地　　65

　5.3　20世紀以降の都市構造の変化　　69

　　　コラム　メキシコ市のバリオセラード（ゲーテッドコミュニティ）　77

6. ヒトと資本の移動──国内・国際人口移動からレメッサ（郷里送金）まで‥‥‥‥‥‥‥‥*78*

6.1 国内の人口移動　78

6.2 越境する人々　79

6.3 郷里送金　82

6.4 おわりに─ヒト・カネの移動の意義　85

　　コラム　オランダ病とは何か　87

7. 貧困と社会格差──データから確認する厳しさ‥‥‥‥‥‥‥‥‥‥‥‥‥‥‥‥‥‥‥*88*

7.1 貧困の様相　88

7.2 多元的な貧困概念　90

7.3 所得・資産分配の不平等構造　91

7.4 資産分配の不平等　92

7.5 不平等が発生する政治的背景　93

7.6 貧困の地理的分布　93

7.7 貧困と組織犯罪　94

7.8 貧困緩和に向けた取り組み　95

7.9 おわりに─貧困と不平等の緩和へ　96

　　コラム　中央アメリカの社会状況をよく示す映画　97

8. 中部アメリカの地政学──列強・大国に翻弄される国々‥‥‥‥‥‥‥‥‥‥‥‥‥‥‥*99*

8.1 旧宗主国との関係─植民地主義・帝国主義と中部アメリカ　99

8.2 冷戦・キューバ革命─共産主義の踏み絵　108

8.3 冷戦後の中部アメリカ─経済自由化の時代の新たな関係構築　113

8.4 おわりに─大国とつき合わざるをえない中部アメリカ　118

　　コラム　キューバの「ハーシー」鉄道　119

9. 多様なツーリズム──マスツーリズムから「新しい観光」まで‥‥‥‥‥‥‥‥‥‥‥*121*

9.1 国際観光の大衆化とリゾート開発　121

9.2 海と太陽とマスツーリズム　122

9.3 豊富なヘリテージと観光　126

9.4 クルーズ船観光とエコツーリズム─新しい動き　129

　　コラム　マスツーリズムと自然─カンクン・ホテルゾーンの遺跡公園で考える　132

10. 世界の中の中部アメリカ──中部アメリカの国際関係と日本‥‥‥‥‥‥‥‥‥‥‥‥*133*

10.1 「中部アメリカ」という地域概念の妥当性　133

10.2 中部アメリカと欧米諸国の関係　137

10.3 中部アメリカ諸国の域内協力　139

10.4 日本と中部アメリカの関係　142

10.5　中部アメリカを歩く　146

　　コラム 1　日本の中の中部アメリカ　148

　　コラム 2　中部アメリカの中の日本　150

さらなる学習のための参考文献　*153*

付録　統計資料　*156*

索　　　引　*158*

1 中部アメリカ地誌へのアプローチ
——地域概念と地域区分

　中部アメリカの地理的範囲を答えなさいと問われて，正確に答えることができるだろうか．日本では一見するとなじみのうすい中部アメリカではあるが，実はおよそ400年前から日本との交流の歴史がある．このように遠くて近い中部アメリカを1冊の地誌書としてまとめるにあたり，中部アメリカ全域が共有する地誌的な等質性と個別性を検証し，地域概念を醸成することは本書の最初の重要な課題である．さらに，中部アメリカの地域的多様性や下位地域区分を検証することも必須の作業である．本章では，中部アメリカの等質性と多様性を検証しながら，中部アメリカの特徴を明らかにしよう．

1.1 「中部アメリカ」とは

1.1.1 「アメリカ」の中の「中部アメリカ」

　「中部アメリカ」と聞いて，その正確な範囲を地図上で的確に指し示すことのできる読者がどれほどいるだろうか（図1.1）．その地名からして中部に位置するアメリカであり，「北アメリカ」と「南アメリカ」にはさまれた地域であることは容易に推測することはできる．しかし，私たちが頻繁に耳にする「北アメリカ」と「南アメリカ」ですら正確にその範囲を示すことができる読者はどれほどいるだろうか．

　実のところ中部アメリカのみでなく，北アメリカ，南アメリカもあいまいな地域概念である．したがって本書は，これらの地域概念を整理し，「中部アメリカ」を定義する作業から始めなければならない．その手掛かりとなるのが，これら地域の総体を指す「アメリカ」の定義である．日本では「アメリカ」というとアメリカ合衆国が連想されるが，本書では本来の意味である南北アメリカ全域を指す．アメリカが南北アメリカ全域を意味する地域概念であるなら，アメリカの地理的範囲はかなり正確に定義することができる．さらに「アメリカ」の名称の起源もはっきりしている．ま

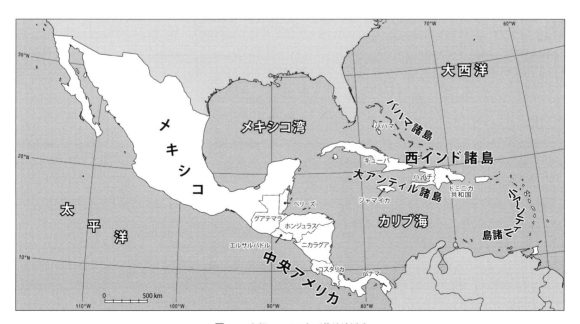

図 1.1　中部アメリカと下位地域区分

ずは「アメリカ」について知りながら，その下位地域区分である「中部アメリカ」や，それ以外の様々な「アメリカ」を理解することを試みよう．

現在の中部アメリカにヨーロッパ人が入植する以前，この地域に先住民の高度な文明が存在したことは周知のとおりである．メシーカ族，カリブ族などの先住民の名称は，現在の国名や地名として残るが，「アメリカ」は先住民由来の地名ではない．「アメリカ」の地名の由来は，15世紀末から16世紀はじめにかけて活躍したフィレンツェ共和国（現在のイタリアの一部）の冒険家アメリゴ・ヴェスプッチの名前にあるといわれる．しかしヴェスプッチはアメリカを最初に探検したヨーロッパ人ではなく，「アメリカ」の名づけ親でもない．

アメリカに最初に到達したヨーロッパ人はクリストファー・コロンブスである．コロンブスは1492年10月12日に現在のバハマのサンサルバドル島付近に到達し，キューバ島からイスパニョーラ島を数カ月探検して翌年にスペインに戻り，カトリック両王に「インディアス」到達を報告している．インディアス，すなわちインドとは，その当時，ヨーロッパで現在のインドまでを含む東アジア地域を指す地域概念であった．コロンブスはアジアへ到達したと思い込み，彼に続く冒険家らもしばらくはその認識を引き継いだ．

そこがアジアの一部であるという認識を打破したのがヴェスプッチであった．彼は1497年から1505年頃にかけて，カリブ海から南アメリカ大陸大西洋岸にいたる沿岸地域を数度探検したが，当時インディアスであると信じられていたこの地域がヨーロッパ人にとって未知の世界であるという確信を得た．そしてヴェスプッチの書簡がまとめられた冊子『新世界』（ラテン語で *Mundus novus*）がパリで1503年頃に発刊され，「新世界」という地域概念が登場した．だがヴェスプッチは，自身が探検した地域を彼らにとって未知の世界と紹介しただけで，「アメリカ」と命名したわけではなかった．

新世界に「アメリカ」の名を与えたのは，ドイツの地理学者マルティン・ヴァルトゼーミュラーであった．ヴァルトゼーミュラーは1507年に『世界誌入門』を出版したが，その中でヴェスプッチが新世界と呼んだ大陸に，彼の名前にちなんだ「アメリカ」の名を与えている．ヴァルトゼーミュラーはヴェスプッチを「アメリカ」の「発見者」と誤認したのであるが，事実を知った頃には，この美しい名はヨーロッパの知識階級の間で市民権を得ていた．

1.1.2 「アメリカ」を区分する

大航海時代のヨーロッパ人により「発見」され探索されたアメリカであるが，ヨーロッパ人は探検と入植を進めるにつれてこの地域の多様性を認識し，下位地域区分を用いるようになった．

a.「北アメリカ」と「南アメリカ」

その中でももっとも基本的な区分が，「北アメリカ」と「南アメリカ」である．これは現在の北アメリカ大陸と南アメリカ大陸に対応する自然地域区分であり，両大陸でもっとも狭い地峡部であるパナマ地峡が境界となる．パナマ地峡付近を境に南北アメリカを色分けした地図は，1580年頃発行のミュンスターの『アメリカ地図』あたりからみられ，1589年のオルテリウスの『太平洋地図』に，北アメリカと南アメリカに近いラテン語（Americae Septentrionalior Pars と Americae Meridionalior Pars）が登場するので，南北アメリカという地域概念は，1500年代後半から用いられるようになったのであろう．

現在の南北アメリカの実質的境界は，パナマとコロンビアの国境に広がるダリエン地峡に置かれている．国境に境界を合わせるのが合理的だからであろうが，ダリエン地峡は熱帯雨林に覆われ，南北アメリカ大陸を縦断するパンアメリカンハイウェイもこの地峡部だけが未着工のままである．そのため，ヒトの移動の障壁となり，実質的に大陸の境界として機能している．

b.「ラテンアメリカ」と「アングロアメリカ」

これと似た区分に「ラテンアメリカ」と「アングロアメリカ」がある．南北アメリカが自然地域的概念であるのに対し，ラテンアメリカはラテン民族のエスニシティ（共通の出自，言語，宗教などの文化的特性を共有する集団とその帰属意識）を共有する文化地域である．このような考え方は

19世紀半ばに登場している.

ラテン文化というエスニシティによってアメリカを区分するという考え方は,フランスの政治家で経済学者でもあるミシェル・シェヴァリエが1836年に刊行した『北アメリカについての手紙』（原題 *Lettres sur l'Amérique du Nord*）ではじめて登場した（Morales, 1988）.この中でシェバリエは「ラテンアメリカ」という用語を直接用いていないが,ラテン民族の住むアメリカがラテン人のヨーロッパと共同してアングロサクソン人のアメリカと対峙する必要性を説いた.

19世紀のはじめは,アメリカのスペイン語圏やポルトガル語圏の国々が独立した時期でもあった.一方,その北に18世紀末に誕生した13州の合衆国は,「アメリカ」の名を自らに与えるとともに,領土拡張を着実に進め,1840年代にはメキシコからテキサス,カリフォルニアを獲得した.植民地支配を脱してまもない南の独立国家群の政治家や知識人は,モンロー主義を掲げてヨーロッパによるアメリカへの干渉を排除しながら迫りくるアングロサクソン人のアメリカに対抗しようとするが,戦乱に明け暮れる旧宗主国スペインはもはや頼りにならなかった.それに代わってラテンアメリカの指導者らの精神的支柱となったのが,フランスで隆盛した汎ラテン主義であった.そうして1856年,チリの思想家フランシスコ・ビルバオがパリで開催された会議において,また1857年にコロンビアの作家ホセ・マリア・トレスが「2つのアメリカ（Las dos Américas）」という詩の中で,「ラテンアメリカ」（スペイン語のAmérica latina）という言葉を使っている.この頃からこの呼称が政治家や知識人の間で使われるようになり,後に民衆に普及していった.

こうしてみると,ラテンアメリカという文化地域概念がラテン文化圏で醸成され,その対抗概念として「アングロアメリカ」という文化地域概念が登場したと解釈できそうであるが,用語としてのアングロアメリカの登場はそれよりも早い.ドイツの博物学者であり地理学者でもあるアレクサンダー・フォン・フンボルトは,1799～1804年に現在のベネズエラ,ペルー,キューバ,メキシ

コにあたる地域を調査し,数々の著作を残した.その中の『ヌエバ・エスパニャ王領政治試論』第3巻（1812年）には,ドイツ語の「アングロアメリカ人（Anglo-Amerikaner）」が何度も登場する.同著作の別巻には,その対抗概念ともいえる「スペイン語圏のアメリカ（Spanische Amerika）」が頻繁に登場する.スペイン語圏のアメリカは,「イスパノアメリカ」と呼ばれる.

ここでいう「イスパノアメリカ」はラテンアメリカと似た文化地域概念であるが,それ以外に「イベロアメリカ」という表現もある.イスパノアメリカが,スペインの旧植民地に該当するスペイン語圏を指すのに対し,イベロアメリカはイベリア半島のアメリカ,つまりスペインとポルトガルの旧植民地が構成するアメリカを指す.

イスパノアメリカやイベロアメリカが,話者や歴史的背景といったエスニシティを指標とした文化地域であるとするなら,現在私たちがブラボ川（アメリカ合衆国ではリオグランデ川）とフロリダ海峡より南を「ラテンアメリカ」としていることが,文化地域としてはあいまいな定義であることが理解できよう.なぜなら,厳密にエスニシティの指標である「ラテンの伝統や出自」で区分しようとした場合,ラテン語から派生したロマンス諸語の1つであるフランス語の話者が住む現在のカナダ東部のケベック州などはこれに含まれる.同様に,英語話者の住むベリーズやカリブの一部の島々,オランダ語話者の住むスリナムなどは除かれる.

こうして考えると,私たちが一般的に用いる「ラテンアメリカ」は,文化的指標から厳密に定義できる地域ではなく,広義な地域概念であるといえる.民族的・文化的出自としての「ラテン」のエスニシティを共有しながら,ブラボ川とフロリダ海峡といった自然地形を境界に設定し,そこまでの地理的連続性を重視した便宜的なマクロ地域であるといえよう.

c. 「中部アメリカ」

ここまでアメリカの地域区分を検証した後に,やっと「中部アメリカ」に言及できるようになる.中部アメリカは,メキシコとアメリカ合衆国の国

境であるブラボ川から，パナマとコロンビアの国境であるダリエン地峡までの大陸部，さらにカリブ海を中心に展開する島嶼部により構成される．今日私たちがアングロアメリカと呼ぶ文化地域と，南アメリカ大陸という自然地域の間に位置している．

「中部アメリカ」は英語のMiddle Americaに対応する．しかし，この地域の多くの住民が話すスペイン語には「中部アメリカ」に対応する用語がない．同様にフランス語にもない．そうであるなら中部アメリカは，カリブ海地域の一部の島々に住む英語話者が醸成した地域概念なのであろうか．旧宗主国イギリスとのつながりを重視してきたイギリス系住民が，スペイン語圏やフランス語圏を取り込んだマクロ地域概念を醸成するとは考えられない．

「中部アメリカ」という地名がいつ頃登場したかを示す先行研究がないため，この地域概念の起源を究明することは難しい．ただし，ドイツ語の書物をあたると，「中部アメリカ」に該当するmittlern AmericaやMittelamerikaが登場するようになるのは1770年代頃からである．その後1800年代に入るとこれらの用語がドイツ語圏で市民権を獲得し，英語の書物にもMiddle Americaが登場するようになる．そうしたことから，18世紀末から19世紀はじめにかけてのアングロサクソン文化圏において，南北アメリカの間にある中央のアメリカという概念が醸成されたといえよう．

こうして登場した中部アメリカという地名が，いつ頃から現在の範囲に適用されるようになったかは明らかではない．ただし興味深いのは，この用語の登場時期が，中部アメリカ諸国の一部がスペインから独立を果たす時期，アメリカ合衆国がモンロー宣言後に中部アメリカへの干渉を強める時期と合致することである．そしてこの頃のアングロサクソン文化圏では，前述のフンボルトのアメリカ調査とそれに引き続く数々の著作の出版により，この地域に関する知識が飛躍的に豊かになった．こうしたアングロサクソンとラテンの両文化圏における政治環境の変化や学術的知識の深化が，この時期の中部アメリカ地域概念の醸成に寄与したことは間違いないであろう．

 1.2 中部アメリカの多様性

1.2.1 複雑な下位地域区分

中部アメリカには様々な下位地域区分が存在する．しかもそれが複雑でしばしば混乱を招く．例えば中部アメリカの大陸部は，「メキシコ・中米」と呼ばれたり，「メキシコ・中米・パナマ」と呼ばれたりする．島嶼部に目を向けても，「カリブ海地域」，「西インド諸島」，「アンティル諸島」など様々な名称が存在する．これらの下位地域区分と地域名称をここで一端整理しておこう．

a．中央アメリカ

中部アメリカとよく似た呼称に「中央アメリカ」がある．中米は中央アメリカの略称である．呼称は似ていても，両者はまったく異なる地域概念である．中央アメリカは，現在のグアテマラからパナマまでの大陸の地峡部を指す．カリブ海の島嶼部とメキシコはこれに含まれない．英語のCentral America，スペイン語のAmérica Centralがこれにあたる．

スペイン語にはこれと似たCentroaméricaという表現がある．これも「中米」と訳されるが，正確にはかつてのスペイン統治時代にグアテマラ総監領を構成していた現在のグアテマラ，ホンジュラス，ニカラグア，エルサルバドル，コスタリカを指す．またこの地域は独立後に中米連邦共和国（1823～1839年）を構成したことがあった．したがってここでいう「中米」は歴史的共同体としての文化地域的性格が強い．そのため，植民地期にヌエバ・グラナダ副王領の一部であり，中米連邦共和国に参加しなかったパナマは，この地域概念から除かれる．また1862年にイギリス領となった現在のベリーズを除く場合もある．

メキシコも中米連邦共和国に参加していなかったため，狭義の「中米」から除かれるが，同時に広義の中央アメリカからも除かれる．その点，中央アメリカとメキシコの使い分けは容易であるが，広義の中央アメリカと歴史的共同体としての「中米」の使い分けには注意が必要である．中部アメリカの大陸部を呼ぶ場合に，中央アメリカの略

称を用いた「メキシコ・中米」が現在では一般的であるが，狭義の「中米」を用いた「メキシコ・中米・パナマ」という表現があるのは，以上のような歴史の反映による．

b. カリブ海地域

カリブ海とその海域に含まれる島嶼部を指す名称で，しばしばカリブ海に接する大陸沿岸部も含む．英語の The Caribbean，スペイン語の El Caribe がこれにあたる．日本語では「カリブ地域」あるいは単に「カリブ」とも呼ばれる場合もある．「カリブ」の名称は，ヨーロッパ人がはじめて訪れた15世紀末に小アンティル諸島（後述）付近に住んでいた先住民カリブ族の名称に由来する．

カリブ海地域は大陸部と比較すると歴史的・文化的に独自性が強い．そのため国連の世界地理区分でも「ラテンアメリカとカリブ海地域（Latin America and the Caribbean）」とあるように，大陸部と分けて扱われている．

カリブ海地域の島嶼部は，バハマ諸島，アンティル諸島により構成され，アンティル諸島はさらに大アンティル諸島，小アンティル諸島に分けられる．

c. 西インド諸島

バハマ諸島，大アンティル諸島，小アンティル諸島により構成されるカリブ海地域の島嶼部は，「西インド諸島（West Indies）」と呼ばれる．ここでいう「インド」は，大航海時代前夜から初期にかけてのヨーロッパ人がいうところの南アジアである．アジアへの到達を目指したコロンブスが，第一回航海後にカトリック両王に対して「インド（インディアス）に到達した」と報告したことから「インド」の名称が用いられるようになった．しかし，後にヨーロッパ人はそれが実際と異なることに気づき，本来の南アジアや東南アジアを「東インド」，カリブ海地域の島嶼部を「西インド」と区別して呼ぶようになった．これが現在の西インド諸島の名称に由来する．

ただし，西インド諸島という用語は主に英語圏で用いられるもので，スペイン語圏ではなじみがうすい．むしろスペイン語圏では，「カリブ海地域」あるいは「カリブ島嶼部」を意味する Caribe

の用語が日常的に用いられる．

d. アンティル諸島

アンティル諸島は，キューバ島からトリニダード・トバゴ，さらにベネズエラ北部沿岸の島嶼部まで弧状に点在する島々により構成され，バハマ諸島は除かれる．ただしこれは英語圏の考え方で，スペイン語圏やフランス語圏でいうアンティル諸島は，バハマ諸島も含めた前述の西インド諸島の範囲を指す．

キューバ島，イスパニョーラ島，プエルトリコ島，ジャマイカ島の4つの大きな島々を中心に構成されるのが「大アンティル諸島」である．

また，大アンティル諸島の東から南アメリカ大陸に向けて南に延びる弧状列島が「小アンティル諸島」である．小アンティル諸島はプレートの沈み込み帯に沿って並ぶ弧状列島で，火山島が多い．スペインは当初支配しながらもこれら小さな島々に対して関心がうすく，後にほとんどがイギリス，フランス，オランダの植民地となった．

イギリス人は小アンティル諸島を2つの下位領域に分けて支配した．それがドミニカ島（現在のドミニカ国）を境界に分けられた「英領リーワード諸島（British Leeward Islands）」（1671～1958年）と「英領ウィンドワード諸島（British Windward Islands）」（1833～1958年）であった．現在用いられるリーワード諸島（風下諸島）とウィンドワード諸島（風上諸島）の名称は，これが由来である．ドミニカ島の北側の島々は南東貿易風の影響を受けるのに対し，ドミニカ島以南はその影響が弱いことから，このように呼ばれるようになった．

スペイン語，フランス語，オランダ語にも「風上諸島」という概念がある．それは，ベネズエラ北部沖に点在するオランダ領の ABC 諸島（アルバ島，ボネール島，キュラソー島）とベネズエラ領の島々を指す．それ以外の小アンティルの島々を，これらの言語圏では「風下諸島」と呼んだ．ここでいう「風上諸島」は，英語圏では「リーワードアンティル諸島（Leeward Antilles）」として区別されるので注意が必要である．

e. メソアメリカ

一部の英西辞典には英語の Middle America の

1.2 中部アメリカの多様性 5

スペイン語訳として「メソアメリカ（Mesoamérica）」をあてるものもあるが，それは正確ではない．両者はまったく異なる地域概念である．メソアメリカとは，メキシコ中央高地からコスタリカ北部にかけての地理的範囲にかつて栄えたオルメカ，マヤ，アステカなどの諸文明に共通する文化遺産と文化的特徴を共有する文化地域である．この文化地域概念を提唱したのは人類学者のパウル・キルヒホフである．

1.2.2　多様性を生み出す要因

こうして中部アメリカの下位地域を整理すると，それらの命名や地域区分に旧宗主国であるイギリス・フランス・スペインと，北の巨人アメリカ合衆国が深く関与していることがわかってくる．しかし中部アメリカがコロンブス以降のヨーロッパ人による植民によってのみ成り立っているわけではない．ここにはアフリカ系住民も存在し，何よりもヨーロッパ人やアフリカ人が移住する以前から先住民が住んでいたし，彼らがこの地域の主役であった当時は高度な文明社会が存在した．

中部アメリカは，様々な下位地域区分を内包するように，その住民も多様である．多様性の一方で，中部アメリカを一貫する文化地域としての共通項は存在する．その共通項に影響する諸点として，以下の4点が指摘されている（West and Augelli, 1989）．

a.　先コロンブス期の先住民分布の偏り

ヨーロッパ人が入植する以前，中部アメリカの主役は先住民であった．そして先コロンブス期の先住民分布の地域差は，現在の中部アメリカの人口構成や先住民文化の影響の地域差と大きく関係している．

ヨーロッパ人が到達した当時，デネヴァンの推計では，メキシコ中央高地に1,389万人，メキシコ南部からグアテマラにかけて395万人，その他の大陸地峡部に500万人，カリブ海地域に300万人の先住民が住んでいた（Denevan, 1992）．当時は，メキシコ中央高地やユカタン半島，グアテマラ南部にかけて人口が集中的に分布し，そこには高度な都市文明が存在した．そのため現在のメキシコ中央高地からグアテマラにかけては，先住民文化の影響が色濃く残る．先住民人口は，ヨーロッパ人との接触後に感染症の流行などの影響で最盛期の10分の1近くまで減少するが，この地域にはいまでも先住民がもっとも多く居住している．それに対し，もともと先住民人口の少なかったカリブ海地域では彼らはほぼ絶滅し，結果として後に入植したヨーロッパ人やアフリカ人と彼らの文化が支配的となった．

b.　スペイン人によるヨーロッパ文化の導入

1492年以降，中部アメリカではヨーロッパ人の入植が進行した．最初にスペイン人，それに引き続きフランス人，イギリス人，オランダ人らが入植したが，スペイン人以外の影響はカリブ海地域に限定され，大陸の大部分とカリブ海地域の広範な領域に影響を及ぼしたのはスペイン人であった．

スペイン人は中部アメリカに入植し，先住民を支配した．植民地支配のため副王，総監，アウディエンシアに代表される本国の封建的な統治システムを導入し，その行政領域が現在の国境に反映されることになった．さらに，スペインの言語，宗教，様々な習慣を先住民に強制し，スペイン語やカトリックが広く普及することになった．

スペイン人は16世紀には鉱山開発，17世紀以降はアシエンダ（hacienda）に代表される大土地所有により新大陸の富を搾取した．その際に彼らは労働力確保のためにエンコミエンダ（encomienda）制を利用した．アシエンダやエンコミエンダについては第4章で詳しく解説されるが，アシエンダにおける地主と小作農の関係は，現在まで続く大土地所有と貧農という中部アメリカ大陸部における農村の構造的問題に連動している．

エンコミエンダ制による先住民労働力の搾取は，スペイン人と先住民の階層社会は形成したが，それぞれの隔離社会は形成しなかった．階層社会ではあったが，その中で彼らは混交し，メスティーソに代表される混血住民が増加した．混血は，ヨーロッパ人が率先して隔離社会を形成したアングロアメリカではなかった現象であった．混血の進行の結果，中部アメリカの大陸部では，ヨーロッパ系，先住民，その混血が共存する社会が

形成された．共存とはいっても，肌の色による階層が固定化された不平等社会であった．地域により肌の色による住民の分布にも大きな差があったが，それにはもともとの先住民の分布が大きく影響した．これについては第3章で詳しく述べる．

c. スペインに続く旧世界からの移民

スペイン人は中部アメリカの大陸に支配の重点を置き，西インド諸島のとくに小アンティル諸島には関心がうすかった．そこには後にイギリス，フランス，オランダ，デンマークなど北西ヨーロッパ諸国が入植した．中でもイギリスとフランスは，大アンティル諸島のスペイン領の一部を支配下に置き，イギリスは大陸のカリブ海沿岸まで進出した．

北西ヨーロッパ人が入植したカリブ海地域では，非カトリック的な文化，北西ヨーロッパ的都市景観が移入された．ただし耕地として利用可能な土地が限られる島嶼部のため，入植者の数は限られた．その中でイギリスやフランスは，プランテーション農場を経営した．大陸で主流のアシエンダが現地消費を目的とした多品種栽培の大農場であったのに対し，プランテーションはサトウキビに代表される単一作物の生産とその輸出に特化した農場であった．

プランテーション農場の経営には大量の労働力が必要であった．大陸のスペイン植民地ではエンコミエンダ制により先住民労働力がアシエンダ経営に利用されたが，カリブ海地域では先住民の密度がもともと低かったうえ，ヨーロッパ人が持ち込んだ旧世界の感染症によりその数が激減したため，先住民労働力に頼ることはできなかった．

その結果カリブ海地域では，先住民に代わる労働力として，アフリカ大陸から強制的に移住させられたアフリカ人が投入された．奴隷貿易の時代に中部アメリカに強制移住させられたアフリカ人の数についての正確な記録はないものの，今日の西インド諸島の人口の多くがアフリカ系とその混血であることからすれば，その当時いかに多くのアフリカ人が移動したか推測できよう．19世紀に入ると，大陸のカリブ海岸で進行したバナナプランテーション開発やパナマ運河建設などに雇用

機会を求め，西インド諸島のアフリカ系住民はそこへ移住するようになった．こうして，大陸のカリブ海沿岸においてもアフリカ系住民が人口構成の中心になった．

19世紀以降はアジアからの移民も増加した．トリニダード・トバゴには，1830年代の奴隷貿易廃止以降，プランテーション農場の契約労働力としてインド人が大量に移住した．パナマ運河建設期には，アメリカ合衆国で鉄道建設に携わっていた中国人が中米地峡部に移住した．20世紀に入ると，日本人もメキシコ，キューバ，ドミニカ共和国などに移住した．アジアからの移民は数こそ少ないが，一部の地域では無視できない存在である．例えば，トリニダード・トバゴのインド系住民は全人口の約40%を占め，ほぼ同率のアフリカ系とともに国民の中核となっている．

d. 地理的孤立性と地域的多様性

人種的多様性に加え，この地域の自然地理の多様性が，各地の地域性を強調している．カリブ海地域の島嶼部では，ヒト，モノ，情報の島嶼間の移動が制限されたことから，それぞれの島の独自色が強まった．また16世紀以降カリブ海地域を支配したヨーロッパ諸国は，それぞれの国の宗教や言語，経済体系を持ち込んだため，同じ宗主国の支配下にあった島々では均質な文化が共有され，ヒトの移動も自由であった．しかし，宗主国が異なれば隣の島でも使用言語が異なり，ヒトの移動が制限される状況が生じた．

大陸部においても，その自然環境ゆえにヒトやモノの移動が制限され，地域の孤立性が高まった．メキシコや中央アメリカでは気候条件の比較的よい内陸に人口が集中したが，都市や集落は盆地や河谷部に形成され，それらを遮る山地によりヒトの移動が制限された結果，グアテマラ高地のように，谷を1つ越えれば先住民の使用言語が異なるレベルの地域的多様性が出現した．海岸の熱帯低地は，もともと人口が希薄で，交易の拠点以外に都市が発達することはまれであった．

大陸沿岸地域や島嶼部に形成された交易都市は，中部アメリカ諸地域を結ぶネットワークを形成することはなく，地域内ネットワークの欠如も

1.2 中部アメリカの多様性　7

各地の孤立性を高める要因であった．むしろこれらの交易都市が結んだのは，各地で生産される農産物や鉱物資源を輸入するアメリカ合衆国やヨーロッパの都市であった．先進諸国との強い経済的つながり，域内のヒト・モノ・情報の移動のネットワークの虚弱性，各地が経験してきた歴史の独自性，これらが総体として地域の多様性を強化するよう作用してきた．近年のグローバル化によりヒトやモノの流動は活発化しているとはいえ，先コロンブス期以降の数百年にわたり強化されてきた地域の多様性は容易に平準化できるものではない．

1.3 文化地域としての中部アメリカ

中部アメリカの多様な自然環境と人文環境は，独特の文化地域を育んだ．その特徴をアウジェッリは文化地域区分図を提示して説明している（Augelli, 1962）．彼が提示した文化地域概念は，いまから半世紀以上前のものであるが，この地域の人文的特徴を的確にとらえているために，今日でもこの地域の地理を語る際には頻繁に引用されている．

この文化地域区分では，人種構成により中部ア

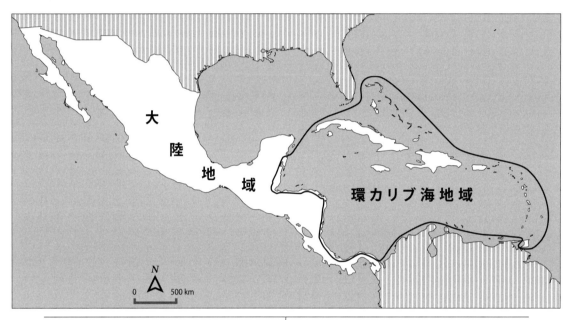

I．ユーロ先住民大陸地域	II．ユーロアフリカ環カリブ海地域
A．メソアメリカ区域（先住民の影響：大） 　1．メキシコ高原南部とユカタン半島 　2．チアパス州，グアテマラ，ホンジュラス西部， 　　ニカラグア西部 B．メスティソ区域（先住民の影響：中） 　1．ホンジュラス 　2．エルサルバドル 　3．ニカラグア 　4．パナマ 　5．メキシコ中央部 C．ヨーロッパ区域（先住民とアフリカ系の影響：小） 　1．コスタリカ 　2．メキシコ北部	A．中米区域 　1．プランテーション地帯 　2．他の地帯 B．西インド諸島区域 　1．スペイン系地区 　　a．ドミニカ共和国 　　b．キューバ 　　c．プエルトリコ 　2．北ヨーロッパ地区 　　a．旧オランダ領アンティル諸島 　　b．イギリス系西インド諸島 　　c．フランス文化複合体 　　　(1) 主要地区 　　　　(a) マルティニークとグアドループ 　　　(2) 副次地区 　　　　(a) ハイチ 　　　　(b) ドミニカ，セントルシア，グレナダ

図 1.2　中部アメリカの文化地域区分
(Augelli, 1962 を改変)

メリカが2つの領域に大別される（図1.2）．カリブ海沿岸を除く中米の大陸部は「ユーロ先住民大陸地域」と定義されるが，ここは先コロンブス期の先住民文化の強い影響が残り，スペイン起源のヨーロッパ文化がそれに加味されている．そのため，先住民とその混血が人口構成に占める割合の地域差が，先住民的要素とスペイン的要素の表出に影響する（図1.3）．「ユーロアフリカ環カリブ海地域」と定義される中央アメリカのカリブ海沿岸地域と西インド諸島は，アフリカ系とその混血の占める割合が高い．さらに，先住民はこの領域ではきわめて少ないためにその影響は弱く，それに代わってヨーロッパの旧宗主国，スペインと北西ヨーロッパ諸国，とくにイギリス，フランス，オランダの文化的差異が各地の文化景観に影響する（図1.4）．

人種構成はこの文化地域区分の主要な指標であるが，ここに住む人々の居住空間もこれに対応している．中部アメリカは比較的低緯度に位置するため，ユーロ先住民大陸地域の住民の多くは，高温になる海岸の低地を避け，高原や山間盆地などの高地に居住する．それに対してユーロアフリカ環カリブ海地域は，中央アメリカの海岸部や西インド諸島の島嶼部という自然地理的制約上，熱帯低地の海岸部が住民の主な生活空間となる．標高1,000 mを超える高地が存在する小アンティル諸島でも，多くが火山島で急峻であるため，貿易風の風下にあたる島の南西部の海岸部に都市が発達した．大陸のカリブ海沿岸には先コロンブス期から少数ではあるが先住民が居住していたが，蚊が媒介する風土病を避けるために海風の吹き抜ける海岸地域と沿岸の島々が主たる居住空間になった．ユーロアフリカ環カリブ海地域の居住空間が低地の海岸部に発達したことは，この地域の住民の外部世界へのアクセスを格段に容易にした．

人種構成や居住空間のほかに，農業経済と土地利用にもはっきりとした違いがあった．とくにヨーロッパ人が入植して以降，はっきりとした違いが出現した．それがアシエンダとプランテーションにもとづく地域差である（Wolf and Mintz, 1957）．どちらもヨーロッパ起源の土地利用法で，広大な農地と大量で安価な労働力を必要とし，独立した小規模農家の成長を阻害し，土地所有者の邸宅の周辺に労働者の集落をともなったという点では共

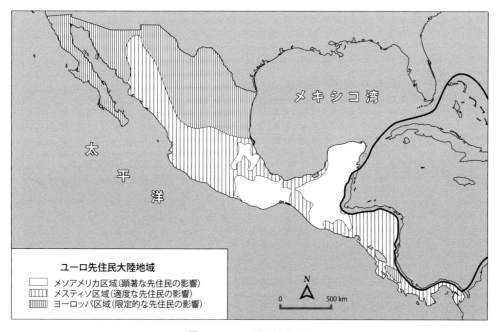

図1.3　ユーロ先住民大陸地域
（Augelli, 1962を改変）

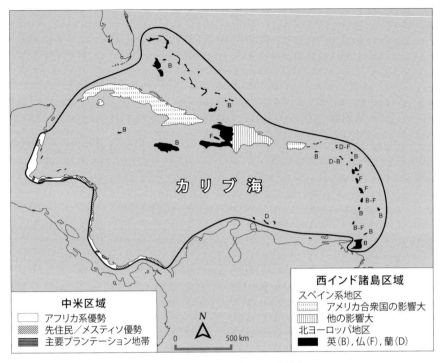

図1.4　ユーロアフリカ環カリブ海地域
（Augelli, 1962を改変）

通していた．しかし両者の地理的分布，経営主体と経営形態には前述のように大きな違いが認められ，ユーロ先住民大陸地域とユーロアフリカ環カリブ海地域を識別する典型的指標であった．

こうして2つの領域に分けて文化地域を説明するのは，あくまでも中部アメリカの全体的な特徴を説明しやすくするためである．実際には，先住民文化の影響の強い地域でも先住民集団により各地に独特の文化が存在し，旧宗主国やアフリカ系の影響を受ける地域でもその影響力や開発の集中度の違いによりその表出のありようも各地で異なる．各地をつぶさに観察して，地域性を理解する姿勢が重要になる．

1.4　中部アメリカの重要性

中部アメリカはその地域概念の起源も不透明で，個性の強い下位地域のモザイクにより構成されることから，ひとくくりに語ることは容易ではない．しかし，それを試みるのが，本書の目指すところである．中部アメリカの等質性を考える場合，その周辺地域との関係を検証し差異化を試み

ることが重要な作業になろう．その場合，北に隣接するアメリカ合衆国との関係は無視できない．

1.4.1　地政学上の重要性

中部アメリカ諸国にとって，アメリカ合衆国との関係の中で最重要課題は政治的・軍事的な国際関係である．前述のとおり，すでに19世紀前半の段階で，スペイン支配から独立した一部の中部アメリカ諸国は，領土拡張を進めるアメリカ合衆国と緊張関係にあった．そして1823年のモンロー宣言により，アメリカ合衆国がヨーロッパ諸国の干渉を排して中部アメリカに介入する可能性が高まった．この緊張の高まりが，中部アメリカとアメリカ合衆国の地政学的位置関係に由来することは一目瞭然である．両者は，「アメリカの地中海（American Mediterranean Sea）」と比喩されるメキシコ湾，カリブ海を間において対峙する．この海域は，アメリカ合衆国にとって「アメリカの裏庭」と揶揄されるラテンアメリカ諸国への玄関である．ラテンアメリカ諸国からアメリカ合衆国に運ばれる農産物，鉱物資源，石油などの多くはこの海域を通過する．そのためこの海域はアメ

10　1．中部アメリカ地誌へのアプローチ——地域概念と地域区分

リカ合衆国にとって重要なシーレーンとなり，この海域を取り囲むように存在する中部アメリカ諸国に対してアメリカ合衆国は直接・間接を問わず介入を繰り返した．例としては，キューバをめぐる米西戦争（1898年），それに続くプエルトリコ編入（1900年），キューバのグアンタナモ米軍基地開設（1903年），パナマ運河建設（1904〜1914年）など枚挙にいとまがない．

しかし中部アメリカ諸国をめぐる国際関係は，決してアメリカ合衆国主導一辺倒というわけではなかった．キューバ危機（1962年）では，アメリカ合衆国による海上封鎖や国交断絶に対し，キューバの当時のフィデル・カストロ首相が東西の国際秩序に果敢に割り込みつつ自国を導いた（写真1.1）．こうして緊張が極度に高まった国際関係は，ソビエト連邦（ソ連）のさらなる介入を促し，ニカラグアのサンディニスタ民族解放戦線，エルサルバドルのファラブンド・マルティ民族解放戦線などの反米・左翼組織が台頭した．ソ連崩壊後，これらの組織はゲリラ闘争を放棄したが，現在でも中部アメリカ諸国のアメリカ合衆国に対するまなざしは複雑であり，各国の指導者はアメリカ合衆国主導の米州機構（OAS）よりも，ラテンアメリカ諸国で構成するラテンアメリカ・カリブ諸国共同体（CELAC）やスペイン主導のイベロアメリカサミットを重視する傾向にある．

両者の戦略的関係は，前述のような自然地理的条件に起因するものであり，この条件が不可変でかつ恒常的なものである以上，関係は諸国家が存続する限り続く半永久的課題である．

1.4.2 経済的重要性

中部アメリカ諸国は，農産物や鉱物資源などの原料生産国でかつ資源輸出国のイメージがもともと強かった．一部の国々では輸入代替工業化が進行し，輸出志向工業化への転換が進んだメキシコをはじめ，製造業の発達した国も登場したが，現在でも原料生産と資源輸出，製品輸入という構図に大きな変化はない．とくにグローバル化が進行した1980年代後半以降，中部アメリカ諸国の製造業は地域外に逃避するようになり，さらなる工業化に期待することはできなくなった．しかしグローバル化は，それに代わる分野の成長をもたらした．それが観光業と金融サービス業である．

かつては製造業が経済成長の足掛かりと考えられていたが，今日では観光業による外貨獲得と雇用創出にその地位を取って代わられつつある．カリブ海地域では，欧米資本によるリゾート開発が早い時期から進行し，小アンティルの島々やメキシコのメキシコ湾沿岸は北アメリカやヨーロッパからの観光客が誘致された．近年ではこうしたマスツーリズム以外にも，メキシコ南部や中央アメリカ北部の先コロンブス期の遺跡を巡るヘリテージツーリズムや，コスタリカやベリーズで自然環境の持続性を尊重しながらそれを堪能するエコツーリズムなど，多様な観光の形態が発展している．

中部アメリカ諸国における国際観光収入の近年の伸びは著しい．世界銀行のデータによれば，メキシコ湾沿岸のリゾートツーリズムからユカタン半島のヘリテージツーリズムまで様々なタイプのツーリズムが展開されるメキシコでは，国際観光収入が2000年の9.1億米ドルから2015年の18.7億ドルへと約2倍の伸びを記録している．同じ時期にグアテマラでは5.0億ドルから15.8億ドルと約3倍増，オランダ領のキュラソーで2.2億ドルから7.1億ドルと約3.5倍増を記録したのを筆頭に，ほとんどの国で国際観光収入の増益を記録している．直接影響のあるホテル業以外にも，観光業の恩恵を受けるすそ野は広く，建設業，運輸業，飲食サービス業など多岐にわたり，現地経済

写真 1.1 2015年に再開された在キューバ米国大使館（2017年3月）

への波及効果は計り知れない．

金融サービス業による恩恵は，グローバルな規模での資本流動の活性化によるところも大きいが，世界的規模での金融政策緩和，電子商取引に代表される情報産業分野での技術革新による恩恵が大きい．こうした変化は，既存の金融市場の改革もさることながら，カリブ海地域で存在感を高めつつある新興のオフショア金融市場（国内の金融資本市場の法的制約を受けない自由市場）の成長によるところも大きい．

もともとオフショア金融市場として有名だったのはパナマとバハマであった．両国では金融にかかわる租税を優遇することで，グローバルに展開するユニバーサルバンクを誘致し，それを自国の経済発展に利用していた．しかし近年では旧英領あるいは現在も英領の西インド諸島諸国の台頭が著しい．例えば，2016年に「パナマ文書」が取りざたされた旧英領のケイマン諸島は多額のオフショア資金が運用されることで知られ，また英領ヴァージン諸島に籍を置くオフショア会社は世界最大規模である．

1.4.3 人類史上の重要性

南北アメリカ大陸において，中部アメリカは豊かな先住民文化が残る地域の1つであり，また最初にヨーロッパ人が来訪した地域でもあり，そしておそらくはアフリカ人が最初に大量入植した地域でもある．さらにはアジアからの移民も合流し，様々な文化，技術，ライフスタイルが外部から移入された．こうして世界でも類をみないハイブリットな文化が醸成された地域が中部アメリカ

写真1.2 メキシコ国立自治大学図書館の壁画（2017年3月）
この地域の文化のハイブリディティの象徴ともいえる．

である（写真1.2）．こうした点からして，中部アメリカで展開されてきた，あるいは現在展開されている人々の諸活動を地誌書としてまとめることは，中部アメリカを学ぶ人々だけに限らず，人類にとって価値ある作業であるといえる．

［石井久生］

引用・参考文献

Augelli, J. P. (1962)：The Rimland-Mainland Concept of Culture Areas in Middle America. *Annals of the Association of American Geographers*, **52**(2): 119-129.

Denevan, W. M. (1992)：*The Native Population of the Americas in 1492*, Univ. of Wisconsin Press.

Morales, F. (1988)：*Atlas histórico cultural de América*, Consejo de Cultura y Deporte, Gobierno de Canarias.

West, R. C. and Augelli, J. P.(1989)：*Middle America: Its Lands and Peoples*. 3rd ed., Prentice Hall.

Wolf, E. R. and Mintz, S. W.(1957)：Haciendas and Plantations in Middle America and the Antilles. *Social and Economic Studies*, **6**(3): 380-412.

コラム　アレクサンダー・フォン・フンボルトと中部アメリカ

第1章を執筆するにあたり，フンボルトの著作や彼を扱った研究書を久しぶりに読んだ．「近代地理学の祖」の1人とあおがれるフンボルトは，豊富な博物学的知識と精緻な科学的分析力をもって各地の地域像を詳細に描写している．それと同時に，彼の著作はフィールドワークにもとづく経験的な知識をベースにするものであることも忘れてはならない．こうした現代地理学の調査手法や地誌学的記述法のエッセンスが詰まった数々の労作を世に送り出したフンボルトであるが，最初の長期海外フィールドワークは中部アメリカから南アメリカ北部で経験している（図C1.1）．

フンボルトの著作のうち，本格的研究書として最初に刊行された『植物地理学評論』（1807年）は，日本語に訳され『地理学の古典』（手塚，1991）に収められている．翌年1808年に出版された『自然の諸相―熱帯自然の絵画的記述』も翻訳本として日本語で読むこと

ができる．ほかに日本語で読めるものに，複数の著作を断片的に収めた『続・地理学の古典―フンボルトの世界』（手塚，1997）があるが，圧巻は1816年から1831年にかけて出版された全7巻の旅行記『新大陸赤道地方紀行』であろう．全3巻版も出版されており，それが日本語に翻訳されている．本書のテーマである中部アメリカに関する著作としては，1826年刊行の『キューバ島政治評論』がある．これは先の『新大陸赤道地方紀行』に収められており，日本語で読むことができる．しかし，1808年から1811年にかけて刊行された『ヌエバ・エスパーニャ副王領政治評論』は残念ながら翻訳されていない．これらフンボルトの原著の初版本は，ここに列挙した最初の2つはドイツ語版とフランス語版が同じ年に出版されたが，それ以外の3つについては，最初にフランス語版が出版され，数年後にドイツ語版が続いた．プロイセン（現在のドイツ）生まれでドイツの地理学者としてのイメージが強いフンボルトであるが，パリ滞在を好み，フランスの知識人にも広い人脈をもち，パリ地理学協会の名誉総裁にも就任している．

今回，中部アメリカの地域観がアングロサクソン文化圏から発祥したのではないかと予想し，ドイツやフランスの図書館アーカイブを利用して，フンボルトの著作にドイツ語の Mittelamerika が含まれていないか可能な限り検索したが，見つけることができなかった．彼はフランス語の感覚でも世界を認識しており，フランス語に存在しない用語である「中部アメリカ」をドイツ語版でもあえて使わないのは当然なのかもしれない．ドイツ語圏の出版物に Mittelamerika が登場するようになった19世紀前半をとおして，フンボルトがこうした姿勢を貫いたのは，彼の中にフランス語圏の地理的感覚が備わっていたからなのである．フンボルトが数々の出版物を世に送り出した19世紀前半は，本文でも言及した汎ラテン主義が台頭した時代でもあった．「ラテン」の名のもとにラテンアメリカ諸国と結束を強めつつあったフランスにおいて，フンボルトはラテンアメリカ独立の父と称されるシモン・ボリバルとも交流している．これは果たして偶然なのか必然なのか．確かにいえるのは，フンボルトが新大陸に向けたまなざしには，アングロサクソン的なものだけではなく，ラテン的なものも含まれていたということである．

[石井久生]

引用・参考文献

フンボルト，A. von 著，ヴァイグル，E. 編，大野英二郎・荒木善太訳（2001-3）：新大陸赤道地方紀行（上・中・下），岩波書店．

フンボルト，A. von 著，木村直司編訳（2012）：フンボルト自然の諸相―熱帯自然の絵画的記述，筑摩書房．

手塚 章（1991）：地理学の古典，古今書院．

手塚 章（1997）：続・地理学の古典―フンボルトの世界，古今書院．

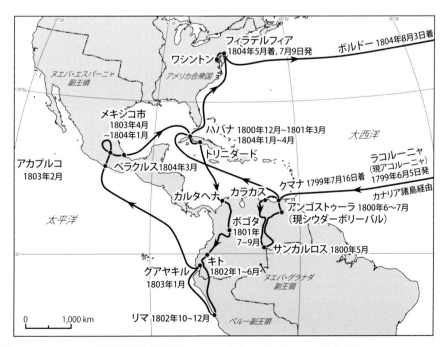

図 C1.1 フンボルトの新大陸調査旅行行程（1799〜1804）（フンボルト，2001 より作成）

2 自然環境と災害
——自然災害への脆弱性

　中央アメリカの地峡部とカリブの島弧で構成される中部アメリカは，プレートの境界に沿って位置している．またその大半が熱帯・亜熱帯に属している．このため，中部アメリカは地震，火山噴火，ハリケーン，洪水などの自然災害の多発地帯であり，その犠牲者数が数千，数万に及ぶことも珍しくない．ただ被害が拡大することの要因には，自然災害に対する社会の脆弱性があり，その問題の根底には低開発と貧困の問題があることをよく認識しておくべきである．本章では中部アメリカの自然環境について概観するとともに，この地域が繰り返し自然災害に苛まれていることを具体的に紹介し，災害拡大の原因を考察する．

2.1　中部アメリカの位置

　本書で扱う中部アメリカは，北アメリカ大陸と南アメリカ大陸を結び，また太平洋と大西洋を分かつ十字路に位置している．その陸地部は主に，南に下るにしたがって細くなる地峡部とその東側に弧を描くように大小の島々が連なる島嶼部で構成されている．それらの総面積 273 万 5,515 km² は，世界の陸地の 5.1％ にすぎない．ここに 21 の独立国とその他の非独立地域がひしめいており，それぞれの国の面積は，世界 14 位の 196 万 4,375 km² の広さをもつメキシコを例外として小さい．なお，この地域でメキシコに次いで大きいのが中央アメリカの地峡部に位置するニカラグアで，面積は 13 万 373 km²（世界 98 位）である．それに次ぐのがホンジュラスの 11 万 2,492 万 km²（同 103 位），島嶼部にあるキューバの 10 万 9,884 km²（同 106 位）である．ちなみに，ジャマイカとキューバはいずれも日本でもよく耳にする国名だが，その面積にどれほどの差があるか，すぐにイメージできるだろうか．ジャマイカの面積は岐阜県とほぼ同じ 1 万 911 km²（世界 168 位）で，キューバの約 10 分の 1 である．メキシコを除くと，この地域に属する国々の位置関係や形，面積などをすぐに頭に描ける人はそれほど多くないかもしれない．

　さて，この中部アメリカは，おおむね北緯 30 度から 10 度の範囲内に位置している．より詳細にいうと，メキシコの最北部は北緯 30 度線より

も北側（北緯 33 度まで）にあり，またコスタリカのほぼ半分とパナマの全体が北緯 10 度線よりも南側（北緯 7 度まで）にあるが，その他の部分は島嶼部も含めてすべて北緯 30 度線から 10 度線の範囲内に位置する．さらにいえば，ほとんどの国々は北回帰線（北緯 23 度 26 分）より南にある．メキシコだけは北回帰線で南北にほぼ二分されるが，それ以外の国で北回帰線よりも北に領土があるのはバハマだけである（バハマは約 700 の島々からなる群島であり，北回帰線付近に南北に広がっているが，首都のナッソーは北緯 25 度付近にある）．

　中部アメリカはこのような位置にあるため，そのほとんどが熱帯や亜熱帯に属する．ただし，メキシコは例外である．国土が中緯度地帯に向かって延び，また北進するにつれて東西の幅も大陸的規模に広がり，国土のかなりの部分が高原地帯で占められているため，温帯夏雨気候や乾燥気候が卓越する．中部アメリカの多くを占める熱帯性の気候は，様々な動物種・植物種を育んでいる．コスタリカは地球の陸地面積の 0.034％ にすぎない小さな国土（5 万 1,100km²）しかもたないが，そこには世界の 5％ にのぼる種が存在しているとされる．

2.2　地形と気候

2.2.1　地形

　地球の長い歴史をひもとくと，すべての大陸が結合して超大陸パンゲアを形成していた時代，今

日の北アメリカ大陸の部分と南アメリカ大陸の部分も地続きとなっていた．それがローラシア大陸とゴンドワナ大陸に分かれ（1億8,000万年前），前者からはさらに北アメリカ大陸が，後者からは南アメリカ大陸が分裂し，再び南北両アメリカ大陸が結合したのは鮮新世（533〜258万年前）の末期のこととされる．そして岩盤の褶曲や隆起，地震，火山噴火などといった地殻変動によって山脈や弧状列島が形成され，地形の侵食などの外的営力が加わり，今日の中部アメリカ一帯の複雑な地形が形成された．

図2.1，2.2は中部アメリカ一帯のプレートとプレート境界，および火山帯を示したものである．中部アメリカの大陸部は，環太平洋造山帯を構成し，地質学的には不安定な地域である．メキシコ高原の南縁部から中央アメリカにかけては，太平

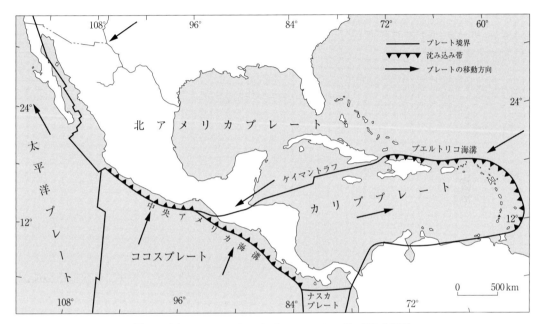

図 2.1　中部アメリカのプレート（West and Augelli, 1989 を改変）

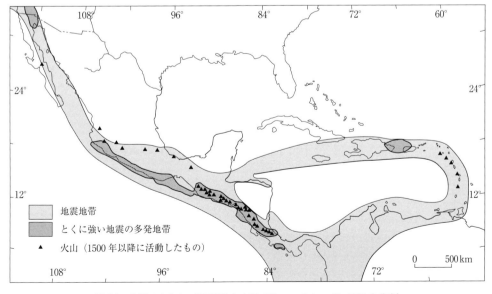

図 2.2　中部アメリカの地震帯と火山帯（West and Augelli, 1989 を改変）

洋のココスプレートがプレートテクトニクスでカリブプレートと北アメリカプレートの下に沈み込むところにできた大山脈があり，プレートの境界には最深部が6,669 mに達する中央アメリカ海溝が形成されている．他方，カリブ海に弧状に連なっている列島は，カリブプレートの下に北アメリカプレートが沈み込むところに生じた島弧で，プレートの境界には最深部が大西洋でもっとも深い8,605 mに達するプエルトリコ海溝が形成されている．

こうしたプレートの沈み込み地帯にある新期造山帯には，マグマの活動で金・銀などの貴金属，銅や亜鉛などの非鉄金属を含む火成鉱床が形成され，また褶曲や断層などによって石油が集積しやすい．メキシコのサカテカスやグアナフアトで16～18世紀に盛んに採掘された銀は植民地時代のスペイン王室の繁栄を支え，タンピコをはじめとするメキシコ湾岸に存在する石油資源は20世紀，メキシコに大きな経済成長をもたらした．ただし，これらの鉱物資源は偏在しており，造山帯にありながら，中央アメリカやカリブの国々の多くは地下資源に乏しい．例外的にトリニダード・トバゴには豊富な炭化水素資源が，キューバにはニッケルやコバルトが，ジャマイカにはボーキサイトがあるが，このキューバやジャマイカを含む多くの国々は石油などのエネルギー資源を国外からの輸入に依存せざるをえず，経済発展の足かせにもなってきた．

2.2.2 気候

中部アメリカのかなりの部分が属する北緯20～25度以南の地域は，1年を通して低緯度方向に向けて北東から吹き込む貿易風の影響を受ける．冬季には高気圧圏が東方の大西洋上に広がり，貿易風によって北東からの冷涼で乾燥した空気が運ばれてくるため，降水量は少なくなる．一方，夏季には熱帯収束帯（低圧帯）が太陽とともに北上し，雨をもたらすため，中央アメリカでは月間降水量が300 mmを超えることもまれでない（図2.3）．また，夏季には大西洋上の高気圧も後退して大気が不安定化するため，カリブ海域でも降水量は多くなる．なお，冬季に雨が少なく高温なカ

リブの気候は，美しいビーチも相まって欧米の人々にとっての魅力的な避寒地となり，観光業を発展させることとなった．最高気温は1年を通して30度前後に達するが，たえず吹き込む北東貿易風の影響で思いのほかしのぎやすい．他方，中央アメリカも1年を通して高温で，とくに夏季は多湿となる．もっともグアテマラ市（標高1,489 m），サンサルバドル（標高689 m），テグシガルパ（標高1,007 m），サンホセ（標高1,170 m）といった各国の首都は山岳地帯の盆地に築かれており，気候は比較的穏やかである．

なお，ここで季節の呼称について補足すると，スペイン語では「冬」のことをinviernoというが，この語には「雨季」という意味もある．コスタリカやパナマなどのスペイン語圏では，雨の多い5～11月くらいの時期を，日常生活においてはinvierno（冬）という．

中央アメリカやカリブとは異なり，メキシコの気候は多様である．メキシコの主要部分を占める，西シエラマドレ山脈と東シエラマドレ山脈にはさまれたメキシコ高原は，北部の1,200 mから南部の2,400 mへとしだいに高くなっていく．丘陵と盆地の織りなすこの高原地帯に歴史的に都市が栄え，標高2,240 mにある首都のメキシコ市，標高2,000 mにある銀鉱山の町グアナフアトの気候は1年を通して温暖である．同じく植民地期に銀の生産で栄えたサカテカスも気候は温暖であるが，西シエラマドレ山脈東麓の標高2,500 mにあり，高度の影響を受けて冬季（12～2月）の平均気温は11～12℃台，夜間の最低気温は4～5℃台まで下がる．他方で，低地の広がるメキシコ湾とカリブ海に面したユカタン半島，および南部の太平洋沿岸地帯は，カリブ海地域や中央アメリカと同じく，冬季に少雨となる熱帯性の気候が卓越する．アメリカ合衆国との国境を接する一帯は中緯度高圧帯下にあって乾燥気候が卓越し，過酷な環境となる．メキシコ（スペイン語発音ではメヒコ）とカリフォルニアが合成された地名のついている国境都市メヒカリの場合，年間降水量がわずか70.9 mmで，夏季（6～8月）の日中の平均最高気温は40℃を超える．

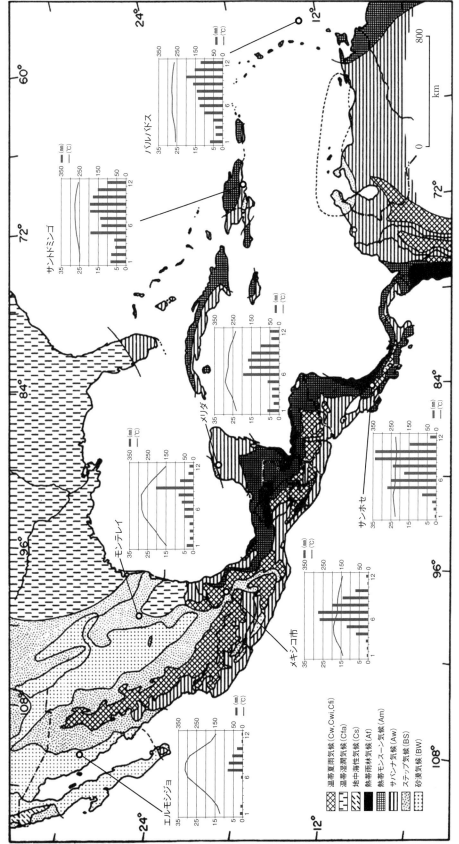

図 2.3 中部アメリカの気候と主要都市の雨温図（気候区分図は West and Augelli, 1989 を改変，雨温図は Climat View より作成）

2.2 地形と気候　17

2.3 自然災害

2.3.1 歴史に残る自然災害

プレートの境界に囲まれ，熱帯・亜熱帯の海洋部に位置している中部アメリカは，地震や火山噴火，ハリケーンなどによる自然災害の多発地帯である．ここに暮らす人々がたび重なる災害に苛まれてきたことは，記録にとどめられ，また目に見える痕跡を残してきた．例えばジャマイカのポートロイヤルは植民地時代，交通の要衝となる良港であり，スペインとイギリスによる激しい争奪戦が繰り広げられたが，1692年の地震による壊滅的被害を受けて放棄された．地盤の低下で町の3分の2が海に沈んだからである．これ以降，交易の拠点はキングストンに移された．ちなみにポートロイヤルは1907年1月14日にも地震と津波の被害を受け，その痕跡が遺構として残されている（写真2.1）．

植民地期にはまたグアテマラでも，総監領の首都が置かれていたアンティグア（当時の呼称はサンティアゴ）が1717年と1773年の大地震で，2度にわたって壊滅的な被害を受けた．スペイン国王は1776年，首都を安全な場所に移すよう命令し，それ以来，首都は現在のグアテマラ市に置かれている．なお，アンティグアの町自体はその後に再建されたが，町の中心部にあるレコレクシオン修道院をはじめとするいくつかの建造物が，地震で破壊された姿のまま保全されている（写真2.2）．

写真 2.2 1776年グアテマラ地震で壊れたレコレクシオン修道院（グアテマラ，アンティグア，2007年9月）

それよりもはるか昔，先コロンブス期にも人々は大きな災害を被っていた．その一端は，いまに残された痕跡からうかがい知ることができる．例えば西暦600年頃，いまのエルサルバドルのラリベルタ県でロマカルデラ山が噴火し，麓のホヤデセレン集落が灰に埋もれて全滅したと考えられている．この火山の噴火自体はその被害範囲からそれほど大きなものではなかったとも推定されているが，比較的低温の火山灰が短時間のうちに集落を覆いつくしたため，1976年の土地整備事業で偶然発見されるまで人知れず「保存」されることとなった．現在ではその保全整備が進められている（写真2.3）．

このほか，19世紀以前に発生した甚大な災害としては，1780年10月のアンティル大ハリケーンがある．このハリケーンはバルバドス島からマルティニーク島，セントルシア島，シントユース

写真 2.1 1907年ジャマイカ地震による津波被害にあった建物（ジャマイカ，ポートロイヤル，2012年8月）

写真 2.3 西暦600年頃の火山噴火で埋もれたホヤデセレンの遺跡（エルサルバドル，ホヤデセレン，2017年3月）

タティウス島，プエルトリコ島，イスパニョーラ島へと，弧状に並ぶ列島に沿うように進路をとってそれぞれの島の付近を通過したとみられ，正確なデータは不明ながら，2万2,000～2万7,000人という史上最大規模の犠牲者を出したとみられている．また1843年2月に小アンティル諸島中部を襲った地震では，グアドループ島のポワントアピトルの町が壊滅的被害を受けて数千人の犠牲者が出たといわれている．

2.3.2 中部アメリカにおける自然災害の特徴

話を20世紀に進めよう．図2.4に，1900～2016年に発生した中部アメリカにおける自然災害の件数，死者数，被災者数（死者を含む），被害額を類型別にまとめてみた．自然現象の様態や被災の実態は古くなればなるほど正確に確認することが難しく，中部アメリカのような発展途上国が多くを占める地域ではその困難も倍増する．そうした制約があることを認識しつつ，ここでは世界の自然災害に関する包括的なデータベースとして有用なEM-DATのデータをもとに考察してみたい．

EM-DATによれば，中部アメリカでここ117年の間に死者，被災者，物的損害を出した自然災害は1,115件にのぼる．中部アメリカにおいてはとくに暴風雨や洪水といった気象・水災害の割合が大きいことに大きな特徴がある．とりわけ被害額では，暴風雨と洪水によるものがほぼ8割を，被災者数でも6割を占める．

他方で死者数では，地震災害によるものが最多である．ただしそのうちの48%は2010年ハイチ大地震によるもので占められている．この地震がいかに人類史的にみても特異な災害であったかがわかる．これを除くと，対象期間の117年間に発生した地震による死者数5万8,029人は，暴風雨と洪水による死者数12万6,613人の半分弱である．なお，火山災害については，その件数は少ないが，ひとたび災害化するととくに人的被害が大きくなり，死者数全体の10%に達している．

ハリケーンやそのほかの熱帯性低気圧が最大の

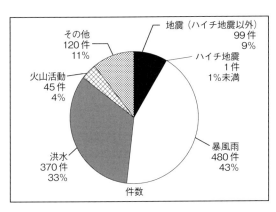
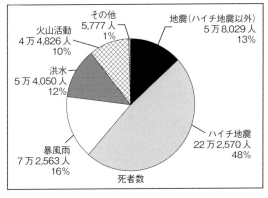
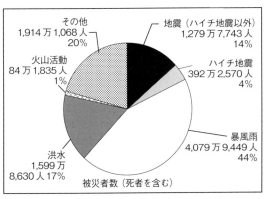
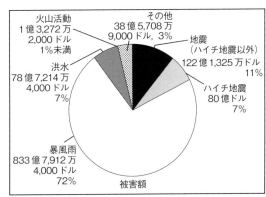

図 2.4 中部アメリカで発生した自然災害（1900～2016年）
（EM-DATより作成）

脅威となっていることは，中部アメリカの自然の特徴を如実に示しているといえよう．国連国際防災戦略事務局（UNISDR）によれば，最近20年間（1996～2015年）に発生した世界全体の自然災害による死者は，地震によるものが全体の55.6%（74万8,621人）を占めるのに対し，暴風雨は28.9%（38万9,186人），洪水は11.1%（15万61人）である．スマトラ沖地震（2004年）とハイチ大地震という2つの激甚災害が地震による死者数を膨張させていることを勘案して比較する必要はあるが，それでも中部アメリカでは暴風と洪水による犠牲が相対的に大きいことがわかる．

2.3.3 主要な災害

表2.1は，中部アメリカにおいて20世紀以降に発生した大規模な自然災害である．各種の文献にある自然災害史の年表などをみると，相互のデータに矛盾があったり，重大な災害が抜け落ちたりしていることも少なくない．また災害の重大さはえてして死者数の多寡で判断されがちであるが，例えば1995年と1997年のモントセラートにおけるスフリエールヒルズ火山の噴火のように，犠牲者数はわずかであっても首都が放棄され島の半分が居住不能になるような，軽視できない事例もある．1961年10月にベリーズ（当時は英領ホンジュラス）を襲ったハリケーン・ハティに関しても，275人という犠牲者の数は，4桁の人命損失を出すことが決して珍しくない中部アメリカにおいては目立たないかもしれないが，首都のベリーズシティが甚大な被害を受け，内陸のベルモパンへの首都移転のきっかけをつくることとなった．表2.1は，科学的分析というよりも，中部アメリカにおける過去100余年の自然災害の全体像をできるだけ簡明に把握することを意図して作成したものであり，死者数についてはあくまで複数存在する数値の中から慎重に選んだ参考値である．以下，とくに被災規模の大きかった災害や特異な災害のいくつかについて簡単に解説しておきたい．

a. 気象災害（ハリケーン災害）

ハリケーン，および熱帯低気圧による暴風雨は，中部アメリカの国々にとって回避することのできない気象現象である．大西洋北部に発生したハリケーンはカリブ海域を通過し，中米諸国やメキシコ，アメリカ合衆国に上陸することもある（図2.5）．これらのハリケーンが勢力を減じないまま人間の居住空間を襲うと，時に甚大な被害がもたらされる．命を落とす人の桁数が，いまの時代でも4桁や5桁にのぼることがある．

［ハリケーン・ミッチ：1998年］

20世紀最大の犠牲者を出したハリケーンは，1998年10月に発生したハリケーン・ミッチである．このハリケーンはカリブ海側からホンジュラスに上陸し，エルサルバドル，グアテマラ，メキシコ南部を通過してメキシコ湾へと抜けた（図2.5）．正確な犠牲者数ははっきりしていないが，中央アメリカ全域で1万8,000人を超えたと推測されている．とくに被害の大きかったホンジュラスでは死者が1万3,000人，物的被害は国内総生産（GDP）の約68%に当たる36億ドル，住む場所を失った人は人口の1割に当たる60万人に達したとされる．首都のテグシガルパでは，数日間にわたる降雨により，町を南北に縦断するチョルテカ川の上流にある貯水池が決壊し，またエルベリンチェ地区（写真2.4）など数カ所で大規模な地滑りが発生して大量の土砂がチョルテカ川に流れ込んだ．この土砂災害と市街地の大洪水で多くの人命が失われ，また都市の行政やインフラ，公共サービスが麻痺状態に陥ることとなった．

［ハリケーン・ジーン：2004年］

2004年9月に発生したハリケーン・ジーンは，現時点で，21世紀に入ってから最大の犠牲者を出したハリケーンである．国連のまとめによれば，ハイチの被害状況は死者1,840人，行方不明者870人，被災者29万8,926人，避難所生活者1万4,048人にのぼった．最大の犠牲者を出したのは中部にある第3の都市ゴナイヴである．ハイチでは貧困層による農地拡大と薪炭材確保が原因で森林破壊が極度に進み，2005年の時点で森林被覆率はわずか3.8%にまで低下している（FAOデータ）．ハリケーンにともなう降雨によってもたらされた大量の水が山地斜面を駆け抜け，町全体が水位3mにも達する洪水と泥流で覆われ，多

表 2.1 中部アメリカで発生した大規模な自然災害・特異な災害（20 世紀以降）

発生年月日	災害名	主な被災国・地	犠牲者数（人）
気象災害（ハリケーン：大西洋発生）			
1909 年 8 月	モンテレイハリケーン	メキシコなど	4,000
1928 年 9 月	オケチョビーハリケーン	グアドループ，プエルトリコ，アメリカ合衆国（フロリダ）など	4,100 以上
1930 年 8〜9 月	ハリケーン・サンゼノン	ドミニカ共和国	2,000〜8,000
1931 年 9 月	ベリーズハリケーン	ベリーズ	1,500〜2,500
1932 年 10〜11 月	キューバハリケーン	キューバなど	2,500〜3,100
1935 年 10 月	ハリケーン・エレミヤ	ハイチ	2,000
1961 年 10〜11 月	ハリケーン・ハティ	ベリーズ	275
1963 年 9〜10 月	ハリケーン・フローラ	ハイチ，キューバ，ドミニカ共和国など	7,193
1966 年 9〜10 月	ハリケーン・イネス	ハイチ，ドミニカ共和国など	1,100
1974 年 9 月	ハリケーン・フィフィ	ホンジュラス	8,200
1979 年 8〜9 月	ハリケーン・デービッド	ドミニカ共和国など	2,068
1994 年 11 月	ハリケーン・ゴードン	ハイチ	1,152
1998 年 9 月	ハリケーン・ジョージス	ドミニカ共和国，ハイチ	615
1998 年 10〜11 月	ハリケーン・ミッチ	ホンジュラス，ニカラグア，エルサルバドル，グアテマラ	18,000
2004 年 9 月	ハリケーン・ジーン	ハイチ	3,035
2005 年 10 月	ハリケーン・スタン	グアテマラ	1,668
2008 年 8〜9 月	ハリケーン・ハンナ	ハイチ	532
2016 年 9〜10 月	ハリケーン・マシュー	ハイチ	586
気象災害（ハリケーン：太平洋発生）			
1959 年 10 月	ハリケーン 15 号	メキシコ（ハリスコ州，コリマ州）	1,800
1976 年 10 月	ハリケーン・リサ	メキシコ（バハカリフォルニアスル州ラパス）	1,263
気象災害（その他）			
1949 年 10 月	グアテマラ東部大洪水	グアテマラ	40,000
1963 年 11 月	大雨・洪水・地滑り	ハイチ（グランリビエドゥノール）	500
1982 年 9 月	大雨・洪水・土砂崩れ	エルサルバドル，ニカラグア	1,300
1999 年 9 月	豪雨・高潮・洪水・泥流	メキシコ	636
2004 年 5 月	豪雨・洪水（河川決壊）	ハイチ，ドミニカ共和国	1,950〜2,400
地震災害			
1902 年 4 月 19 日	サンペルフェクト地震	グアテマラ（ケツァルテナンゴ）	800
1907 年 1 月 14 日	キングストン地震	ジャマイカ（キングストン）	1,000
1910 年 5 月 4 日	コスタリカ地震	コスタリカ（カルタゴ）	700
1920 年 10 月 3 日	メキシコ地震	メキシコ（プエブラ州キミストラン）	2,000
1931 年 3 月 31 日	マナグア地震	ニカラグア（マナグア）	1,200〜1,500
1972 年 12 月 23 日	マナグア地震	ニカラグア（マナグア）	20,000
1973 年 8 月 28 日	ベラクルス地震	メキシコ（ベラクルス）	1,200
1976 年 2 月 4 日	グアテマラ地震	グアテマラ	22,870
1985 年 9 月 19 日	メキシコ地震	メキシコ（メキシコ市）	10,000
1986 年 10 月 10 日	エルサルバドル地震	エルサルバドル（サンサルバドル）	1,500
2001 年 1 月 13 日	エルサルバドル地震	エルサルバドル（サンサルバドル）	1,259
2010 年 1 月 12 日	ハイチ地震	ハイチ	222,570
火山災害			
1902 年 5 月 7 日	スフリエール火山噴火	セントビンセント島（当時英領）	1,680
1902 年 5 月 8 日	プレ火山噴火	仏領マルティニーク	30,000
1902 年 10 月 24 日	サンタマリア火山噴火	グアテマラ	800
1902 年 8 月 30 日	プレ火山噴火	仏領マルティニーク	1,100
1929 年 11 月 2 日	サンタマリア火山噴火	グアテマラ	最大 5,000
1968 年 7 月 29 日	アレナル火山噴火	コスタリカ	76
1982 年 3 月 29 日	エルチチョン火山噴火	メキシコ	2,000
1995 年 7 月 18 日	スフリエールヒルズ火山噴火	英領モントセラト	0
1997 年 6 月 25 日	スフリエールヒルズ火山噴火	英領モントセラト	20
2010 年 5 月 27 日	パカヤ火山	グアテマラ	165

（各種文献に掲載の自然災害年表やその他の資料より作成）

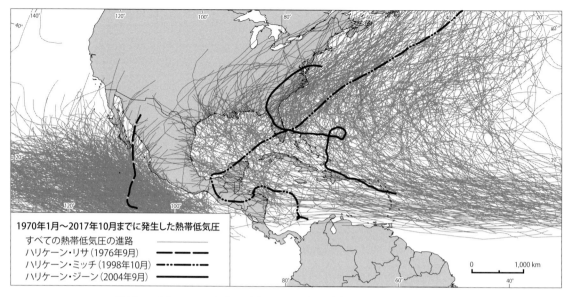

図 2.5 ハリケーン・リサ（1976年），ミッチ（1998年），ジーン（2004年）の経路
（NOAA IBTrACS のデータより作成）

写真 2.4 1998年のハリケーン・ミッチで地すべりの起きたテグシガルパ・エルベリンチェ地区
山肌の空き地部分（整備進行中）に大規模な被害が発生した（ホンジュラス，テグシガルパ，2013年8月）．

くの人命が奪われることになった．

［ハリケーン・リサ：1976年］

大西洋側に頻発するハリケーンの陰で見落とされがちであるが，北太平洋の東部で発生するハリケーンがメキシコの太平洋岸側に甚大な被害を及ぼすことがある．1976年9月に発生したハリケーン・リサはバハカリフォルニア半島をかすめるように通過してメキシコの北西部に上陸し（図2.5），バハカリフォルニアスル州の州都ラパスで1,000人にのぼる死者を出すとともに，7万人超から住む場所を奪った．また大陸部のシナロア州やソノラ州にも大きな人的・物的被害を及ぼしている．

b. 地震災害

2010年1月に発生したハイチ大地震は突出して犠牲者の規模が大きかった地震であるが，これ以外にも中部アメリカでは1900年以降，犠牲者数が1,000人を上回る地震が少なくとも10回発生している．

［マナグア地震：1972年］

1972年12月23日にニカラグアの首都マナグアで発生した地震は，正確な数は不明ながらも2万人前後の死者を出したとみられ，1976年2月8日にグアテマラで2万3,000人近い死者を出す地震が発生するまでは，20世紀に中部アメリカで発生した地震として群を抜く大きな人的被害を出した災害であった．この地震の規模そのものはマグニチュード6.2であった．しかし，震源がマナグアに面したソロトラン湖（マナグア湖）であり，首都直下同然といってよく，本震で多数の建物が倒壊・損壊し，またその後に連続して発生した余震と翌年1月3日まで続いた火災による被害も加わって，マナグア市街地の建物の9割が瓦礫の山と化した．結局，スペイン語でセントロと呼ばれる旧市街の中心部はそのまま放棄されることとな

った．湖に面した旧市街地には，いまでも広大な空き地が広がり，ひどく損傷した大聖堂が地震当時のまま取り残されている（写真2.5）．この地震はその後のニカラグア政治にも大きな影響を与えた．地震後に多くの国際的な支援の物資や資金が届いたものの，当時の独裁者ソモサの一族やソモサの傭兵と化していた国家警備隊がそれを横領したとの悪評が国内外に広がり，1979年のニカラグア革命の1つの原因ともなっている．

[メキシコ大地震：1985年]

1985年9月19日に発生したこの地震は，ミチョアカン州のラサロカルデナスにごく近い太平洋沖合のプレート境界付近を震源とし，その規模はマグニチュード8.0であった．この地震の特徴は，震源から約350km（東京から宮城県石巻市までの距離にほぼ相当）も離れた首都メキシコ市でも大きな揺れが生じ，多くの建物が倒壊するなどして推計で9,500人以上もの死者を出したことである．地震波はメキシコ市に約1分半かけて到達し，その後3〜4分の揺れが続いたと観測されている．被害が拡大した理由としては，第一に，メキシコ市が水分を多く含む軟弱な地盤の上に立地しているということがある．メキシコ市は16世紀にスペイン人がアステカ帝国を征服した後，神殿の周囲に広がっていたテスココ湖を埋め立てて建設された都市である．第二に，地震波の反射と増幅による長周期地震動と建物が揺れる振動とが一致して共振を起こし，多数の建物が倒壊したということがある．当時この共振についてはよくわかっておらず，無残に倒壊した建物と損壊を免れた建物との違いは建築基準や地盤の強弱の差によるものともみられていた．しかし近年の研究により，低層階の建物やおおむね15階以上の建物にあまり被害がなく，その中間の高さの建物で被害が大きかったのは，この共振によるものと考えられるようになっている．メキシコは1982年に対外債務の元本と利子の支払いが滞る累積債務危機に陥っていたが，この地震はメキシコのマクロ経済の悪化に追い打ちをかけることとなった．2017年，くしくも1985年の地震とまったく同じ9月19日に大きな地震がメキシコ市を襲い，小学校が倒壊するなど270人を超える死者を出し，メキシコが地震災害の危険にさらされていることをあらためて認識させられることとなった．

[エルサルバドル地震：2001年]

今世紀に入ってから最初に発生した甚大な地震災害は，2001年1月13日，エルサルバドルのサンミゲル県にごく近い太平洋沖合を震源に発生したマグニチュード7.6（7.9に達していたとの説もある）の地震である．この地震では1,200人以上の死者が出て，また国全体の住宅総数の約20％に当たる約27万戸が全壊もしくは一部損壊の被害を受け，被災者は100万人を超えたとみられている．首都サンサルバドルでビルの倒壊があったほか，政府の発表によれば，サンサルバドルやそれに隣接するサンタテクラで21カ所の斜面崩壊が発生し，多くの犠牲者を出した．なお，エルサルバドルではちょうど1カ月後の2月13日，再びマグニチュード6.6の地震が発生し，300人を超える死者を出した．

ところでアメリカ合衆国にはエルサルバドル系の住民が，本国人口（630万人）の約31％に相当する198万人も居住している（2011年センサス）．アメリカ合衆国政府はこの地震の発生を受けて移民法の条項にもとづく一時的保護身分を付与する措置をとり，約25万人に移住と就労を認めた．震災の影響はこうした人口移動の側面にも及んでいる．

写真2.5 1972年マナグア地震で破壊された大聖堂
かつては旧市街の中心部であったが，地震で放棄され，すでに周囲に建物はなく，ポツンとたたずんでいる（ニカラグア，マナグア，2012年3月）．

[ハイチ大地震：2010 年]

「これまでに国連が直面した中でもっとも深刻な人道危機である」(潘基文事務総長) といわれた 2010 年 1 月 12 日のハイチ大地震は，人類史上でも最大級の犠牲者を出す激甚災害となった．震災 2 カ月後に国連の呼びかけで開催されたハイチ支援国会合で死者数が 22 万 2,570 人と報告されたため，各種の文献や記事ではこの数字がしばしば引用されている．しかし，震災 1 周年の日にハイチ政府の開いた追悼集会でプレバル大統領が，再試算の結果，死者は 31 万 6,000 人に達したと述べており，この数字が実態に近いとする見方も強い．いずれにしても，2004 年スマトラ沖地震・津波による死者・行方不明者がインドネシアの 16 万 8,000 人を筆頭に世界全体であわせて 22 万 8,000 人と推測されているので，少なく見積もってもハイチ大地震による犠牲者数は単独の国で発生したものとして未曽有である (なお，1976 年に中国河北省で発生した唐山地震で 24 万人の死者が出たとされているが，中国政府が援助を含めて国外からの一切の関与を拒んだこともあり，実態ははっきりしていない)．深さ 13 km で発生したこの地震のエネルギーはマグニチュード 7.0 であり，極端に大きかったわけではない．しかし，首都のほぼ直下で発生したこととハイチの劣悪な経済・社会状況が被害の拡大をもたらした．ただでさえ国民の半数が 1 日当たり 1.25 ドル以下で生活する最貧国状態にあり，また政情も落ち着かず，ハイチはいまなお国家再建もままならない状態に陥っている (コラム参照)．

c. 火山災害

1902 年の 5 月に 2 日連続で発生した，セントビンセント島のスフリエール火山とマルティニーク島のプレ火山の噴火，1902 年と 1929 年に発生したグアテマラのサンタマリア火山の噴火，1982 年に発生したメキシコのエルチチョン火山の噴火は，いずれも火砕流によって 1,000 人台から 3 万人台の死者を出している．20 世紀に世界で発生した死者 1,000 人を上回る火山災害は 11 火山 12 件あり，そのうちの 4 火山 5 件を中部アメリカが占める．中部アメリカにはこのほかにも現在活動している火山 (コスタリカのアレナル火山は 1968 年に有史以来のはじめての噴火をした)，過去に活動のあったことが知られている火山が連なっており，潜在的な火山災害の危険性は大きい．

[プレ火山の噴火：1902 年]

プレ火山はマルティニーク島の北端にある標高 1,397 m の成層火山である (原語表記は Montagne Pelée で，「Montagne＝モン」は「山」の意であるが，モンプレ山と呼ばれることもある)．プレ火山が植民地行政府の首都サンピエールを壊滅させ 3 万～4 万人の人命を奪う大噴火を起こしたのは，1902 年 5 月 8 日のことであった．その前兆となる噴火活動は 4 月末には始まっており，土石流による人的被害や降灰による家畜などへの被害もすでに出ていた．ただ，こうした兆しがありながら，大噴火前日の 5 月 7 日，近隣のセントビンセント島にあるスフリエール火山で 1,680 人もの犠牲者を出す大噴火が発生し，政府当局はこの噴火で火山活動のエネルギーが解放されたとの安全宣言を出してしまった．3 日後にサンピエールの市長選挙を控えていたことが影響していたのではないかともいわれている．サンピエールにはすでに生じていた土石流や降灰の被害から逃れてきた人や島から脱出しようとする人が殺到しており，そこを火砕流が直撃したため，人的被害がさらに拡大することとなった．

[スフリエールヒルズ火山の噴火：1995, 1997 年]

近年では，モントセラート島の南部にある標高 915 m の成層火山スフリエールヒルズ火山の大噴火が特筆される事例であろう．スフリエールヒルズ火山は 1995 年 7 月 18 日，約 300 年ぶりの噴火を起こし (それ以前で最後の噴火は 1550 年頃と推定されている)，島民の 3 分の 2 に島外への避難を余儀なくさせた．さらに 1997 年 6 月 25 日，再び大噴火を起こし，火砕流が首都のプリマスを直撃して町を壊滅させることとなった (写真 2.6)．このように噴火のもたらした経済的・社会的影響は極めて大きいものではあったが，1995 年の噴火の直前に火山活動の兆候があったこと，また最初の噴火の後に火山観測所が設置され (写真 2.7)，

写真 2.6　1997 年のスフリエールヒルズ火山の大噴火で火砕流の直撃を受け，放棄された首都プリマス（モントセラート，プリマス，2012 年 3 月）（当局の許可のもと立ち入り禁止地区内で撮影）

写真 2.7　スフリエールヒルズ火山観測所（モントセラート，2012 年 3 月）

厳重な観測・警報体制がとられていたことにより，人命の損失は 1997 年の噴火による 20 人でくいとめられている．なおこの時の犠牲者の中には，火砕流には襲われなかったものの，その範囲を超えて広がった高温の火山ガスによって焼死した人がいることがわかっている．スフリエールヒルズ火山は 2003 年 7 月，2006 年 5 月にも大噴火を起こすなど活発な活動を続けており，島の南半分が立ち入り禁止区域に設定されている（最新の規制は 2014 年 8 月に制定）．

2.4　自然災害と低開発

2.4.1　自然災害への社会的脆弱性

地震，津波，ハリケーン，洪水，地すべり，火山噴火などの人間にとって危険な自然現象をハザード（natural hazard）といい，それがもたらす人命損失や経済的・社会的混乱のことを自然災害（natural disaster）という．そしてハザードがどれほどの規模の自然災害となるかは，災害に対して社会がもつ脆弱性（vulnerability）にかかっている．プレ火山の噴火とスフリエールヒルズ火山の噴火で犠牲者数に桁違いの差が出ていることは，科学の進歩やそれを踏まえた災害への対応能力の向上を示唆しているといえよう．

このような見地に立つと，中部アメリカのかなりの地域が直面している重要かつ喫緊の課題は，災害に対する脆弱性の克服にあるといえる．

表 2.2 は国連大学の附置機関である環境・人間の安全保障研究所（UNU-EHS）がドイツの研究機関と共同で出している世界リスク指数（WRI：World Risk Index）（対象 171 カ国）から，中部アメリカ諸国と日本を抜粋したものである．この指数は，様々な統計データをもとに「自然災害の危険性」と「自然災害への社会的脆弱性」の 2 つの指数を掛け合わせて算出されており，社会的脆弱性は，より詳細には，「影響の受けやすさ」（インフラ，貧困，経済発展水準など），「対処能力」（政府の統治能力や医療サービスなど），「適応能力」（教育水準や水・森林・農業管理の質など）の 3 つの指数にもとづいて算出されている．2016 年度版のこの指数によれば，日本は世界 171 カ国の中で 4 番目に自然災害（地震，暴風雨，洪水，干ばつ，海水面上昇の 5 つ）の危険にさらされているが，災害に向き合う力には優れているため（向き合う力が弱い方から数えて 158 位），WRI の順位は少し低くなる（それでも 17 位である）．それに対し，中部アメリカ諸国は，まず「自然災害への危険性」の指数が日本と同様に大きい．それに加えて，「社会的脆弱性」の点でも多くの国が問題を抱えている．そのため中米 5 カ国についてはそのすべてが，カリブの人口大国 4 カ国ではキューバを除く 3 カ国が WRI の上位 30 位以内（危険な国 30 位以内）に入っており，中部アメリカは世界的にみても自然災害の危険が高い地域として位置づ

表 2.2　中部アメリカ諸国の自然災害リスク

	自然災害リスク指数			A. 自然災害の危険性			B. 自然災害への社会的脆弱性		
	指数	順位	5段階評価	指数	順位	5段階評価	指数	順位	5段階評価
グアテマラ	19.88	4 位	＊＊＊＊＊	36.30	8 位	＊＊＊＊＊	54.76	54 位	＊＊＊＊
コスタリカ	17.00	8 位	＊＊＊＊＊	42.61	5 位	＊＊＊＊＊	39.89	116 位	＊＊
エルサルバドル	16.05	11 位	＊＊＊＊＊	32.60	9 位	＊＊＊＊＊	49.25	73 位	＊＊＊
ニカラグア	14.62	14 位	＊＊＊＊＊	27.23	16 位	＊＊＊＊＊	53.69	57 位	＊＊＊＊
日本	12.99	17 位	＊＊＊＊＊	45.91	4 位	＊＊＊＊＊	28.29	158 位	＊
ジャマイカ	11.83	20 位	＊＊＊＊＊	25.82	17 位	＊＊＊＊＊	45.81	90 位	＊＊＊
ハイチ	11.68	21 位	＊＊＊＊＊	16.26	40 位	＊＊＊＊	71.85	5 位	＊＊＊＊＊
ドミニカ共和国	10.96	27 位	＊＊＊＊＊	23.14	21 位	＊＊＊＊＊	47.36	81 位	＊＊＊
ホンジュラス	10.68	30 位	＊＊＊＊＊	20.01	26 位	＊＊＊＊＊	53.36	58 位	＊＊＊＊
トリニダード・トバゴ	7.50	61 位	＊＊＊＊	17.54	34 位	＊＊＊＊＊	42.79	106 位	＊＊
パナマ	7.26	65 位	＊＊＊＊	16.45	38 位	＊＊＊＊	44.15	98 位	＊＊＊
ベリーズ	6.55	79 位	＊＊＊	13.31	75 位	＊＊＊	49.22	74 位	＊＊＊
キューバ	6.13	90 位	＊＊＊	17.45	35 位	＊＊＊＊	35.10	136 位	＊＊
メキシコ	5.97	95 位	＊＊＊	13.84	71 位	＊＊＊	43.10	104 位	＊＊
バハマ	4.14	122 位	＊＊	10.71	117 位	＊＊	38.64	122 位	＊＊
グレナダ	1.42	167 位	＊	3.13	167 位	＊	45.39	92 位	＊＊＊
バルバドス	1.32	168 位	＊	3.46	166 位	＊	38.26	123 位	＊＊

　■ メキシコ，中米 ／ ■ カリブ ／ ■ 日本
（World Risk Report 2016 より作成）

表 2.3　自然災害による人口 1,000 人当たりの死者数（1996〜2015 年，単位：人）

	全体		地震		暴風雨		暴風雨（小国）	
1 位	ハイチ	2,461	ハイチ	2,384	ミャンマー	278	クック諸島	99
2 位	ミャンマー	280	パキスタン	48	ホンジュラス	212	ニウエ	59
3 位	ソマリア	268	イラン	44	ニカラグア	67	ミクロネシア	50
4 位	ホンジュラス	217	アフガニスタン	35	ハイチ	43	ドミニカ国	49
5 位	スリランカ	185	ネパール	35	フィリピン	23	グレナダ	39
6 位	ベネズエラ	113	トルコ	28	グアテマラ	16	ヴァヌアツ	28
7 位	インドネシア	80	エルサルバドル	20	エルサルバドル	15	ベリーズ	22
8 位	ニカラグア	70	台湾	10	ベトナム	8	タークス・カイコス	16
9 位	アフガニスタン	57	アルジェリア	7	マダガスカル	8	バハマ	15
10 位	パキスタン	55	中国	7	ドミニカ共和国	6	セントクリストファー・ネーヴィス	10

（CRED and UNISDR, 2016 より作成）

けられている.

　実際，中部アメリカが世界の中でも自然災害の危険地帯であることは，表 2.3 に示されているとおりである．過去 30 年間における人口 1,000 人当たりの死者数で，その上位の多くを中部アメリカ諸国が占めている（ベネズエラは南アメリカに属するが，この死者数はカリブ沿岸地域における 1999 年豪雨によるものが多くを占めるため，ここでは網掛けにしてある）.

　もう 1 点，注意しておきたいことがある．ここにあげた WRI に代表される各種の指数は，その算出に様々な工夫が施されているとはいえ，既存の数量的データに依存しているため，カリブの島嶼国のような人口 10 万人程度しかない小国の計算結果に歪みが出やすい．ハリケーンが小さな島国を直撃した場合，国土全体に甚大な被害を及ぼすが，進路が少し逸れていれば被災をほぼ免れることができる．WRI 指数（表 2.2）でグレナダの危険度はかなり低く算出されているが，2004 年 9 月にハリケーン・アイバンの直撃を受けて大きな被害を出したことがあり，表 2.3 に示されているとおり，過去 20 年間に期間を絞って比較すると人口 1,000 人当たりの死者数を出した国として上位に位置づけられることになる（表 2.3 で小国だけを区別していること自体に，その統計値算出上の特殊事情が表れている）．世界銀行の推計では，

過去250年間の被災データにもとづいて推定しうる最大規模の災害がいまグレナダで発生した場合，ハリケーンではGDPの43.6%に当たる3億9,700万ドルの，地震では10.5%に当たる9,600万ドルの被害が出る可能性があるという．こうした点を勘案するなら，中部アメリカの小島嶼国における自然災害への脆弱性は決して軽視できず，したがって中部アメリカ全体の自然災害への危険性もより高いものとして認識されるべきである．2017年9月，ハリケーン・イルマがアンティグア・バーブーダを直撃し，バーブーダ島では全住民が避難を余儀なくされるとともに，島全体が居住不能となった．こうした全島的災害の危険にさらされているのがカリブの小島嶼国の実情である．

2.4.2 自然災害と貧困

中部アメリカにおける自然災害に対する脆弱性の問題は，突き詰めれば，貧困問題がその根底にある．ハリケーン・ミッチ（1998年）によって引き起こされたテグシガルパでの大規模な地滑りが被害を拡大させた背景には，農村部の貧困層が都市に流入し，災害リスクの高い傾斜地を不法に占拠して住宅を無秩序に密集して建てていたということがあった．

自然災害と貧困問題は次のような負の連鎖を引き起こす．すなわち，貧困層ほど自然災害に対して脆弱であり，そしてひとたび被災すると，貧困層ほど失うものが大きく，享受できる支援が少ない．富裕層の銀行預金は災害が起きても守られるが，貧困層にとっての資産である一片の土地や家畜や家財は，災害によってすべて失われて回復不能になるのである．世界銀行が2017年に出した報告書によれば，もし89カ国において1年間に発生する自然災害をすべて防ぐことができるなら，その翌年には2,600万人が1日1.90ドル以下で生活する貧困から脱出できるという．現実はそうなっておらず，例えばグアテマラでは2010年に発生した熱帯暴風雨アガサにより，貧困が14%増大し，人口当たりの消費が5.5%低下したと試算されている．

表2.1に示されているとおり，イスパニョーラ島にあるドミニカ共和国とハイチはいずれも，自然災害を繰り返し被ってきた国である．ただ，2000年代に入ってから両国の違いがしばしば指摘されるようになってきた．2004年に発生したハリケーン・ジーンは9月16日にドミニカ共和国北東部に上陸し，島の北側の海岸線に沿うように西進して18日にハイチ沖合へと抜けた．しかし，被災の程度はドミニカ共和国で死者23人，被災者2万2,000人であったのに対し，ハイチでは死者・行方不明者が2,710人にのぼり，被災者・避難者は30万人以上にも達した．図2.6は両国の1人当たりGDPの推移を示したものである．かつてはドミニカ共和国もハイチも低開発国であったが，ドミニカ共和国は近年，所得格差の問題が根強く残っているとはいえ，マクロでみれば経済は成長した．いまでは首都サントドミンゴには地下鉄が2路線開通している．それに対しハイチは，2016年の国連開発計画（UNDP）の人間開発指数（HDI）の順位が世界の188カ国の中で163位に位置する困窮状態にある（ドミニカ共和国は99位）．データが示す近年の被害状況の違いは，自然災害に向き合う能力に大きな開きが出てきていることを示唆しているといえる．

中部アメリカはその自然的特徴と社会的脆弱性のゆえに，歴史的に数多くの自然災害を被ってきており，また現在でも自然災害の危険にさらされている地域である．こうした中部アメリカの自然災害について知ることには，この地域についての理解を深めるだけでなく，より普遍的に，人間が自然災害に苛まれることの構図やそれを克服するために私たちが取り組んでいくべき課題について

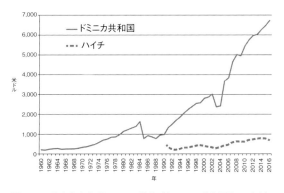

図2.6 1人当たり名目GDPの推移（ドミニカ共和国とハイチ）
（世界銀行資料より作成）

の洞察を深めることにもつながる. **[浦部浩之]**

引用・参考文献

浦部浩之 (2012a)：2010 年大地震で露わになったハイチの自然災害への脆弱性―その構造的問題に関する一考察. ラテンアメリカ・レポート, **29**(2)：37-52.

浦部浩之 (2012b)：2010 年ハイチ大地震と復興支援戦略の模索. 宇佐見耕一ほか編：世界の社会福祉年鑑 2012, pp.107-122, 旬報社.

岡田義光編 (2007)：自然災害の事典, 朝倉書店.

京都大学防災研究所監修 (2011)：自然災害と防災の事典, 丸善出版.

ジェームズ, P. E. 著, 山本正三・菅野峰明訳 (1979)：ラテンアメリカ I, 二宮書店 [James, P. E. (1969)：*Latin America.*, 4th ed., Western Publishing Company].

田辺 裕監修, 栗原尚子・渡邊眞紀子訳 (1999)：中部アメリカ (図説大百科 世界の地理 4), 朝倉書店.

日外アソシエーツ編集部編 (2009)：世界災害史事典, 日外アソシエーツ.

萩原幸男監修 (2009)：日本の自然災害 1995〜2009 年―世界の大自然災害も収録, 日本専門図書出版.

ワイズナー, B. ほか著, 岡田憲夫監訳 (2010)：防災学原論, 築地書館 [Wisner, B. *et al.* (2003)：*At Risk: Natural Hazards, People's Vulnerability and Disasters.* Routledge].

Bündnis Entwicklung Hilft in cooperation with UNU-EHS (United Nations University, Institute for Environment and Human) (2016)：World Risk Report 2016. Bündnis Entwicklung Hilft.

CRED (Centre for Research on the Epidemiology of Disasters) and UNISDR (United Nations International Strategy for Disaster Reduction) (2016)：Poverty & Death: Disaster Mortality 1996-2015. CRED and UNISDR.

Hallegatte, S. *et al.* (2017)：Unbreakable: Building the Resilience of the Poor in the Face of Natural Disasters. World Bank.

International Bank for Reconstruction and Development (2016)：Grenada Hurricanes and Earthquakes Risk Profile (Country Disaster Risk Profiles). World Bank.

コラム　2010年ハイチ大地震

2010年1月12日16時53分（現地時間）に発生したハイチ大地震は，人類史上においても未曽有の大災害となった（写真C2.1, C2.2）．死者の数は22万2,570人とも31万6,000人ともいわれるが（本文参照），混乱の中で大量の遺体が片端から埋められたというのが実情で，正確な犠牲者の数はわかっていない．首都直下で発生したこの地震で大統領官邸，国会議事堂，最高裁判所はいずれも倒壊，中央省庁の庁舎も28棟中27棟が倒壊，医療機関や公共サービス機関，警察署，主要港湾施設，ライフラインなども壊滅的に損壊して，政治や行政は全面的に麻痺した．全壊した住宅は少なくとも10万5,000戸，激しく損壊した住宅は18万8,383戸にのぼり（UNOCHA），確認されただけでも130万1,491人が避難所生活を，その他76万6,724人が自宅からの避難を強いられることとなった（CEPAL）．ハイチの人口は約1,000万人なので，そのうちの2～3%が命を落とし，5人に1人が住む場所を失った計算になる．

2010年と2011年は世界的なニュースになる地震が多発した年であった．ハイチ地震の1カ月半後に発生したチリ大地震，2011年3月の東日本大地震は，西暦1900年以降に世界で観測された地震としてそれぞれ第6位と第4位となる記録的な規模の地震である（アメリカ地質調査所［USGS］）（表C2.1）．それに比べれば，ハイチ大地震の規模はマグニチュード7.0であり，極端に大きいわけではなかった．しかし，1人当たりGDP（国際総生産）が656ドル（震災直前の2009年，世界銀行データ）という西半球最貧国ハイチにおける災害への備えははなはだ脆弱であり，耐震構造を欠き，あるいは立地条件の悪い数多くの建物が一瞬で瓦礫の山と化した．被害額80億ドルは，東日本大地震の26分の1であるが，対GDP（国民総生産）比は123.5%にも達する途方もなく大きいものである．

ハイチという国の困難は，この大地震にはじまったことではない．震災以前の段階で，人口54.9%が1日当たり1.25ドル以下で暮らす最貧国状態にあり（2000～2008年平均，UNDP），58%が安全な水にアクセスできていなかった（2008年，UNOCHA）．このようにただでさえ公衆衛生が劣悪な中で，地震から10カ月後の2010年10月，ハイチ国内では100年以上にわたって確認されていなかったコレラの感染者が突如現れ（なお，感染源は南アジア方面出身の国連関係者とされる），震災後の困難な状況に拍車をかけることになった．感染が瞬く間に全土に拡大し，同年12月までのわずか2カ月間に死者4,101人，感染者18万5,351人を出すことになったのである．2017年4月までの累計で死者は9,660人，感染者は80万7,861人に達している（ハイチ公衆衛生省データ）．

ハイチの国家や社会を再建するためには，国際的な支援が欠かせない．震災2カ月後の2010年3月31日に150を超える国や国際機関の代表が集まって開催されたハイチ支援国会合では，短期および中長期の復興支援として，単独の災害対応としては史上最大級の総額90億ドル以上の資金拠出がドナー各国や国際機関から表明された．しかし，震災から7年以上を経ていまなお，ハイチの復興はまったくおぼつかないのが現状である．問題の根底には，政治と社会の不安定さがある．政争が相次ぎ，汚職がはびこり，民主主義がうまく機能していない．国際NGOのトランスペアレンシー・インターナショナルによる腐敗認識指数（2015年度）のハイチの順位は168カ国中158位，『エコノミスト』誌調査部門の民主主義指数（2016年度）では167カ国中115位であり，その評価は世界的にみても低い．こうした問題があるため，ドナー国やNGOは

写真C2.1　ハイチ大地震で倒壊した大統領官邸（ポルトープランス，2010年11月）

写真C2.2　ハイチ大地震から10カ月後になっても放置されている建物（ポルトープランス，2010年11月）

表 C2.1　2010〜2011 年ハイチ地震・チリ地震・東日本地震の比較

	2010 年ハイチ地震 （2010 年 1 月 12 日）	2010 年チリ地震 （2010 年 2 月 27 日）	2011 年東日本地震 （2011 年 3 月 11 日）
マグニチュード	7.0	8.8	9.0
震源の深さ	13 km	35 km	24 km
死者数	22 万 2,641 人	562 人	1 万 9,975 人
人口 10 万人当たり死者数	2,219.2 人	3.3 人	15.7 人
被害額	80 億ドル	300 億ドル	2,125 億ドル
対 GDP 比被害額	123.5%	18.3%	3.9%

ハイチ地震の死者数については 32 万 6,000 人との試算もある.
（*Annual Disaster Statistical Review 2010*，同 *2011* などより作成）

できるだけハイチ政府を迂回し，直接人々に支援を届けようとする．しかし，援助団体がハイチの優秀な人材を根こそぎ雇い入れてしまい，ハイチの公的部門がますます弱体化して自立を妨げるという悪循環も生まれてしまっている．

　震災から 10 カ月後の 2010 年 10 月，大統領選挙が実施されたが，不正を疑う声が国内外から噴出し，市民が暴徒化して首都は大混乱に陥った．こうした状況は 2015 年 10 月に実施された大統領選挙でもさらにひどいかたちで再現され，激しい政争と国内各地で発生した暴動により決選投票すら行えないまま 2016 年 2 月に大統領の任期切れを迎えることとなった（ハイチでは 1 次投票で過半数を超す候補者がいなかった場合，上位 2 名で決選投票が行われることになっている）．正式の大統領が不在となる中，政権は暫時，上下両院が選出した暫定大統領によって担われることになる．しかし，政争が続いてやり直し選挙の実施は延期に延期を重ね，ようやくそれが実現するかにみえた 2016 年 10 月には約 900 名の死者と 100 万人以上の被災者を出すハリケーン・マシューに襲われてさらに延期され，何とか選挙に実施にこぎつけたのは同年 11 月，新政権（現モイーズ政権）が発足したのは予定よりも 1 年遅れの 2017 年 2 月のことであった．ハイチの前途は厳しく，復興への道筋はなかなかみえない．

[浦部浩之]

3 民族と文化の混淆──征服から現代まで

　1492 年以降のアメリカ諸地域では，人類史上類まれな大規模な異文化接触が起こった．本章では，メキシコ・中米・カリブにまたがる地域においてどのような人々がもともと居住していたのか，ヨーロッパによる征服と植民地支配にともなってどのような人々が到来し，いかなる民族の混淆が起きたのか，さらには文化的な混淆がどのように進んだのかをみる．当該地域の大部分を占めるスペイン領に主眼を置き，とりわけメキシコの事例を中心にしながら民族と文化の混淆の複雑さを考えてみたい．

3.1 スペイン進出の歴史的経緯

3.1.1 大航海時代

　「大航海時代」は 15 世紀前半に幕を開けたが，本書が対象とする地域の歴史に関連するのは，クリストバル・コロン（クリストファー・コロンブス，1451 頃〜1506 年）がグアナハニ島に到達して以降のことである．ジェノヴァ出身とされるコロンは西回りでのインディアス（インド以東のアジア）到達を目指し，ポルトガル王室やカスティーリャ王室と交渉の末，カスティーリャ女王イサベルの支援を取りつけた．1492 年 8 月，サンタ・マリア号を含む計 3 隻でスペイン南部を出航し，同年 10 月 12 日に上記の島を「発見」して「サンサルバドル島」と名づけた．

　コロンは計 4 回の航海を行ったが，それ以降，スペイン人によるカリブの植民地化が進んだ．スペインが最初に拠点としたのは，エスパニョラ島（イスパニョーラ島，現在のハイチとドミニカ共和国が位置する島）であった．当初，スペイン人の目的は黄金を得ることであった．しかし，思うように富を獲得できなかったため，彼らはカリブのほかの島々の探検も進めた．

　スペインは，1510 年代には中米南部から南米大陸北部にかけての地域（カスティーリャデオロ）に進出し，大陸部進出の足掛かりとした．そして，1521 年，エルナン・コルテスがアステカ王国を征服したことで，スペインによる大陸部の植民地化が本格化した．その後，1532〜1533 年にはピサロによるインカ帝国の征服によって，南米

大陸の本格的な植民地化も進むこととなった．

　スペインの植民地がアメリカ各地に拡大したのは，スペインとポルトガルの間での「世界分割」による．コロンによる「発見」の報を受けたポルトガル王室は「発見地」の領有権を主張した．ローマ教皇アレクサンデル 6 世は「贈与大教書」（1493 年）を発布したが，問題は解決せず，トルデシーリャス条約（1494 年）によって一応の決着をみた．これにより，ポルトガルはアフリカのヴェルデ岬の西方 370 レグア（約 1,786 km）を南北に通る概念上の分界線の東側の領有権を得た．この時点でヨーロッパ人は「アメリカ大陸」の存在を知らなかったものの，結果的にこの線よりも西側に位置するカリブの島々やメキシコ・中米，さらにはブラジルを除く南米の大部分へスペインが進出することになった．

3.1.2 カリブの征服・植民地化

　カリブの植民地化はコロンの航海に始まる．第 1 回航海の際に建設したエスパニョラ島北西部のラナビダーという居留地は第 2 回航海の再訪の際には失われていたが，これよりも東にライサベラの町が築かれた．やがてスペイン人の拠点は同島南東部のラヌエバイサベラ（後のサントドミンゴ）へと移った．当初，コロンは提督として統治を行ったが，1500 年に逮捕され鎖につながれて帰国することとなった．それ以降はスペイン本国から統治者が送り込まれ，1502 年には総督ニコラス・デ・オバンドが到着した．

　エスパニョラ島を起点として，スペイン人はカリブの他の島々に探検隊を送り，征服を進めた．

1508 年にはプエルトリコ島，1509 年にはジャマイカ（ハマイカ）島，1511 年にはキューバ（クーバ）島へと進出した．

スペイン人によるカリブ諸島の征服は，先住民の抵抗を武力で押さえつけるというものだった．例えば，エスパニョラ島のカオナボー率いるカシーケ（首長）たちの連合は 1494 年に植民者への抵抗をみせた．カオナボーはまもなく捕まり連行され，残るカシーケたちの攻撃計画は，彼らから距離を置いていたグアカナガリーから情報を得たコロンによって阻止された．プエルトリコ島，ジャマイカ島，キューバ島でも同じように，比較的短期間の激しい抵抗の末，スペイン人が支配を確立していった．

その一方，カリブの島々では 17 世紀以降，スペイン人以外のヨーロッパ人も植民地化を進めた．フランスは，1630 年代にその事業を開始し，マルティニーク島，グアドループ島などを植民地とした．また，1670 年代以降，エスパニョラ島西部に進出し，1697 年にはスペインとの条約が結ばれてサンドマング植民地（現在のハイチ）が確立された．

イギリスもほぼ同時期にカリブに進出した．1639 年にバルバドス島を獲得し，1655 年にはスペインからジャマイカ島を奪取した．これら以外にもイギリスは，バハマ諸島，アンティグア島，トリニダード島およびトバゴ島などを 17～18 世紀にかけて植民地とした．なお，ドミニカ島やセントキッツ（サンクリストバル）島など，時期によってフランスまたはイギリスの支配下に置かれたり，フランスとイギリスの共同支配を受けたりした場所もある．

スペインからの独立を果たしたオランダも 17 世紀以降にカリブでの植民地を獲得した．スペイン人がとくに関心を示さなかったキュラソー（クラサオ）島に 1630 年代から拠点を築き，アルバ，シントユースタティウスなどの島を占領し，砂糖生産や奴隷貿易の拠点とした．

3.1.3 大陸部の征服・植民地化

すでにコロンが第 4 回航海で中米地峡部の沿岸に到達していたものの，アンティル諸島から大陸部に向けていくつものスペインの探検隊が送り込まれるようになったのは 1510 年代のことであった．後述するヘロニモ・デ・アギラールのように，ユカタン半島沿岸で遭難し，マヤ人の間で 8 年間生活した人物もいた．また，ヌニェス・デ・バルボアのように，中米地峡部の探検に参加し，ダリエン（現パナマとコロンビアの国境にまたがる地域）を拠点として，1513 年にはじめて「南の海」（後にマガリャンイスが「太平洋」と命名）の存在を確認した者もいた．

キューバ総督ディエゴ・ベラスケスの盟友でイベリア半島エストレマドゥラ出身のコルテスは，1518 年 11 月，およそ 500 名からなる探検隊を率いてキューバ島を出航した．ユカタン半島沿岸を航海する過程でマリンツィン（贈り物として差し出された女性の 1 人で，マヤ語を話しナワトル語を母語とした）とアギラール（スペイン人だがマヤ語も解した）という通訳を得て，1519 年 4 月，現在のベラクルスに上陸した一行は，「クルワの帝国」の存在を聞きつけた．この「帝国」とは，現在でいうアステカ王国であった．政治上は 3 都市（テノチティトラン，テスココ，トラコパン）の同盟による支配だったが，この時点ではメシーカ人の都市テノチティトランが圧倒的優位を保っていた．スペイン人一行は，このテノチティトランを目指して内陸へと進んだ．

「チョルーラの虐殺」などで軍事力の優位を見せつけたスペイン軍は，トラスカラ人をはじめとする先住民同盟者を味方につけ，通訳を介して戦術的やり取りをしながら 1519 年 11 月，テノチティトランに到達した．テノチティトランに住むメシーカ人の王モテクソマ・ショコヨトル（モクテスマ 2 世）は，当初は平和裏にスペイン人を迎え入れる．しかし，コルテスはモテクソマを軟禁した上，コルテスの不在中の 1520 年 5 月，指揮を任されたペドロ・デ・アルバラードがトシュカトルの大祭を襲撃した．その結果，6 月 30 日には「悲しき夜（ノチェ・トリステ）」の戦闘が起こり，密かにテノチティトランを脱出しようとしたスペイン人一行は大敗北を喫した．モテクソマはこれに先立つテノチティトランでの動乱の最中に死亡し

たが，死因も遺体がどうなったかも定かではない．

トラスカラまで退却したコルテス一行は軍勢を整え，テスココ湖にベルガンティン船（帆とオールを備えた小型船）を建造してテノチティトラン攻撃の準備を進めた．この時点でコルテス側についた「友好的インディオ」は膨大な数で，メシーカ人の孤立は明らかだった（図 3.1）．1521 年 5 月からおよそ 3 カ月の包囲戦の末，同年 8 月 13 日にクアウテモク（モテクソマ，クイトラワクの後継のメシーカ王）が捕えられ，いわゆるアステカ王国の征服は完了した．

当然ながら，アステカ王国の征服ですべてが終わったわけではなかった．その後には周辺地域の征服が続いた．1524 年にはミチョアカンのタラスコ王国がスペイン支配を受け入れた．同じくアステカ王国征服の数年後にはアルバラードがグアテマラ，コルテスがイブエラス（ホンジュラス）へ遠征し，やがて中米の支配が確立された．ユカタン半島へはカリブから派遣されたフランシスコ・デ・モンテホが上陸し，同名の息子と甥が征服活動を引き継いでおよそ 20 年をかけて同地の植民地化を進めた．メキシコ中央高原北部の非メソアメリカ地域では，1550〜1590 年代にかけて「チチメカ戦争」と呼ばれる征服戦争が続き，さらに北方のメキシコ北部やアメリカ合衆国南西部には長い時間をかけて探検・征服がなされた．例えば，現カリフォルニア州のサンフランシスコにスペイン人がミッション（カトリックの伝道所）を築いたのは 18 世紀後半のことであった．

こうしたスペイン支配の拡大過程では，スペイン人のみならず支配下に置かれた先住民が積極的に関与したことも知られている．中米征服ではメキシコ中央部のナワ人（メシーカ人やトラスカラ人を含むナワトル語を話す先住民の総称）や現地のカクチケル人が征服に協力した．とくにナワ人の痕跡はグアテマラという国名をはじめ，この地域に数多く残るナワトル語由来の地名（ケツァルテナンゴ，アティトラン，エスクイントラなど）に反映されている．また，メキシコ北部の植民地化の過程では，トラスカラ人が副王の要請に応じ

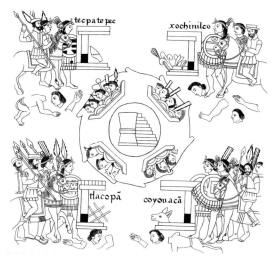

図 3.1 テノチティトランを包囲するコルテスと先住民の連合軍
（*Lienzo de Tlaxcala*, México, Cosmos, 1979.）

て大規模な移住を行ったこと（「トラスカラ人のディアスポラ」と呼ばれる）も知られる．

3.1.4 スペイン植民地支配

16 世紀前半，スペインの植民地には副王制が導入された．これはスペイン国王の代理者である副王が本国より任命され，国王に代わって統治を行うという制度である．16 世紀にはヌエバ・エスパーニャとペルーという 2 つの副王領が設置され，中部アメリカのスペイン植民地は現在のパナマを除く全域がメキシコ市を副王都とするヌエバ・エスパーニャ副王領に含まれることになった．

副王制の実施以前，植民地にはアウディエンシア（高等法院とも訳される）が導入されていた．もともとはイベリア半島の司法機関であったが，植民地では司法権のほか行政権も付与されていた．副王制の導入後もアウディエンシアは継続し，時に副王と衝突したり，副王権力の及びにくい遠隔地ではある程度独自に行政を行った．ヌエバ・エスパーニャ副王領内のアウディエンシア所在地と設置年は，サントドミンゴ（1511 年），メキシコ市（1527 年），グアテマラ（1543 年），グアダラハラ（1548 年）であり，さらにはフィリピンのマニラ（1584 年）にもアウディエンシアが設置された．18 世紀にはブルボン改革によって地方行政の制度的改革がなされたものの，ヌエバ・エスパーニャ副王領は 19 世紀初頭まで続いた．

1821年にメキシコや中米連邦が独立したが，キューバ，プエルトリコ，フィリピンは1898年の米西戦争までスペイン領にとどまった．

3.2　先コロンブス期の中部アメリカ

3.2.1　最初のアメリカ人と固有文明の発祥

15世紀末～16世紀初頭のメキシコ・中米・カリブの先住民社会は一様ではなかった．ヨーロッパ人は同地の住民を「インディオ（indios，英訳はインディアン Indian）」もしくは「現地人（naturales）」とひとくくりに呼んだが，言語のみならず，文化的にも様々な人々が居住していた．それゆえ，本項では各地域の概要をみておくことにしたい．

そもそもアメリカ大陸に人類が居住し始めたのは，いまから1万年以上前にベーリンジアを渡ったモンゴロイド系の人々が北から南に向かってアメリカ大陸各地に拡散した結果である．メキシコでは，紀元前5000～4000年頃には栽培化植物（カボチャ，フリホル豆（フリホーレス）など）の痕跡がみられるようになり，やがて紀元前2000年頃には現在のメキシコから中米にかけてのメソアメリカで文明が誕生した．メソアメリカはメキシコ中南部および中米諸国のうちグアテマラ，ベリーズ，エルサルバドルの全域，ホンジュラス，ニカラグア，コスタリカの一部を含む文化領域と定義される．メソアメリカの人々は農耕定住を基本とし，トウモロコシを主食として神殿ピラミッドや複雑な宗教体系などをもつ独自の文明を発展させた．

メソアメリカの北側（メキシコ北部から現在の米国領）はアリダアメリカと呼ばれ，乾燥した地域に半定住もしくは狩猟採集を行う人々が居住した．紀元前500年頃にはメソアメリカ側からの影響で農耕などの要素がもたらされた地域があり，そこはオアシスアメリカと呼ばれる．また，メソアメリカの南側の地域は中間領域と呼ばれ，チブチャ語族の言語を話す人々などが居住し，南米とのつながりももっていた．

一方，カリブ海の島々に人類が到達したのは紀元前5000年以降で，紀元前1000年頃には多くの島に一定の人口が存在したとされる．紀元600年頃までに複雑な社会構造をもつようになったこれらの人々は，アラワク語族に属する言語（アラワク語，タイノ語など）を話していた．

3.2.2　メソアメリカ文明の展開

メソアメリカは南米の中央アンデスと並び，アメリカ大陸の二大文明圏の1つで，これら両文明圏では，紀元前3000～2000年頃からエジプト，メソポタミア，インダス，黄河などに比肩する文化が花開いた．

先古典期（紀元前2000～紀元200年）には，メキシコ湾岸のオルメカ文化などが栄えた．考古学資料からはしだいに社会の階層化が進み，遠距離交易や文化的交流が行われていったことがわかる．メソアメリカにおける文字の起源はこの時代にあり，サンバルトロでは紀元前1世紀の壁画，ラモハーラでは紀元前2世紀の碑文が見つかっている．マヤ文化の起源もこの時期にさかのぼる．

古典期（200～900年）は，メソアメリカ各地で大都市が繁栄する時代である．サポテカ文化のモンテアルバン，テオティワカン文化のテオティワカン（写真3.1），マヤ文化のティカル，コパン，パレンケなどはいずれもこの時代の主要都市である．とりわけテオティワカンはオアハカ地方のモンテアルバンやメキシコ湾岸のエルタヒンのほか，マヤ地域にまで文化的・経済的影響を及ぼし，広域ネットワークをもった．

後古典期（900～1521年）には，トゥーラを中心とするトルテカ文化，メキシコ盆地を中心とするアステカ王国，ミチョアカンのパツクアロ湖畔を中心とするタラスコ王国などが栄え，マヤ地域では小規模な首長領が覇を競った．このうち，テノチティトラン，テスココ，トラコパンという3つの都市国家の連合によるアステカ王国はメソアメリカ内の比較的広範な地域に版図を広げた（図3.2）．

3.2.3　スペイン人到来時の先住民社会

以上のように，ヨーロッパ人がやってくるまでに，中部アメリカでは高度な文明や国家，あるいは複雑な社会構造を有する人々が多く存在していた．それゆえ，スペイン人による入植や植民地化は，多くの地域において，単に「無主地」で領有

写真 3.1 テオティワカンの太陽のピラミッド（2012 年 2 月）

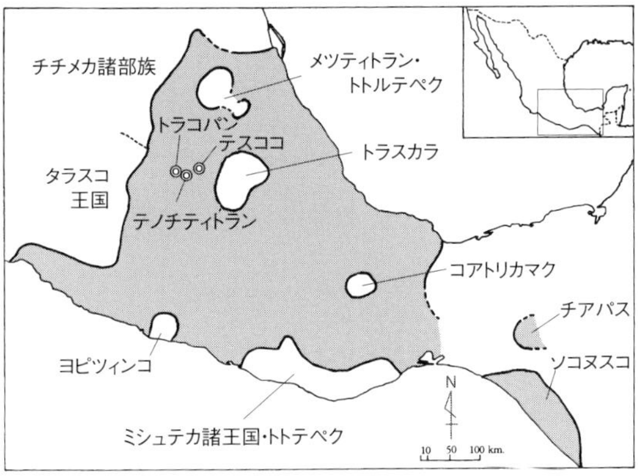

図 3.2 アステカ王国の版図

宣言をして居住地を建設するとか，少数の先住民を排斥して入植地を築くといったものにはならなかった．むしろ，スペイン人は先住民との関係性の上でどのように支配を確立していくのかを考えざるをえなかった．

そして，何よりも中部アメリカ各地では，15世紀末～16世紀初頭以前の段階ですでに多言語・多民族の社会が存在していたことを忘れてはならない．「新大陸」の住民を，ヨーロッパ人は「インディオ」とひとくくりに呼んだ．私たちは，これに則ってしばしば「インディオ」・「スペイン人」・「黒人」というあいまいな「人種」概念にもとづいて民族間の接触や混淆を語るものの，「インディオ」や「黒人」の内実が実に多様であったことを無視してはならない．

メソアメリカ世界に顕著にみられるように，ユト＝アステカ語族（ナワトル語など），マヤ語族（ユカテク語，キチェ語，ワステカ語など），オトマンゲ語族（オトミー語，サポテカ語など），ミヘ＝ソケ語族（ミヘ語など）などに属する数多くの異なる言語を話す民族集団がヨーロッパとの接触時には存在していた．16 世紀初頭のメソアメリカの言語数は 200～300 程度と見積もられている．それゆえ，一枚岩の「インディオ」がはじめて異民族と出会ったというわけではなかった．本章では便宜上，「先住民」というくくりを用いているものの，民族間の接触や混淆は先コロンブス期のアメリカ各地ですでに起きていたことも忘れてはならないだろう．

3.3 民族の混淆

3.3.1 アメリカ先住民

基本的に，スペイン人は先住民を奴隷としてではなく，スペイン王の臣下と見なし，キリスト教に改宗させるべき対象と考えた．したがって，先住民が奴隷とされたのは一部の例外的なケースに限られる．とはいえ，征服戦争の戦禍，エンコミエンダ制などによる過酷な労働搾取，さらには無意識のうちにスペイン人らが旧大陸から持ち込んだ疫病の流行などにより先住民人口は激減した．この人口激減は世界史上でもまれにみる惨事であった．

カリブの島々では先住民が絶滅に追い込まれるケースがみられたほど，人口減少は激しかった．おそらくはもっとも劇的な人口減少を経験したと思われるエスパニョラ島の場合，コロンの到達時には 100～200 万の人口があったと推測されている．1496～1497 年にかけて人口は半減し，その後，1508 年にはエスパニョラ島のタイノ人はわずか 6 万人になっていた．この人口は 1514 年に 3 万人とさらに半減し，1518 年には 1 万 1,000 人となった．そして，1570 年にはもはや数百人しか生存していなかった（Higman, 2011）．また，中央メキシコ（ユカタン半島と中米を除くメソアメリカにおおむね該当）に関する推計によると，征服後まもない 1532 年の先住民人口は，1,687 万

人だったが，1548年には630万人に急減し，その後1608年には107万人以下にまで落ち込んだ（Cook and Borah, 1977）．これ以降，先住民人口は徐々に回復をみせたが，80年足らずの間に人口が15分の1以下に激減したという状況は尋常ではない．

先住民人口についてはヨーロッパとの接触時点での人口統計が存在しないため，いずれも研究者による推計であり，しばしば異論が存在する．しかしながら，ここにあげたいくつかの数字だけをみても，スペイン征服後の人口減少がどれほど尋常でない規模のものであったかは容易に想像できるだろう．

3.3.2　アフリカ系の人々

人口減少による労働力を補うため，スペイン人はアフリカ大陸から「黒人奴隷」を積極的に導入した．1503年に奴隷を積み荷とする最初の船がエスパニョラ島に到着し，1510年代にはその導入が本格化した．アフリカ人の奴隷の投入はカリブ海にとどまらず，1580～1620年頃には大陸部でもピークを迎えた．当初は許可制であったが，1595年以降はアシエント（請負契約）の制度を用いて奴隷の輸入を行った．その貿易を担ったのは主にポルトガル人であったが，ユトレヒト条約（1713年）後はイギリスがこれを行った．

アフリカにおける彼らの出身地は多様であった．現在のセネガルやマリの一部，ギニアやコートダジュール，ガーナやナイジェリアといった西アフリカから，カメルーンやガボン，コンゴやアンゴラなど中部アフリカまでの広範な地域に由来した．「商品」として大西洋を運ばれてきた彼らは，医師のチェックを受けて焼印を押され，スペイン植民地での労働力となった．

時代と地域によって，これら奴隷とされた人々は異なる種類の労働に従事した．例えば都市部の家内労働，鉱山での労働，農村部での熱帯性もしくは亜熱帯性植物のプランテーションでの労働などがあった．とりわけ18世紀後半にはサトウキビやカカオなどの輸出用作物の栽培がカリブで盛んになり，これらの労働力が大量につぎ込まれた．

南北アメリカ大陸全体を見渡すと，南米のブラジル（ポルトガル領）が圧倒的に多数であったものの，スペイン領アメリカ全体で19世紀初頭までに57万人以上が「黒人奴隷」として大西洋を越えたとされる．ただし，密貿易もあったため，その正確な数を把握することは困難である．スペイン領では，とりわけキューバやプエルトリコ，ベネズエラなどカリブでの労働に多くが従事させられた．先住民人口が少なかったり壊滅した地域では，とりわけアフリカ系の血を引く人口比が高くなった（表3.1）．

3.3.3　ヨーロッパ系の人々とその子孫

ヨーロッパ系の人々（主にスペイン人）は植民地の人口全体からすると，決して多数派となることはなかった．とりわけ，メソアメリカのように大きな人口が存在した地域では，未曾有の先住民人口激減を経てもなお，「白人」は圧倒的に少数派だった．

渡航者のほとんどはスペイン人であった．1505年に通商院（植民地との間での人とモノの往来を一元的に管理していたスペインの機関）は外国人の渡航を禁止した．神聖ローマ皇帝カール5世（スペイン王カルロス1世）の治世には同皇帝の臣下である「外国人」が渡航できた時期もあったものの，大部分はスペイン人が占めた．スペイン人の出身地としては，アンダルシアがもっとも多く，エストレマドゥラと新旧カスティーリャがこれに続いた（表3.2）．

当初，ヨーロッパからの渡航者は男性が圧倒的多数を占めた．例えば，1509～1538年のスペイン植民地への渡航者のうち女性は約10％にすぎなかった．スペインによるアメリカ征服が「女性の征服」でもあったといわれるのはこのためである．

征服直後の混乱が収まって社会が安定すると，

表3.1 18世紀後半のキューバの人口（単位：人）

年	白人	黒人 （奴隷）	黒人 （自由身分）	ムラート	合計
1774年	96,500	41,600	11,600	22,800	172,600
1792年	133,500	72,400	20,200	46,000	272,300

（Bennassar, 1980 より作成）

表3.2 1520〜1539年のスペイン領アメリカへの渡航者数

出身地（スペイン）	人数（人）
アンダルシア	4,247
旧カスティーリャ	2,337
エストレマドゥラ	2,204
新カスティーリャ	1,587
レオン	1,004
バスク	600
ガリシア	193
カタルーニャ・バレンシア・バレアーレス	131
ムルシア	122
アラゴン	101
アストゥリアス	77
ナバーラ	71
カナリア諸島	31
合計	12,705

出身地（スペイン以外）	人数（人）
ポルトガル	192
イタリア	143
ベルギー（フランドル）	101
フランス	53
ドイツ	42
ギリシア	12
イングランド	7
オランダ	3
アイルランド	2
スコットランド	1
デンマーク	1
合計	557

（Lagunas Rodríguez, 2010 より作成）

家族での移住が増加した．スペイン人家族の定住は，やがて入植者とは異なるアイデンティティをもつにいたる人々を生み出すことにもなった．入植した白人家族に生まれた現地出身者，すなわちスペイン人の「2世」や「3世」はクリオーリョと呼ばれる．彼らはメキシコなど「アメリカ生まれ」で，やがて「アメリカ人」というアイデンティティをもつようになった．

カスタ社会（次項参照）の中で「白人」と分類された者は，植民地社会で明らかに高い地位を有した．しかし，ペニンスラール（本国出身者）とクリオーリョ（現地出身者）の間にはしばしば差がみられた．例えば，前者は本国で任命された高位の官職などに就くことが多かったが，後者は現地採用の下級官吏にしか就けないことがままあった．また，何よりも本国スペインを知らなかったり，生まれ故郷であるメキシコなどにアイデンティティを抱くようになるのは自然なことであった．

クリオーリョ意識の芽生えは17世紀初頭までにみられるが，やがてそれが高まり，18世紀末〜19世紀初頭にはスペインからの独立運動を担うクリオーリョに引き継がれていった．例えば，メキシコ独立運動の第一声となった「ドローレスの叫び」をあげたミゲル・イダルゴはクリオーリョ出自のカトリック司祭であった．

3.3.4 カスタ社会の形成

植民地を支配するに際し，スペイン王室はスペイン人居住域とインディオ居住域を区別した．すなわち，王室はスペイン人と先住民の接触を避けようと試みた．しかしながら，実際には混血化はアフリカ系の人々を含め急速に進んだ．メスティソは狭義にはスペイン人と先住民の間に生まれた者を指すが，混血者全般を広く差す用語としても用いられる．そして，メスティサヘという表現は混血化全般を指す用語として使用される．

混血化は，早い段階から社会的な問題となった．16世紀後半のヌエバ・エスパーニャ副王の引継文書には早くも「浮浪者メスティソ」の課題が登場する．スペイン人社会にも先住民社会にも受け入れられず，都市部の下層民となる「浮浪者メスティソ」が早い段階で社会問題化したのは，それだけ混血化のスピードが速かったことを示しているといえるだろう．その後，混血者は17世紀以降，飛躍的に増加した（表3.3）．

「人種」の混淆の様々な組み合わせはカスタと呼ばれた．ヨーロッパ人，先住民，アフリカ人の様々な組み合わせによる混血化は，複雑なカスタ社会を生み出した．18世紀啓蒙思想の影響を受けて多く描かれたカスタ絵画（ピントゥラス・デ・カスタス）（写真3.2）にみられるように，三者の多様な組み合わせは，多様な混血者とその名称を生み出した．例えばスペイン人男性と黒人女性の子はムラート，白人男性とインディオ女性の子はメスティソ，スペイン人男性とメスティソ女性の子はカスティソ，黒人男性とインディオ女性の子はサンボなどと呼ばれた（表3.4）．とはいえ，日常生活ではこのような詳細な分類が厳密に適用されたわけではなく，むしろ服装や言語など複数の要素によって各人物の社会的な立場は判断され

表 3.3 ヌエバ・エスパーニャ（メキシコ・中米の一部）の人口（単位：人）

(年)	ヨーロッパ人	アフリカ人	インディオ	クリオーリョ	ムラート	メスティソ	合計
1570	6,644 (0.2%)	20,569 (0.6%)	3,366,860 (98.7%)	11,067 (0.3%)	2,437 (0.07%)	2,435 (0.07%)	3,380,012 (100%)
1646	13,780 (0.8%)	35,089 (2.0%)	1,269,607 (74.6%)	168,568 (9.8%)	116,529 (6.8%)	109,042 (6.0%)	1,712,615 (100%)
1742	9,814 (0.4%)	20,131 (0.8%)	1,540,256 (62.2%)	391,512 (15.8%)	266,196 (10.8%)	249,368 (10.0%)	2,477,277 (100%)
1793	7,904 (0.2%)	6,100 (0.1%)	2,319,741 (61.0%)	677,458 (17.8%)	369,790 (9.6%)	418,568 (11.2%)	3,799,561 (100%)
1810	15,000 (0.2%)	10,000 (0.1%)	3,676,281 (60.0%)	1,092,367 (17.9%)	624,461 (10.1%)	704,245 (11.5%)	6,122,354 (100%)

カッコ内は各年における割合を示す．(Aguirre Beltrán, 1989 [1946] より作成)

写真 3.2 カスタ絵画の例
（メキシコ州テポツォトラン，国立副王期博物館所蔵）

た．

3.3.5 混血化の実態

実際の混血者にはどのような人物がいたのだろうか．ここではメキシコにおけるいくつかの事例を簡潔にみておきたい．メスティソの中には先住民の母親のもとに引き取られて実質的に「インディオ」として生きた人物や，スペイン人男性の父親の子として育てられて「スペイン人」として生活した者もいた．そのため，統計上の数値は実際の混血者の数を必ずしも厳密に反映していない可能性がある．

「浮浪者メスティソ」の問題については前述したが，混血者の中には社会的に安定した地位を得ることに成功した者もいた．メシーカ王モテクソマ・ショコヨトルの娘であったテクイチポは，その好例である．征服戦争を戦ったクイトラワクおよびクアウテモク両王の妻であった彼女は，征服後，コルテスの庇護のもとに置かれ，スペイン人と結婚した．洗礼を受けイサベル・モクテスマと名乗った彼女は，立て続けにスペイン人の夫2人に先立たれたものの，最後の夫フアン・カノとの間に3男2女をもうけた．また，それ以前にはコルテスとの間に庶子の娘を，2人目のスペイン人の夫との間には男子をもうけている．イサベル自身はタクバ（かつてのトラコパン）のエンコミエンダを付与され，安定した生活基盤をもつことになった．

イサベルの子であるこれら「最初のメスティソ」たちとその子孫の中には，高い社会的地位を得たものもいた．庶子の娘はサカテカスの町の創設者の1人である裕福なスペイン人男性と結婚した．息子の1人はスペインへ渡ってセビーリャで暮らし，その孫はサンティアゴ騎士団長の地位に就いた．また別の息子はエストレマドゥラ地方のカセレスで生活し，その子孫にはアブランテス・イ・リナーレス公爵やセラルボ侯爵がいる．

さらにもう1人，初期のメスティソの例をみておこう．『トラスカラ史』という歴史書を書いたことで知られるディエゴ・ムニョス・カマルゴは，征服後まもなくスペイン人男性とトラスカラ先住民女性の間に生まれたメスティソであった．しか

表 3.4 カスタ分類の例（写真 3.2 のカスタ絵画による）

	（父）	（母）	（子）		（父）	（母）	（子）
1	スペイン人	インディオ	メスティソ	9	ロボ	チノ	ヒバロ
2	メスティソ	スペイン人	カスティソ	10	ヒバロ	ムラート	アルバラサード
3	カスティソ	スペイン人	スペイン人	11	アルバラサード	黒人	カンブーホ
4	スペイン人	黒人	ムラート	12	カンブーホ	インディオ	サンバイゴ
5	ムラート	スペイン人	モリスコ	13	サンバイゴ	ロボ	カルパムラート
6	モリスコ	スペイン人	チノ	14	カルパムラート	カンブーホ	テンテ・エン・エル・アイレ
7	チノ	インディオ	サルタ・アトラス	15	テンテ・エン・エル・アイレ	ムラート	ノテエンティエンド
8	サルタ・アトラス	ムラート	ロボ	16	ノテエンティエンド	インディオ	トルナアトラス

し，スペイン人の父親のもとでおそらくは「スペイン人」として育てられ，成人してから母親の出身地であるトラスカラで暮らした．彼はトラスカラで経済活動に従事する一方，現地の先住民貴族層との関係を構築した．トラスカラの主要地区の1つオコテルルコの貴族家系の娘と結婚し，この妻との間に息子が生まれた．そしてこの息子はオコテルルコの後継者となる娘と結婚し，ついにはトラスカラ市の先住民統治官（フエス・ゴベルナドール）の地位に就くことに成功した．

このように，混血化の実態は，統計上の数字だけで測れるものではなく，社会的にどのような地位にあったかも多様なケースが存在した．すなわち，「人種」の混淆度合い以外に，社会的な立場などの要因が作用するものであった．

3.4 文化の混淆

3.4.1 異文化の接触

ここまでみてきた多様な出自の人々の間でのメスティサヘは，生物学的な側面に限られない．文化面でも先住民，アフリカ系の人々，そして支配者であるヨーロッパ系の人々の混淆がみられた．

混淆のいくつかの側面をみる前に，様々なものが新大陸と旧大陸で「交換」されたことを確認しておきたい．この現象はしばしば「コロンブス交換」と呼ばれるものの，「交換」という語が与える印象とは異なり，新大陸の先住民の側に主導権はなかった．未知の地へ移り住んだヨーロッパ人は，現地のものを早くから利用した．例えば，カリブの植民地化の早い段階から，スペイン人はハンモック（この語自体もタイノ語からスペイン語経由で西洋言語に入ったとされる）やタバコの喫煙をとり入れた．ジャガイモ，サツマイモ，トウモロコシ，トマト，チリトウガラシなど実に多くのアメリカ原産の栽培植物をヨーロッパ人は持ち帰り，旧大陸の各地に広めることとなった．

一方，スペイン人はアメリカに存在していなかった様々なものを持ち込んだ．早くからウシ・ブタ・ウマなどが持ち込まれ，エスパニョラ島では1507年にはすでにこれらはスペインから輸入する必要がなかったという．放牧地の広がり，コムギなど新たな植物種の導入は征服以前の風景を一変させ，「景観のメスティサヘ」を生み出した．また，上述の通り旧大陸からは意図せずして多くの病原菌が持ち込まれた．主なものとしては，天然痘，麻疹，百日咳，水痘，インフルエンザ，チフス，マラリア，腺ペスト，ジフテリア，赤痢があげられる．

スペインによる征服後，支配者による様々な文化的強制という側面があったのは事実である．しかし，もともとあった先住民文化がオセロの目が変わるように西洋化やスペイン化していくという単純な図式で説明できるものではなかった．時として，スペイン人による文化的強制は，先住民社会において支配者側が意図しない受け止め方をされ，先住民独自の解釈を経た新たな文化的要素が生み出されることもあった．逆に，スペイン人が現地のものを取り入れ，「土着化」したといえる現象がみられることもあった．当然ながら，アフリカ系人口の多かった地域（とりわけカリブ）では，

その影響が色濃く反映され，独自の展開をみせた．

以下ではこのように多様な文化的混淆の諸相を，植民地時代を中心にいくつかの具体例からみていくことにしたい．

3.4.2 キリスト教

スペイン人は，「魂の征服」とも呼ばれるインディオのキリスト教化を推し進めた．その結果，先住民社会でしばしば起きたのは，カトリックと土着宗教の習合であった．メキシコやグアテマラなど先住民人口がとくに多かった地域における民族誌が示しているように，20～21世紀の現代の事例には，ヨーロッパ的感覚では「カトリック」と判断しがたいような事例が数多く観察される．

征服当初の16世紀には，フランシスコ会，ドミニコ会，アウグスティヌス会などの各会派が，偶像崇拝の撲滅を目指し，「邪教」の信仰を避けようとした．だが，スペイン人が意図したような宗教の置き換えは容易には実現されず，現代の研究者が習合とみなすような現象が多くみられることとなった．例えば，カトリックの祭礼である「聖十字架（サンタ・クルス）祭」にあわせて雨乞いの儀礼を行う先住民共同体や，聖ヤコブを守護聖人として受け入れつつも，征服から500年近く経過したいまなおウィツィロポチトリの神話と重なるような伝説を語り継ぐ先住民共同体の存在などがあげられる．これらの例をみれば，現代におけるカトリック信者の割合という表面的な数字はともかく，「魂の征服」が実質的に成功を収めたとはいいがたいことは明白であろう．

宗教面での混淆の事例としてとくによく知られるのは，グアダルーペの聖母（写真3.3）である．1531年，メキシコ市郊外のテペヤクで，先住民フアン・ディエゴの前に聖母が出現した．テペヤクは，アステカ王国の時代にはトナンツィン（ナワトル語で「われわれの母上」の意味）という女神が祀られていた場所であったため，植民地時代初期にはカトリックを装った異教崇拝であるとしてこの聖母信仰を批判するサアグンのようなスペイン人修道士もいた．しかし，グアダルーペの聖母はより広い社会階層に受け入れられ，現代の国

写真 3.3 フアン・デ・ビジェガス画のグアダルーペの聖母
（スペイン，アメリカ博物館所蔵）

民的さらにはメキシコという国の範囲を超えた信仰へと発展していく．

17世紀半ば，この聖母出現についての書物が出版されると，クリオーリョの間でもグアダルーペの聖母信仰が広まっていった．つまり，スペイン系の人々の間でもこの聖母が信仰を集めるようになり，やがてメキシコの独立運動が始まった時，1810年9月16日の「ドローレスの叫び」でクリオーリョの司祭イダルゴが掲げた旗の中央には，この聖母がデザインされていた．

3.4.3 食文化

文化的メスティサへはより身近なところでも観察される．メキシコ料理を例に考えてみたい．タコス（写真3.4）は代表的なメキシコ料理として知られるが，トルティーリャ（いわゆるタコスの皮）は先スペイン期からメソアメリカで主食とされているトウモロコシからつくられる．粉に挽いたトウモロコシでつくった「マサ」をうすくのばして焼くという食べ方は，先スペイン期と基本的には同じである（図3.3）．けれども，現在私たちが口にするタコスにはしばしば豚肉や牛肉などが具として含まれている．これらは西洋から伝来した畜肉主義によるもので，先スペイン期の人々が食していたものとは明白に異なる．また，トッピングのコリアンダー（パクチー，香菜）は旧大陸由来で地中海原産である一方，辛みのあるサルサには

写真 3.4　現代のメキシコのタコス（2014 年 10 月）

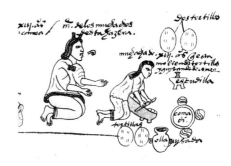

図 3.3　娘にトルティーリャづくりを教える母親
(Berdan, F. F. and Anawalt, P. (ed), *The Codex Mendoza*, Berkeley, University of California Press, 1992.)

トマトやチリ（トウガラシ）といった現地由来の食材が使われている．

　食文化においては，先住民が西洋由来のものを積極的に取り入れることもあれば，ヨーロッパ人が現地のものを取り入れる場合もあった．植民地時代メキシコの事例をみてみよう．スペイン人はコムギの栽培を先住民村落に導入しようと試みた．しかし，それはしばしば受け入れられず，いったんはコムギ栽培を始めても，結局はトウモロコシ栽培に戻っていった．その理由は，コムギがうまく育たなかったことのほかに，「トウモロコシでないと力が出ないから」という先住民の食生活における実感にあった．その一方で，鶏肉は瞬く間に先住民社会に広まった．征服以前のメソアメリカではシチメンチョウが家畜として存在していたが，その利便性から早々にニワトリに置き換えられ，16 世紀中には「チキンのタマル」（タマルはトウモロコシ粉の生地に具を入れて蒸した料理）がつくられていたという．

　逆に，ヨーロッパ系の人々が地元の食材を用いて新たな料理をつくり出すこともあった．植民者であるスペイン人は当初からスペインと同様の食生活が営めるよう様々な努力を注いだ．例えば，メキシコ征服直後，メキシコでは牛肉は極めて高価で，アンティル諸島から「輸入」するしかなかった．しかし，わずか数十年後には肉牛の生産が確立され，本国スペインよりも安価に牛肉を得られるようになった．それと同時に，現地の食材を進んで取り入れたり，場合によっては取り込まざるをえない場合もあった．

　独立運動の頃にスペイン人がつくり出した料理を例としてみておきたい．1821 年のメキシコ独立の際，アグスティン・イトゥルビデ（翌年に初代メキシコ皇帝アグスティン 1 世に即位）がプエブラに立ち寄った際，アウグスティヌス会の修道女たちが国旗に見立てた白・緑・赤の 3 色（トリコロール）に彩られた料理を提供した．白はソースの色，赤はトッピングのザクロ（旧大陸原産）の色であるが，緑のチリ（ポブラノと呼ばれる品種を使用し，その中には果物の入った肉詰めが入れられている）はメキシコの特産である．このチレ・エン・ノガーダと呼ばれる料理は，現在も独立記念日前後の特別な料理としてメキシコで食されている．

3.4.4　言　語

　混淆のもう 1 つの側面として，言語をとりあげてみたい．同じスペイン語であってもメキシコのスペイン語とスペインのスペイン語の間にはしばしば理解不能なほどの語彙の違いがある．例えば，カモーテ（camote, サツマイモ），センパスチル（cempasúchil, マリーゴールド），ミルパ（milpa, 畑），クアーテ（cuate, 双子の兄弟，親友）はメキシコでスペイン語を学んだ者にとってはおなじみの語彙であるが，他のスペイン語圏では使用されない．ここにあげた 4 つの例はいずれもナワトル語（それぞれ camotli, cempohualxóchitl, milpan, cóatl）に由来する．上述のハンモックのように，先住民言語から世界に広まった語彙（ナワトル語

の場合，トマト，チリ，アボカドがその代表格）がある一方，地域性は世界言語となったスペイン語にもその影響をとどめている．

さらにカリブの言語に目を向けると，フランス語圏（ハイチやマルティニークなど）に顕著にみられるように，語彙だけでなく言語そのものの変容が観察される．そうした言語はクレオール言語と呼ばれる．例えば，アフリカ各地に由来する労働者が奴隷制プランテーションなどでの共通言語としてフランス語を使用していた．しかし，世代が下るとその共通言語の変化したものが母語になっていく．この現象自体は植民地時代に起こっていたものの，クレオール言語という名称とともに広く認知されたのは20世紀後半になってからのことであった．

例えばハイチでは，ハイチ・クレオール語が公用語となり，1987年に憲法にもその旨が明記された．すなわち，クレオール語はかつて考えられたような「訛ったフランス語」ではなく，独自の言語であり，それをアイデンティティとするという考え方が一般化した．

スペイン領ではクリオーリョ（クレオールのスペイン語形）は上述のとおり「現地生まれの白人」を指すが，元来，この語は「現地生まれ」の意味であった．とくに20世紀後半以降のカリブのフランス語圏ではこの意味でのクレオールが主張され，「クレオール主義」の運動が注目された．現在でも，文化の異種混淆性（ハイブリディティ）を議論する際，「クレオール性」がキーワードの1つとして用いられる（バーク，2012）．

3.5 混淆と現代国家—メキシコを例に

最後に，民族と文化の混淆の行く末について考えてみたい．本章でしばしば事例としてみてきたメキシコでは，20世紀初頭のメキシコ革命の後，長らく「メスティソの国」を自称してきた．つまり，メキシコは先住民とスペイン人が混淆しながらヨーロッパとは異なる独自の文化をつくりあげた国であるという認識である（なお，この議論の中ではしばしばアフリカ系の人々の存在が等閑視されたという問題点もある）．有名なホセ・バス

コンセロスの「宇宙的人種（raza cósmica）」論はこのような認識にもとづいたものだった．

20世紀半ば以降，民族自決の精神が高まり，先住民の権利や文化を尊重するという考えが広く浸透した．とりわけ1992年にはコロンの航海500周年を迎え，西洋中心主義的な「発見史観」も見直されることとなった．その結果，メキシコ国家は「メスティソ」という合言葉で先住民を国家に統合することの限界に直面した．先住民文化の研究や先住民の生活改善を目的としてきた国立先住民庁（INI）は今世紀に入ってすぐに発展的に解消された．国民統合の手段としての「メスティソ」というキーワードは急速にその実質的意義を失いつつある．現在のメキシコは「複文化の国」を標榜し，従来の混血路線の名残と多様な先住民集団の多元的価値を認めようとする方向性との間で揺れ動いている（Navarrete, 2015）．

この傾向自体は評価すべきであろう．「先住民」（歴史用語でいう「インディオ」）という，15〜16世紀のスペイン人が一方的に設けた区分をある意味では見直すことになるのは大きな意味があると筆者には思われる．複文化を標榜する以上，これまで無視されがちだったアフリカ系の文化についてもあらためて考えることにならざるをえない．しかしながら，多様な文化・言語・価値観を認めた上でメキシコという国家がどこに向かうのかはいまだ未知数である．

生物学的・文化的混淆によって現在の社会が成り立っているのは事実である．しかし，それによって排除される人々がいれば，それはそれで問題となる．本章でみたように複雑な歴史的経緯をもつメキシコ，中米，カリブの諸国は国民国家という19世紀以来の枠組みを引きずりながらも，多様な文化と混淆した文化の両者を内包しつつ，新たな時代に対処していかねばならない．その意味において，これらの地域は，領土内に住む多様な人々とその文化，重層的なアイデンティティに国家として挑戦することを現在進行形で余儀なくされている，いわば「先進地域」といえるのかもしれない．

[井上幸孝]

引用・参考文献

石塚道子編（1991）：カリブ海世界，世界思想社．

井上幸孝編（2014）：メソアメリカを知るための58章，明石書店．

大貫良夫編（1984）：民族交錯のアメリカ大陸（民族の世界史13），山川出版社．

バーク，ピーター著，河野真太郎訳(2012)：文化のハイブリディティ，法政大学出版局．

Aguirre Beltrán, G.（1989［1946］）：*La población negra de México. Estudio etnohistórico*, México, Fondo de Cultura Económica.

Bennassar, B.（1987［1980］）：*La América española y la América portuguesa, siglos XVI-XVIII*, Madrid, Akal.

Cook, S. F. and Borah, W.（1990）：*Ensayos sobre historia de la población: México y el Caribe 1*, México, Siglo XXI.

Castillero Calvo, A.（ed.）（2001）：*Historia general de America Latina III-2: Consolidación del orden colonial*, París, Unesco/Editorial Trotta.

Higman, B. W.（2011）：*A Concise History of the Caribbean*, Cambridge University Press.

Lagunas Rodríguez, Z.（2010）：*Población, migración y mestizaje en México: época prehispánica-época actual*, México, Instituto Nacional de Antropología e Historia.

Navarrete Linares, F.（2015）：*Hacia otra historia de América. Nuevas miradas sobre el cambio cultural y las relaciones interétnicas*, México, Universidad Nacional Autónoma de México.

===== コラム　先住民文化の資源化 =====

　ヨーロッパ人による征服以前の先住民文化のイメージには，後世に与えられたイメージがつきまとう．人身御供（生贄）ばかりが強調されるアステカ王国のイメージ，「人食い人種」がひたすら強調されるカリブ先住民イメージなどは，その典型であろう．

　征服前の先住民社会について知ろうとする際，現代の私たちが頼りとする情報源は，しばしば征服以降に書かれたものである．だが，それらを常に信憑性のある「史料」として，絶対的な価値を与えてしまうことには問題がある．本コラムでは，アステカ王国期の著名な王のイメージを具体例に，征服前の先住民文化イメージがどのように形成されたかを考えてみたい．

　ネサワルコヨトル・アコルミストリ（1402〜1472年，在位1429頃〜1472年）は，アステカ王国の中心をなしていた3都市の1つ，テスココ（ナワトル語ではテツココ）の著名な王である．「賢者」や「詩人王」といった別名で知られ，メキシコ人が日々目にする100ペソ札にその肖像が印刷されている．メキシコ市内やご当地であるテスココデモラ市に行けば，彫像や彫刻などを通して文化的な王としてのネサワルコヨトルの表象を目にすることになる（写真C3.1）．

　このようなネサワルコヨトルのイメージ形成は，16世紀にさかのぼることができる．ネサワルコヨトルの子孫でメスティソであったフアン・デ・ポマールは，下級官吏としてテスココに関する報告書作成を命じられた際，ネサワルコヨトルとその後継者の息子ネサワルピリがいかに文化的に優れた王だったかを強調した．16世紀後半の社会でテスココ貴族層とつながりが深かった彼は，「野蛮な」テノチティトランのメシーカ人に対して「文化的な」テスココのアコルワ人とい

うイメージを印象づけようとした．

　とはいえ，この記述だけでネサワルコヨトル像が定着したわけではなかった．17世紀前半，フェルナンド・デ・アルバ・イシュトリルショチトルというカスティソの歴史家がこのイメージをさらに推し進めた歴史書を著した．『トルテカ人とチチメカ人に関する歴史報告書』や『ヌエバ・エスパーニャの歴史（チチメカ人の歴史）』をスペイン語で書いた彼は，メキシコ古代史の壮大な物語の中にネサワルコヨトルを位置づけた．キリスト教徒であることが前提のスペイン植民地社会において，古代の異教崇拝はデリケートな問題であった．アルバ・イシュトリルショチトルは，イエス・キリストの教えがかつてアメリカ大陸にも伝わっていたという原始布教説の立場をとり，その後の歴史的な経緯によってアステカ王国期にはカトリック信仰が残されていなかったものの，ネサワルコヨトルをはじめとしたテスココ王は独自に唯一絶対の神の存在を感じとろうとしていたという説（唯一神信仰説）を提示した．

　無論，アルバ・イシュトリルショチトルは荒唐無稽な説を提示したのではない．コルテスによるメキシコ征服後100年近くにわたって修道士やその他のスペイン人たちが議論してきた諸説を踏まえた上で，上記の説を歴史書に記した．そうした歴史像を描き出す上で証拠として採用されたものの1つが，「ネサワルコヨトルの残した60数編の詩歌」であった．その史料は『メキシコの歌（Cantares mexicanos）』や『ヌエバ・エスパーニャの領主たちのロマンセ（Romances de los señores de la Nueva España）』として現代に伝わっている．だが，これらすべてがネサワルコヨトルのもの

とはいえないばかりか，そもそも征服以降に編纂されたもので，キリスト教的な思想が混入したナワトル語の詩である．さらに，現在知られている史料の情報を総合すれば，ネサワルコヨトルは詩歌や宗教といった文化面だけに秀でた王ではなく，テスココ湖の堤防建設などにみられるように土木建築の技術面でも高かったこと，戦争において優れた戦士でもあったこと（図C3.1）などがわかっている．しかし，アルバ・イシュトリルショチトルの記述，そして以下に述べる経緯では，文化面ばかりが強調されるにいたった．

16世紀後半から17世紀前半にかけてアルバ・イシュトリルショチトル以外にも歴史書や記録文書を残した人物はいた．しかし，何よりもネサワルコヨトル像の形成に関していえば，彼の成功は，後世に「権威ある先住民史家」と見なされたことにあるだろう．アルバ・イシュトリルショチトルが書き残した歴史書は，17世紀前半以降の知識人や歴史家によって繰り返し読まれ言及されることになった．植民地時代メキシコを代表するクリオーリョ知識人シグエンサ・イ・ゴンゴラは，彼のことを「メシコ語（ナワトル語）のキケロ」と呼んでいる．

19世紀前半にメキシコはスペインからの独立を果たした．独立前後のクリオーリョは「メキシコ古代文化」を自己のアイデンティティの一部として取り込もうとした．さらに，20世紀初頭のメキシコ革命を経てメキシコの「国史」の一部としてアステカ時代の過去が位置づけられていった．こうした過程を経て，植民地時代前半に始まるネサワルコヨトル像は，20〜21世紀を生きるメキシコ人にとってよく知られた過去の一部として定着した．

ここまでみてきたプロセスを考えると，ネサワルコヨトルのような特定の過去の事象や人物は，いわば文化的な資源として利用されていったことがわかる．歴史的実像とは必ずしも一致しなかったり，事実に沿っていても特定の側面ばかりが強調されていくというのは，もとの姿（ここでは先スペイン期のネサワルコヨトルそのもの）を知りたい人には「情報の歪み」にしかみえないかもしれない．しかし，植民地時代の社会状況や独立後の国家形成過程を探求する際には，こうして繰り返し資源化されていく過去のイメージもまた重要な研究テーマになってくるのである．

［井上幸孝］

写真 C3.1 メキシコ市中心部の「三都市同盟庭園」のネサワルコヨトルのレリーフ（2017年2月）
もとは1889年のパリ万博のメキシコ・パビリオンで展示されたものである．

図 C3.1 『イシュトリルショチトル絵文書』に描かれた戦士姿のネサワルコヨトル（*Códice Ixtlilxóchitl*. Graz/México, Akademische Druck-und Verlagsanstalt/Fondo de Cultura Económica, 1997.）

4 多様な農業
——企業的農業から零細農まで

　中部アメリカでは，気候風土は熱帯から亜熱帯，温帯，半砂漠地帯にまで及び，それぞれの生態的特徴を反映して，農業の条件は多様化している．ほとんどすべての熱帯性作物が生育可能であり，今日では商業的な農業地帯だけでなく，牧草地や森林地帯も広がっている．メキシコの場合，国内の地域性が農業の特性につながり，北部アメリカや南部アメリカと共通する特徴がみられる．中米諸国では，熱帯産品の栽培にもとづく大規模農業を中心とする農業が目立つ．カリブ海地域においては，同様に国や地域によって熱帯農業の比重が大きい．

　本章では，このように多様な中部アメリカの農業について，歴史的変遷と現状を踏まえて企業的農業から零細農までの諸側面を中心に概観し，主要な特徴をとらえたい．

4.1 農業の発展過程

4.1.1 伝統的な農業構造

　中部アメリカの伝統的な農業構造を理解するには，ヨーロッパ人の到来以前の先住民による文明の形成と，そのもとでの自然環境の利用，農業生産の様態に目を向ける必要がある．その上で，ヨーロッパ人による植民地で生じた農業の状況をとらえなければならない．

　コロンブスの到来以前，カリブ海地域を含む中部アメリカには先住民の社会が広がっていた．その生活基盤は狩猟・採集・漁労に置かれ，キャッサバ，サツマイモなどの根菜類や，ラッカセイの栽培や自給自足的な農耕，土地の開拓が早くから行われていた．とくにメキシコから中米にかけてのメソアメリカ地域では，アステカ文明とマヤ文明，そしてテオティワカン文明やオルメカ文明などが栄えていた．先住民は手作りの道具を利用してトウモロコシ，カカオ，フリホーレス（インゲンマメ），カボチャなどの栽培に従事し，各地域の特性に応じて多様なかたちの集約的農業と焼畑農業を組み合わせて営んでいた．集約的農業としては，中小河川を利用した灌漑農業，山の斜面や丘陵地における段々畑，低湿地における底の泥を積み上げた盛土畑（チナンパ），水路を張りめぐらせた畑などがあった．

　またアステカ社会が栄えたメキシコ盆地の湖では，杭で四方を囲み，湖中の泥を積み重ねてつくった盛土畑での耕作が行われ，主としてトウモロコシ，フリホーレス，トウガラシ，トマトなどが栽培されていた．さらに都市部では，居住地の周囲に家庭菜園がつくられ，そこでも様々な農作物が栽培された（写真4.1）．この家庭菜園（ミルパ・ソラール）は，狭い畑で焼き畑農業を行いながらトウモロコシ，フリホーレス，カボチャなどの多様な食用作物を輪作・間作する農法であった．このミルパは少しずつかたちを変えながら今日まで維持されてきた（矢ケ﨑，1997；坂井ほか編，2007など）．

4.1.2 伝統的農業の時期的展開

a．植民地時代

　ヨーロッパ人の進出によって先住民人口は激減し，カリブ海地域ではその傾向が著しかった．スペイン人を中心とするヨーロッパ人入植者は，植民地（メキシコ市を中心とするヌエバ・エスパー

写真 4.1　メキシコ市のチナンパと観光用運河（Shutterstock）

ニャ副王領など）にヨーロッパの家畜（ウマ，ブタ，ウシ，ヒツジ，ヤギ，家禽などの動物）や作物（コムギなどの穀物，オレンジ，バナナ，マンゴー，リンゴ，ナシなどの果実）を持ち込み，農業技術（2頭立ての犂，用水路，動物肥料など）をもたらした．牧畜は征服直後から始められ，新しい動物が家畜として飼育されて農耕用の役畜となり，あるいは食用として先住民の食習慣を変容させた．またヌエバ・エスパーニャ副王領では征服者コルテスによってサトウキビ栽培が始められた（坂井ほか編，2007；福井編，1978 など）．

ヨーロッパからの入植者は，植民地経済の基軸となる土地制度と農業制度を導入した．16世紀にはエンコミエンダ制を導入して，先住民の労働力を徴用している．エンコミエンダ制とは，スペイン王室によって任命されたエンコメンデロ（権限を委託された征服者などの個人）が，先住民に対してキリスト教への教化を義務づけるとともに，土着の産物（鳥類，マメ類，ハチミツ，カカオ，トロピカルフルーツ，野菜など）の貢納と賦役を課し，それによって農耕や探鉱などを行わせた社会経済制度である．先住民はスペイン人到来以前から所有していた土地を保持したが，エンコミエンダ制は先住民に対する過酷な経済的搾取（土地の立ち退きや没収を含む）を引き起こした．そこでスペイン王室は，先住民を保護するため1542年にインディアス新法を定め，王室直轄領としてエンコミエンダを没収する政策に転じた．先住民人口の減少も背景となり，16世紀末にはすでに衰退期に入っていたこの制度は，17世紀から18世紀にかけて完全に廃止されることになった．

この時期に，エンコミエンダ制に代わって導入されたのがアシエンダ制であり，アンデス高地部とともに，メキシコの北部および中央部でしだいに優勢になっていった．アシエンダは，スペイン貴族の大土地所有制にもとづく社会制度で，大規模な農業経営体として大農場そのものの名称ともなった．つまりアシエンダ制は，農園内に居住させた先住民（土地を持たない農民としてペオンと呼ばれた）を労働力とする農業経営の形態であっ

た．社会経済的に独立した単位であり，広大な土地と多くの労働力に依存するアシエンダ制は，生産システムとしては非効率性をかかえていた．アシエンダで栽培され収穫された農産物は農園内の自給に供されるだけでなく都市などにも送り出された．栽培される農産物には熱帯特産のサトウキビ，カカオなどが含まれるようになった．スペイン人到来以前から先住民が生産していた綿，タバコ，コチニール（カイガラムシからとれる色素・染料）は農園内で栽培・採集され続けた．

こうしてアシエンダ制は，独立後の国々が大土地所有制（ラティフンディオ）や輸出向けのプランテーションを生み出す基盤となった．また，土地の所有と利用にかかわるこの伝統的な制度は，土地に根ざして生きる先住民の小農を，資本主義的構造の中に取り込むことになった．

カリブ海に点在する島々や中米のカリブ海沿岸地域では，イギリスやフランスなどのヨーロッパ諸国が植民地を建設し，土地利用および農業経営の組織化の基本単位として，国際市場向けのプランテーションを導入した．プランテーションは，植民地宗主国の資本・技術・経営力を利用して，単一作物（後述するように，サトウキビやバナナ，コーヒーが典型）を国際市場への輸出向けに大量生産する制度であり，アシエンダと同じく広大な土地を必要としたが，生産はより集約的で，それだけ効率性は高かった．多国籍企業がプランテーション経営に乗り出す経緯については後述する．

先住民人口の激減に直面したヨーロッパ人は，奴隷制と奴隷貿易によって，アフリカから大量の黒人奴隷をカリブ海とその沿岸地域に導入した．黒人奴隷はプランテーションやアシエンダの労働力として酷使された．植民地時代のカリブ海におけるサトウキビプランテーションはその典型である．実際，17世紀から18世紀において世界貿易の主要商品となったサトウキビは，16世紀初頭カリブ海に移植されて最初にイスパニョーラ島で栽培が始められ，その後にキューバや他の島々で砂糖が生産された．1833年から19世紀末までにかけて，奴隷貿易と奴隷制は次々に廃止された．解放された黒人や混血を中心とする住民の多く

は，農村部においてプランテーションの労働力となった（後には零細自作農や自給自足農民になる者も現れて，現在にいたる）．

カリブ海の島々，とくにキューバやジャマイカでは，奴隷制によるサトウキビプランテーションが地域経済に圧倒的な比重を占めた（写真4.2）．その動向は共和国時代になっても基本的に変わらなかった．サトウキビを原料とする砂糖が中部アメリカにおける主要な輸出品の1つであるという傾向は20世紀以降まで続くことになる．

b．19世紀から20世紀半ばまで

19世紀後半から20世紀初頭にかけて，中部アメリカの国々は世界経済に編入され，農業部門では近代化と国際市場への統合がいっそう進んだ．19世紀前半に独立から国家形成の道を歩んだメキシコや中米諸国では，伝統的なアシエンダの近代化が生じ，賃金労働への転換や一定の技術革新とインフラ整備が行われた．他方，それら中米諸国のカリブ海沿岸地域，そしてとくにカリブ海地域（当時，独立国はハイチなどに限られた）では，米国系アグリビジネスの進出にともない，プランテーションの近代化と大規模化が生じた．

4.1.3 農業の地域的展開

次に，伝統的な農業の状況と農業地域の形成について地域ごとにみていこう．

写真4.2 サトウキビプランテーションでの収穫の様子
（Shutterstock）

a．メキシコ

1810年に独立を果たしたメキシコでは，植民地時代からの農業制度と土地制度が継続された．19世紀を通じて国家や社会の近代化に向けた様々な制度改革がなされたが，土地所有や農地分配における不平等な社会構造は維持された．ディアス独裁期（1876〜1911年）ではそのような傾向が強まり，国民の不満が高まった．

1910年に民主化運動として始まったメキシコ革命は，不平等な社会秩序に変更を迫る大規模な社会変革となり，多くの分野で社会政策に結実した．中でも社会正義の観点でもっとも影響力をもった政策は農地改革であった．農地改革の具体的な進展状況については後述する．

1940年代以降，メキシコでは農業近代化の一環として，「緑の革命」の導入にもとづく農業政策が実施された．米国の農学者ノーマン・ボーローグらの研究グループが，ロックフェラー財団の資金援助を受けて，1944年からメキシコ市郊外でコムギの高収量品種を開発している．1943年にコムギ需要の約半分を輸入に依存していたメキシコは，1956年になると自給自足を達成し，輸出可能となった．またソノラ州では，ハイブリッド種子をエヒダタリオ（共同体的所有地であるエヒード（ejido）を所有する零細農民）に普及しようとする政策がとられた．ロックフェラー財団はメキシコでの経験を成功ととらえて，インドなど世界の他地域に緑の革命を広めていった．しかし少なくともメキシコでは，穀物の収穫増大という成功の裏で，化学肥料や農薬の大量投入が生じ，持続可能性の問題や環境問題が発生した．そのため，この政策は完全な失敗に終わったという評価も根強い．

b．中央アメリカ

中央アメリカでは1821年の独立を経て1823年に中米連邦が結成されたが，1839年にはそれが解体して，5カ国（グアテマラ，ホンジュラス，エルサルバドル，ニカラグア，コスタリカ）が成立し，各国が独自の道を歩むことになった．

19世紀初頭の独立後から第二次世界大戦前まで，中米地域における輸出農産物は，寡頭支配階

表4.1 中部アメリカ諸国・地域における全輸出品に占める主要品目の割合（1913年頃）

国・地域名	第1位（シェア）		第2位（シェア）		上位2品目の合計シェア
メキシコ	銀	30.3%	銅	10.3%	40.6%
グアテマラ	コーヒー	84.8%	バナナ	5.7%	90.5%
エルサルバドル	コーヒー	79.6%	貴金属	15.9%	95.5%
ホンジュラス	バナナ	50.1%	貴金属	25.9%	76.0%
ニカラグア	コーヒー	64.9%	貴金属	13.8%	78.7%
コスタリカ	バナナ	50.9%	コーヒー	35.2%	86.1%
パナマ	バナナ	65.0%	ココナッツ	7.0%	72.0%
キューバ	砂糖	72.0%	タバコ	19.5%	91.5%
ハイチ	コーヒー	64.0%	カカオ	6.8%	70.8%
ドミニカ共和国	カカオ	39.2%	砂糖	34.8%	74.0%
プエルトリコ	砂糖	47.0%	コーヒー	19.0%	66.0%

（バルマー＝トーマス，2001より作成）

級が独占するコーヒーと米国系外国資本によるバナナの栽培に限定されており，表4.1にみるように，20世紀初頭ではいずれの国でもコーヒー豆とバナナは輸出品の半分以上のシェアを占めていた（バルマー＝トーマス，2001）．経済構造は植民地時代に形成されたアシエンダ型の中小農園，あるいはプランテーション型の大農園を基盤とし，農産物を欧米に輸出することを通じて自国経済を支える対外従属的な性格が続いた．

地形や気候，土壌の条件に恵まれた中米諸国は世界有数のコーヒー生産地になっていった．独立後，真っ先に本格的なコーヒー生産に乗り出したコスタリカでは，1856年にコーヒーが輸出全体の9割を占めた．1870年代になるとグアテマラ，エルサルバドル，ニカラグア，ホンジュラスでもコーヒー栽培が重要性を増した．こうして19世紀末までに中米諸国のコーヒー産業は世界の需要の15%を供給するまでに成長した．この地域でフィンカと呼ばれるコーヒー農園は，大規模なものだけでなく，中小規模のものや家族経営によるものが少なくなかった．

他方，バナナは，輸出向けのプランテーションで栽培されてきた（写真4.3）．バナナ生産には広い土地と豊富な労働力，そして鉄道や積出港などのインフラストラクチャーが必要となる．中米諸国では1870年代から19世紀末にかけて米国系多国籍企業が進出した．そして，カリブ海沿岸における未開拓の熱帯低地（農業フロンティア）で広大な土地を取得し，鉄道や港湾，道路などのインフラを整備して，大量の労働者を雇用しつつバナナの生産と輸出を開始した．

そのような多国籍企業の例として，ユナイテッド・フルーツ社とスタンダード・フルーツ社が有名である．前者は1899年に米国で設立され，その後1970年にユナイテッド・ブランズ社，そして1984年にはチキータ・ブランズ社へと社名を変更して現在にいたる．また後者は1964年にキャッスル＆クック社に併合され，1991年にはドール・フード社へと社名を変更して現在にいたる．

写真4.3 コスタリカのバナナプランテーションで働く黒人労働者（1996年8月，浦部浩之撮影）

バナナ農園では労働者の労働条件は過酷で，厳格な職能階級制度が確立された．しかも農園自体が飛地経済を形成していたため，国内の相対的な経済成長にはあまり寄与しなかった．さらに多国籍企業は，国際市場における流通面の支配力を背景として，中米諸国の政府にも大きな影響力を及ぼすようになり，内政にも介入した．そのため，国家が企業に対して半従属的な状態に置かれたホンジュラスやグアテマラは「バナナ共和国」と呼ばれることもあった．続いて1970年代には，デルモンテ社（1916年設立，1967年までの名称はカリフォルニア・パッキング社）がグアテマラを拠点として「バナナ帝国」を築くことになる（バーバック・フリン，1987）．

このような経緯を経て，コーヒーとバナナは中米諸国の二大輸出農産物となり，社会経済に大きな影響を及ぼした（図4.1）．その栽培と輸出に過度に依存する地域の農業経済は，国際価格の変動や生態環境の変化に左右されやすく，実際，1930年代になると，世界大恐慌やバナナの病害などによって一時的に打撃を受けた．このために，中米では輸出農産物の多角化が課題になり，第二次世界大戦後には綿花，砂糖，牛肉などの新しい輸出農産物の振興に力が入れられた．生産が拡大した綿花は大半が日本に輸出された（田中，1997）．

さらに20世紀半ばになると，中米諸国は自由貿易と経済・産業統合を目的として中米共同市場を結成した．それは1960年の中米統合条約によってグアテマラ，エルサルバドル，ホンジュラス，ニカラグアの4カ国で発足し，コスタリカは1962年に加盟している．1980年代には中米紛争で停滞を余儀なくされたが，1990年代になると統合促進の動きが再開し，1993年にコスタリカを除くそれら4カ国が自由貿易地域を形成することになった．そして，域内統合の活性化を背景として，多国籍企業は米国政府と現地政府の双方から金融上の特別優遇措置を受けるようになり，中米への進出を強めてきた．多国籍企業は，政治的

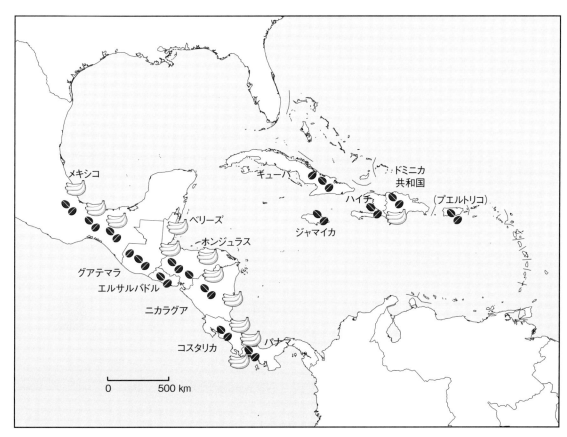

図4.1 中部アメリカのコーヒーとバナナの主な栽培地（各種資料より作成）

4.1 農業の発展過程　49

圧力も交えながら現地政府に強く働きかけ，農園と港湾を結ぶ鉄道網を開通させた．また，低賃金の季節労働者を雇うなど，プランテーションの所有と労使管理で経営合理化を進めたほか，農薬使用なども行った．こうして，国内輸送から国際輸送までの過程を統合し，農業生産にも深く関与していった（バーバック・フリン，1987）．

c．カリブ海地域

19世紀にキューバでは砂糖生産が再び活況を呈するようになり，1860年代以降，キューバは世界最大の砂糖生産国となった．19世紀末の米西戦争で，キューバはスペイン支配から脱して米国の支配下に移行し，20世紀に入ると米国への従属傾向を強めた．その後は，米国への砂糖供給地としてモノカルチャー経済（単一ないし少数の一次産品（農産物や鉱物資源）の生産・輸出に特化した経済）が継続してきた．

革命以前のキューバ経済には，大土地所有制の残存，米国資本への従属，砂糖生産に依存するモノカルチャー経済などの植民地的構造が顕著であった．中でも砂糖生産は国民総生産の25%，輸出総額の80%を占めていた．砂糖生産の60%以上が米国資本に依存し，輸出量の4分の3が米国に輸出された．当時のキューバでは土地所有者の8%が土地面積全体の70%以上を所有するという極めて不平等な土地所有構造がみられた．

1959年の社会主義革命によって成立したキューバ革命政権は，米国資本と対立し，それら民間企業の国有化を進めた．しかし，砂糖のモノカルチャー経済は変化しないまま，キューバは新たな市場としてソ連圏との経済関係を強め，同国への依存を強めた．農業部門では革命後も砂糖産業への依存は変わらず，この産業が最大の外貨獲得源となり，全人口の5分の1を雇用していた．こうした状態は1990年代半ばまで継続することになる．

4.1.4 農業の類型と分布

このような農業の発展過程を踏まえて，中部アメリカにおける農業の分布と類型を整理しておきたい．表4.2は，土地所有形態および農業経営形態，住民の人種的構成，植民地以前の状況，および植民の形態という4つの側面から，中部アメリカにおける農業の類型を地域・国ごとの3パターンにまとめたものである．

まずメキシコ南部では，先住民やメスティソ（先住民と白人の混血）が主体となっており，土地所有と農業経営の点ではアシエンダ型のラティフンディオ（大土地所有），ミニフンディオ（零細土地所有），および共同体的土地所有という3つの形態が併存していた．

カリブ海地域および中米の一部（コスタリカを除く）が2つ目の地域となる．ホンジュラスの中部とコスタリカの一部の山地には温暖な気候の地域があるが，それらを除けば中米南部は全体として熱帯性気候に置かれている．ここでは，賃金労働者である黒人とメスティソが主体となって，プランテーション型のラティフンディオとミニフンディオが併存していた．

そして3つ目のコスタリカでは，白人系のヨーロッパ移民が主体となって，自営農民による農業

表4.2　中部アメリカにおける農業の類型

地域	メキシコ南部	カリブ海地域，中米の一部	コスタリカ
土地所有形態・農業経営形態	アシエンダ型ラティフンディオ　ミニフンディオ　共同体的土地所有	プランテーション型ラティフンディオ　ミニフンディオ	自衛農民的農業・牧畜経営が中心
住民の人種的構成	先住民・メスティソ	アフリカ系黒人・メスティソ	ヨーロッパ移民
植民地以前の状況	高度な先住民文化　集約的な農耕社会	先住民の文化はさほど発達せず	先住民の文化はほとんど発達せず，人口希薄
植民の形態	収奪植民地（地下資源・労働力の収奪）	収奪植民地（地力・労働力の収奪）	農業植民地（ヨーロッパ移民が自衛農民として入植）

（石井，1999：2008より作成）

経営が中心となっていた．

次節で検討するように，このような農業の類型には農地改革との関連もうかがわれる．

 4.2 農地改革と農業・農業地域

中部アメリカでは，農地の不平等な所有と分配が伝統的に構造化されてきたため，独立後の各国政府にとって，それらを改善することが大きな課題となってきた．20世紀には，国内外の諸要因を背景として，いくつかの国々で農地改革が実行されるようになった．

歴史的経緯を概観すると，農地改革は20世紀になってからメキシコ，グアテマラ，ホンジュラス，キューバ，ニカラグア，エルサルバドルという順で展開してきた．メキシコ革命を経たメキシコではじめて農地改革が実施され，20世紀半ばにはグアテマラやキューバで実行され，1980年代になるとニカラグアなど他の中米諸国でも試みられた．本節では，地域ごと・国ごとに農地改革の背景と経緯をたどりながら，その成果と課題を整理し，農地改革を含む農業部門の変化が農業や農業地域にどのような変容をもたらしたのかを確認する．

4.2.1 農地改革の展開

中部アメリカでは大きな経済社会的格差の主な要因として，不均衡な大土地所有制の存在が指摘され，その不均衡を是正するために農地改革の必要性が主張されてきた．農地改革の実行には，大土地所有層を抑え込むことができる強いリーダーシップが必要であった．多くの場合，軍事政権や革命政権のもとで，あるいは農民運動が活発化して騒乱状態になった場合にのみ，農地改革の試みは可能になっている．一般に農地改革では，一定面積以上の土地所有を制限するとともに，大土地所有層から有償・無償で接収した農地を，小農や土地なし農民などに分配することになるが，それら分配地の経営は家族単位や集団農場方式などの様々なかたちで行われてきた．

次に，年代および地域の順に実情をみていこう．

a. メキシコ

メキシコではメキシコ革命の過程において農地改革が実施された．1915年の農地法の制定，そして1917年憲法の第27条によって，農地改革の基礎が据えられた．農地改革は，①ラティフンディオの解体，②小規模所有地の保護・育成，③エヒードの導入という3つの柱からなっていた．1917年憲法の第27条は，収用の対象となる私有地面積の上限とともに，エヒードという単位を定めていた．エヒードは，国から一定の範囲の土地の利用権を与えられた農民の地域集団で，共同体的土地所有の中心を占めた．すなわち，私有地とは異なる「共同体的土地所有」の制度であり，その土地は居住地域，耕地，牧草地，山林の4種類から構成された．農地改革は20世紀の大半を通じて継続された．

農地改革は第一期（1915～1934年）に始められ，第二期（1934～1940年）のカルデナス政権期には農地の再分配がもっとも進展した．しかし，第三期（1940～1992年）になると土地分配よりも農業生産の拡大に力が注がれる方向へと変質していった．そして後述するように，新自由主義的な農業政策の導入により，1992年の憲法改正で小規模農地に関する制限が大幅に緩和されて大土地所有（伝統的なラティフンディオに対してネオ・ラティフンディオと呼ばれる）が公認され，エヒードの土地の賃貸借と私有地化が認められた．これによって，農地改革は実質的に終焉を迎えることになった．

b. 中央アメリカ

中米諸国では，まずグアテマラにおいてアルベンス政権（1951～1954年）下の1952年に農地改革法が制定され，農地改革が開始された．それは大農場の未耕作地のみを収用の対象とする比較的穏健なものであったが，やがてユナイテッド・フルーツ社の土地に手をつけたため，1954年の反革命で政権が打倒され，これによって短期間で農地改革は終幕した．グアテマラではその後，1996年までの約40年間，軍事政権ないし準軍事政権とゲリラ勢力の間で内戦状態が続き，農地改革どころではなかった．

ホンジュラスでは革命政権や革新政権のもとではなく，労働運動と農民運動の活発化から圧力を受けたかたちで，1962年および1974年に農地改革法が制定され，1960年代から1970年代にかけて農地改革が実施された．1970年代前半にもっとも農地の再分配が進んだが，1970年代末になると再分配は停滞した．そして1980年代には，農地を占有・耕作している農民に対する土地の権利証付与のプログラムへと変質し，農地改革法は1992年の農業近代化法に道を譲った．

これに対してニカラグアでは，1979年に革命で成立したサンディニスタ政権（1979〜1990年）によって1981年に農地改革法が公布され，農地改革が進められた．しかし，革命政権下で進められた農地改革は穏健的な性格を有していた．すなわち，有効な生産を行っている大規模農場の存続を認めて，既存の大土地所有層との共存を図りながら土地所有制度の変革が目指されるという妥協的なものであった．

1980年代にはエルサルバドルでも，軍民評議会政権（1979〜1984年）およびドゥアルテ・キリスト教民主党政権（1984〜1989年）のもとで農地改革が遂行された．それは政府とファラブンド・マルティ民族解放戦線の間で本格化した内戦（1981年勃発）と同時進行的に進められ，米国の支援と不可分に結びついていた．つまり，隣国ニカラグアにおける革命の余波を恐れた政府が，米政府のテコ入れを背景に，体制支持派の農民を受益対象として実施した改良主義的な特徴をもっていた．

c．カリブ海地域

カリブ海諸国ではキューバの農地改革が代表的である．1959年1月に革命を達成したキューバ政府は，バティスタ独裁期から継続してきた不均衡な土地制度と米国依存の輸出農業体制を打破すべく，同年5月の農地改革法により第一次農地改革に着手した．私有地の上限が定められて土地の収用と再分配が進められ，最初の2年間で農地総面積の半分ほどの約444万haの土地が再分配された．次いで1963年10月の第二次農地改革法により，農地総面積の約5分の1に相当する174万

5,000haの土地が収用された．その結果，革命後のキューバでは農地全体の5分の4が農地改革の影響を受け，農地面積に占める国有地と私有地の割合は7対3となった．

これまでみてきたように農地改革が実行された国々では，農地改革以前における農村社会の状況が，その後における農地改革の有無や様態に影響を及ぼしてきたことを指摘できる．前掲の表4.2とつきあわせると，表における植民の形態が農地改革の有無に結びついていることが明らかとなる．すなわち，収奪植民地となってきたメキシコ南部およびカリブ海地域と中米の一部（20世紀初頭のメキシコ，20世紀半ばのグアテマラ，キューバ，20世紀後半のホンジュラス，エルサルバドル，ニカラグア）では農地改革が実施されているが，コスタリカではその実績がないことがわかる．

4.2.2　農業と農業地域の変容

では，農地改革の進展や挫折の過程と関連して，中部アメリカにおける農業と農業地域はどのように変化したのであろうか．メキシコとキューバの状況は次のとおりであった．

メキシコでは1960年代後半以降，人口増加を中心とする社会変動が顕著となり，農業における地域差が目立つようになった．北部では，外貨（とくにドル）獲得と国内消費をまかなうために，（耕作面積の上限は課されたものの）商業的な農業に対する振興策がとられた．他方，中南部の農村では，人口増加につれて農地の細分化が進んだ．その結果，零細農は都市部への出稼ぎや移住を余儀なくされ，大半が都市インフォーマルセクターに吸収されて，都市人口の膨張と貧困化につながった．賃金水準が高い米国に向かう者も増えたため，農村部の人口減少が生じた．

革命前の1950年代におけるキューバの農業経済は，砂糖輸出が全体の7〜8割を占めるモノカルチャー型であり，農業国でありながら食糧の7割を輸入に依存する状態だった．このためフィデル・カストロをはじめとする指導層は，農業を含む経済輸出構造を多角化する必要性を認識していた．

52　4. 多様な農業——企業的農業から零細農まで

革命後，キューバ政府は農地改革や土地の国有化を断行し，計画経済を推進した．とくに行政やサービス部門の増大が図られ，工業・貿易が占める比率が高められた．政府は，モノカルチャー型農業の脆弱性を克服して工業化を進めるために，1961年に経済開発計画を開始した．そして工業開発と砂糖増産によって，1970年から1976年にかけて年平均9.6%の経済成長を達成した．しかし，1980年代でも農地の45%が依然としてサトウキビ栽培地であり，農業生産の7割程度が砂糖生産で占められる砂糖モノカルチャーの状態が継続していた．このためキューバは，砂糖の国際価格が下落すると慢性的な貿易赤字が発生して国内経済が停滞するという悪循環から抜け出せなかった．

4.3 新自由主義経済下の農業再編

4.3.1 農業の自由化

20世紀を通じて中部アメリカの国々では，1930年代以降の輸入代替工業化戦略の展開とその行き詰まり，1980年代に顕在化した対外債務危機の発生，それに続く新自由主義構造改革への全面的移行という変転がみられた．このような過程で，20世紀末から21世紀はじめにかけて農業部門にも市場原理が導入された．その結果，前述したように非伝統的農産物の輸出が拡大し，農業や牧畜業において付加価値の増大を目指す垂直統合方式が導入されることになった．そのような変化は農地の構造や農業形態にも反映し，多くの国々で共同体的土地所有が解体されつつ私的所有が拡大する傾向が強まった．

メキシコでは1980年代中頃に，従来の輸入代替工業化政策から新自由主義的な政策へと開発戦略が転換され，農業部門にも大きな変革がもたらされた．とくに1994年1月1日，メキシコ，米国，カナダの3カ国間で北米自由貿易協定（NAFTA）が発効したことで，メキシコ農業に大きな影響をもたらした．

また従来は1960年代から長年にわたって，国営食糧公社（CONASUPO）がトウモロコシ，コムギなどを保証価格で買い入れる価格支持制度が維持されてきたが，1999年にはその国営食糧公社が解体されて価格支持制度は廃止された．また，トウモロコシなど農産物の関税が段階的に引き下げられた結果，2008年1月以降は農産物の関税が撤廃され，輸入が完全自由化された．この政策に対して農民などは激しい抗議デモを展開した．このようにして農業に対する政府の保護政策は徐々に撤廃されていった．成長力が乏しく非効率が目立つ農業を保護することに代えて，総合的な地域振興を図る方向へと方針転換がなされた．その主眼は，直接的な所得移転プログラム，電気・道路・学校などの社会インフラの建設，工場の誘致など一連の政策を組み合わせることに置かれていた．

前述のように，新自由主義的な農業政策の導入により，1992年の憲法改正で小規模農地に関する制限が大幅に緩和されて大土地所有（ネオ・ラティフンディオ）が公認され，エヒードの土地の賃貸借と私有地化が認められると，農地改革は実質的に終焉を迎えることになった．それは民間企業による農地所有が認められたことを意味している．

また20世紀末になると，ミルパ農法などの伝統的農法は存続の危機にさらされた．メキシコ政府は農業近代化の一環として，化学肥料や農薬を使用し，品種改良を前提としたトウモロコシの高収量品種のモノカルチャー化を進めてきた．しかし，そのために土壌の劣化や環境汚染が引き起こされ，作物の収量はかえって低下し，生産コストが高騰して農民の収入が減少した．農業地帯の荒廃を招き，国内で自給できないトウモロコシを米国からの輸入に頼る事態となった．こうした状況を受け，ミルパのような伝統農法を復活させて持続可能な農業を確立することが課題となってきた．

4.3.2 アグリビジネスの進出

中部アメリカの農業で注目すべき点は，米国を中心とする多国籍企業が主体となってアグリビジネスが行われてきたことである．アグリビジネスは農業・食品製造・飲料・パルプ産業などの農産物の生産と加工を行う多国籍企業による農業経

営・農事関連産業を指しており，多国籍アグリビジネスは生産から加工・流通までの垂直的統合（インテグレーション）を推進してきた．

メキシコ，とくに同国の北西部では1960年代以降，米国系アグリビジネスが契約栽培制度を導入した．それは，農産物の加工と流通にかかわる企業が農業生産者と契約を結んで農業生産を行う方式であり，アスパラガス，イチゴ，トマトのような果実や野菜の栽培や，食肉生産を目的とする畜産経営などにおいて観察される．

1990年代における市場経済の導入および北米自由貿易圏へのメキシコ市場の統合を境として，穀物生産の分野でも米国系アグリビジネスの進出は顕著である．穀物メジャーと呼ばれるカーギル社やモンサント社などの巨大穀物商社の例が知られる．とりわけカーギル社（1865年設立）は，1970年代以降ラテンアメリカ（とくにアルゼンチンやブラジル）における農産物の一次加工分野に進出した．飼料製造，穀物製粉，ダイズ・トウモロコシの加工，食肉処理・加工などの様々な領域で支配的な地位を確立し，肥料・種子などの農業資材部門，鉄鋼，塩，金融や資産運用サービスなどの部門にも進出した．中部アメリカへの事業進出としては，メキシコでのダイズ搾油工場での事業活動が活発である．NAFTAの発効後，カーギル社は国営食糧公社に代わる穀物流通の調整者として大きな役割を果たすようになった．その結果カーギル社は，メキシコのダイズ搾油シェアの40%前後を占めるようになり，養豚業向け飼料の生産やデュラムコムギの製粉と加工にも参画した．また，種子や肥料・農薬などの市場でも，メキシコ大手企業と連携した米国系企業による支配が進んだ．例えば，トウモロコシ種子ではハイブリッドが全体の30%を占め，その約半数はモンサント社のシェアとなった（吾郷，2010）．

同様に中米諸国では，19世紀からの大規模農業の伝統が外国資本の進出によるアグリビジネスの支配につながった．前述したように，20世紀には米国系多国籍企業，とくにユナイテッド・フルーツ社によるバナナプランテーションの勢力拡大がみられ，その影響力は政治社会面にも及んだ．

米国系多国籍企業は直営農場でバナナを栽培するだけでなく，契約栽培制度を導入することで，しだいに契約栽培農家からの購入量を増やしながら，バナナの供給量を調整してきた．それによって土地所有や農園直営の負担を減らしつつ，国際市場価格の変動による損益リスクを軽減する方針に転換したのである．例えば，ユナイテッド・フルーツ社は，グアテマラ政府による1954年以降の農地改革の推進に応じて，1960年代には契約栽培制度を導入した（バーバック・フリン，1987）．

アグリビジネスは伝統的な輸出部門だけでなく新しい輸出部門においても展開した．1950年代から1960年代にかけて，中米諸国，とくにニカラグア，エルサルバドル，グアテマラでは綿花の栽培が急速に拡大した．コーヒー栽培の拡大や人口増のために土地を失った零細農が，農業フロンティアを求めて高地から太平洋沿岸低地に移動し，綿花の栽培や摘み取りに従事するようになったからである．しかし1960年代には，国際価格の低迷や地域紛争により綿花栽培のブームが下火になると，それらの零細農は土地所有層によって農園から排除されることになった．

続いて，米国市場での需要増に応じ，中米では牧畜業の振興と米国市場向けの牛肉の輸出ブームが到来した．カーギル社は，食肉消費の増加にともなって家禽やブタなどの畜産業が発展するという見通しにもとづき，高タンパクの飼料生産に対して投資を集中していた．他の企業も含めた米国からの投資増の結果，牧草地の急速な拡大によって食糧作物栽培用の土地が減少して，牧草地へと転換され，これが森林の破壊を促進した（図4.2）．それは米国の食肉需要に応じた変動であり，「ハンバーガー・コネクション」（イギリスの環境活動家ノーマン・メイヤーズが提起した言葉）と呼ばれる状況であった．森が切り開かれたことで，そこを開墾していた零細農は土地から追い立てられて，フロンティアである奥地に向かうか，都市に移住してスラムの住民になるかの選択を迫られたのである．

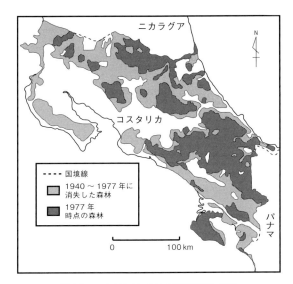

図 4.2 コスタリカにおける森林破壊の状況
（科学と技術の諸相ホームページより作成）

このようにして，中米諸国では土地をめぐる紛争が生じ，外部勢力の影響を受けて組織化した農民は農民運動を展開するようになった．活発化する農民運動に対して政府や支配層が強権的な対応をとったため，土地紛争はやがて武力闘争へ発展し，国によっては革命運動へと発展していった．

ここでは詳細は省略するが，カリブ海の国々でも，米国系を中心とするアグリビジネスが大きな影響力を行使する状況が観察されている．

4.3.3 零細農をめぐる問題

アグリビジネスが外国資本による大規模農業に代表されるとすれば，その対極にあるのが零細農業である．零細農業はミニフンディオにもとづくが，それに従事する農民は零細農（あるいは小農）としてとらえられる．

20世紀を通じて農業の資本主義化が進展したのにともない，賃金労働による農業労働者の数が増えた．20世紀半ばにおける「農民」の形態は一様ではなかった．すなわち，農民層にはミニフンディスタ（小規模の土地を所有する零細農），シェアクロッパー（収穫物で地代を支払う小作農），コロノ（自給用にわずかな土地を割り与えられた大農場住込み労働者），エヒダタリオ（エヒードを耕作する小規模土地所有者）など多様な者がいた．彼らは小さな農地での自給的農耕に従事していた．

しかし20世紀後半になると，資本主義的農業が進展したことで，農民の多くは困窮化し，土地を失う場合も増えて，もはや生計が立てられなくなった．そのような零細農は，自分の土地から切り離されて不安定な農業労働者になった．つまり，一定期間のみ雇用される季節労働者（臨時雇い）や日雇い労働者になるか，土地なし農民になるしかなかった．

こうした過程はメキシコでも中米やカリブでもみられた．メキシコでは，NAFTAへの参加により，大規模農場からのトマトなど労働集約的農産物の輸出は拡大したが，多数の零細農にとって労働条件や生活条件は悪化した．その結果，農村部から都市部への国内移住，さらには米国への移民の流出が促された．

前述のように，国営食糧公社による価格維持政策が1999年に廃止されると，1993年に導入されていた「農村直接支援プログラム」（PROCAMPO）がこれに代わり，直接支払政策への転換が行われた．このプログラムでは財政による農業支持の補助が，零細農よりもむしろ大規模農家に対して与えられた．土地なし農民はもともと受益対象から外されており，零細農や農業労働者の貧困化に拍車をかけることになった．困窮度を強めた零細農や土地なし農民からは，米国への移民が急増することにつながったのである．

そのため，大規模農業やアグリビジネスの進出に対して零細農の権利をいかに獲得するか，農業や食の安全保障をめぐって地域社会における農業基盤の持続可能性をどのように増大していくか，といった点が今後の課題となっている．例えば，中小農民の国際組織として1992年に結成されたビア・カンペシナは，メキシコや中米諸国の零細農や先住民の組織と連携しながら，食糧主権や持続的農業などの確立を目的に掲げて活動を続けている．

4.4　農業の新たな展開

20世紀末から21世紀にかけて中部アメリカの農業にはいくつかの新しい動向が生まれている．

その主要な特徴を概観しよう.

4.4.1 非伝統的農産物の拡大

20世紀末から21世紀にかけて中部アメリカの多くの国々は,伝統的な少数の農産物への依存度を減らして農産物の生産と輸出を多角化しようとする政策に着手した.それは非伝統的な農産物の生産と輸出の育成を目指していた.とくに1980年代から1990年代初めにかけて多くの国々で非伝統的農産品の輸出が拡大した.それらの輸出農産物は品質や仕様の差別化や加工などによって付加価値をつけられた商品であり,農業の活性化と輸出の多様化に貢献した.

1980年代のメキシコでは,伝統的な輸出品であるコーヒー,綿花,砂糖などが国際市場での需要をあまり期待できないことから,政府は,野菜や果物などのいわゆる非伝統的農産物の生産と輸出を積極的に推進することになった.その結果,1980年代後半になると,それらの輸出が急速に拡大し,農産物輸出総額に対する割合は1985年の36%から1990年の56%へと高まり,その後も6割以上の水準を維持してきた.

メキシコにおける野菜の栽培は,バハカリフォルニア,ソノラ,シナロアの北西部3州と中部のグアナファト州などを中心とする近代的な大規模農家や中規模農家によって担われていた.それらは企業的経営による成果であり,極めて資本集約的な作物を栽培し,輸出のためには高度の技術と資本を要した.低収益作物から高収益作物への転換である.しかし,多くの零細農にとってそのような対応は困難であった.輸出志向政策のもとで非伝統的農産物の輸出が急成長したが,それが零細農による生産多角化に結びついたわけではない.メキシコ政府は,貿易自由化のもとで非伝統的農産物輸出の振興による農村の雇用機会拡大という戦略を目指しており,それは一定の効果を上げたものの,貧困層の生活改善にはつながらなかった.

また中米諸国でも非伝統的農産物の育成が急速に進んだ.この地域では伝統的農産物(コーヒー,バナナ,サトウキビ,綿花,牛肉など)が依然として主な輸出品目であり続けている一方で,1980年代から1990年代にかけて非伝統的農産物の輸出が拡大してきた(黒崎,1998).非伝統的農産物とは果実(メロン,イチゴなど),野菜(ブロッコリー,カリフラワー,スナップエンドウ,カボチャなど),切り花,観賞植物などの生鮮農産物であり,これらの産品は米国など先進国のスーパーマーケットに向けて出荷されている.その背景として,米国国際開発庁(USAID)による非伝統的農産物の振興政策と,中米諸国における付加価値の高い生鮮果実・野菜の生産・輸出振興政策の両面が重要である.それらの多くは生鮮食品であり,生産から流通・消費までの過程(コモディティ・チェーン)においては高度な技術やインフラを必要とするため,資本力と組織力をもつ外資系の大手企業が農地や生産手段,付加価値を支配する傾向が強まった.これに対して,情報や資本を欠く小規模生産者や労働者(大半は臨時の季節雇用)は付加価値の十分な分け前を得られないでいた.また温帯地域から導入した品種が使われ,同一農地で単一の品目が数年間継続して集中的に栽培されるほか,大量の農薬が使用されるという環境負荷の問題もかかえていた.

近年ではとくに果物,花,観葉植物,冬季野菜,スパイスなど非伝統的農産物の輸出増大が顕著になった.1993年には,非伝統的農産物の総輸出に占める割合がコスタリカ(50%),エルサルバドル(61%),グアテマラ(58%),ホンジュラス(38%),ニカラグア(44%)と,各国で3〜6割を占めるようになった.非伝統的農産物市場の成長は,グローバリゼーションの進行で食品業界が大きく変容したことによるところが大きい.冷凍技術や輸送手段の進歩は,果物と野菜の僻地からの輸出を可能にし,消費地において品揃えを多彩にすることで,冬季野菜や有機栽培の果物・野菜のような限定商品に対する消費者のニーズを高めることに寄与した.栽培・生産から輸出・消費までの工程をチェーンのように統合的につなぐこの過程は,バリューチェーンの統合としてとらえられるものであり,その進展が農業の発展につながった面も大きい(清水,2017).これにより,ニッチ市場が開拓された.消費地におけるニッチ市場

の拡大は，米国系スーパーマーケットの戦略と輸出業者の手助けにより，中米諸国の非伝統的農産物の輸出を大幅に拡大させたのである．

またカリブ海諸国でも非伝統的農産物の輸出拡大に向けた試みがなされた．民間企業の主導による契約栽培だけでなく，中米諸国の場合と同じく開発援助プロジェクトとして非伝統的輸出農産物の零細農による生産が奨励されている．1982年に米国が発表したカリブ海諸国を対象とするカリブ開発構想（CBI，環カリブ開発構想，カリブ海地域支援構想などの訳語も使われる）では，USAIDによって資金や金融，専門家の技術指導，輸入種子，売買契約などが提供され，基礎穀物に代わってメロン，トマト，ブロッコリー，切り花などの生産が促進された．これによって農民は，基礎食糧を中心とする従来の農産物に比べて大きな収入を得ることが可能となった．

4.4.2 有機農業からフェアトレードまで

キューバでは都市農業や有機農業の動向が注目を集めてきた．それは，1980年代末から1990年代にかけて進められた農業政策の転換によるものであり，今日キューバは都市農業や有機農業の先進国だと評されている（吉田，2002a；b）．

ソ連圏の崩壊と米国の経済封鎖により，食糧，石油，医薬品が途絶する中で，キューバでは近代農業の転換や食糧自給化への歩みが進められた．農薬や化学肥料漬けの農業を有機農業に移行させ，輸入に依存する食糧（自給率は4割程度）の自給化を達成することが優先的な課題となっていた．

そのため1994年以降，経済改革の一環として農業を含む産業構造の転換および食糧増産が目標とされた．大規模国営農場が共同生産基礎組織（UBPC）に改編され，その規模は以前の10分の1程度に縮小された．そしてバイオ肥料やバイオ農薬，牛耕などが導入され，有機農業への転換が図られた．その結果，砂糖モノカルチャーであった伝統的な経済構造が転換し，国内総生産に占めるシェアはサービス業が70%，製造業が14%となり，逆に農業のシェアは4%に低下した．

農業部門の変化は著しかった．栽培農地面積の縮小と農業生産の減少は，2000年代に行われたサトウキビ栽培面積の半減によるものである．1950年代に農業部門の就業人口は全体の5割を占めていたが，2000年代には20%程度まで低下した（写真4.4）．こうした中で，都市農業が成長して栽培面積や従事者を増大させ，野菜などの生産量が増えた．都市農業のすべてが有機農業というわけではないが，有機農業の重要性が高まってきたことは確かであった．

都市農業や有機農業の振興はメキシコや中米諸国，キューバ以外のカリブ海諸国でも，いくつかの都市部でみられる現代的な傾向である．例えば，都市農業はメキシコ市などでも展開しており，ドミニカ共和国は世界有数の有機栽培バナナの供給国となっている（吾郷，2010）．

エネルギー生産の面でも農業に新しい動きが生じており，中部アメリカではバイオエタノールの生産も拡大した．メキシコでは，バイオエネルギーは製糖産業におけるバガス（サトウキビの搾りかす）の利用や一般家庭での薪炭材利用などに広がり，サトウキビから年間4,500万tのバイオエタノールが生産されてきた．それはエネルギー消費の9%を占めると推計される．また，中米とカリブ海の国々ではサトウキビやアブラヤシの生産が盛んである．とくにカリブ海地域では，エタノールの国際需要が高まると，伝統的な製糖工場のエタノール生産工場への転換が続いた．

また，農業関連の新しい傾向として，小規模ながらフェアトレード（発展途上国の原料や製品を適正な価格で継続的に取引・購入することによっ

写真4.4 コキューバ・サンタクララの都市菜園（Shutterstock）

て，生産者や労働者の自立や持続的な生活向上を目指す運動ないし貿易の仕組み．公正貿易ともいう）の動きが各地で芽生えている．とくにメキシコ南部はアメリカ大陸におけるフェアトレードの中心地の１つになってきた．その代表例は，カトリック神父フランツ・ヴァンデルホフによる先住民コーヒー生産者組合およびフェアトレード・コーヒー認証ラベルである．彼は1983年，メキシコ南西部オアハカ州の山岳地帯（テワンテペック地峡）で先住民コーヒー生産者組合（UCIRI）を設立し，1988年に世界初のフェアトレード認証ラベル「マックス・ハベラー」をオランダの団体と共同で考案して，今日のフェアトレードの仕組みの基礎を築いた（その後，国際フェアトレード認証（FLO）の成立につながった）．これはコーヒー農民が外部者との協力でつくり出した実践である．

メキシコでは同様に，南部チアパス高地のマヤ系先住民農民を中心とし，マヤビニック生産者共同組合などが主体となって，コーヒー・フェアトレードの実践が行われている．

ほかの国々や農産物でもフェアトレードの動きがみられる．1990年代末から2000年代にかけて，コスタリカやドミニカ共和国，ウィンドワード諸島（カリブ海のドミニカ国，セントルシア，セントビンセント・グレナディーン諸島，グレナダを含む島嶼群）では，ヨーロッパ（とくにイギリス，スイス）向けのフェアトレード・バナナの輸出が行われてきた（吾郷，2010）．

このような実践は食糧主権や連帯経済を追求する試みとしてとらえられる．アグリビジネスによって生産・加工・販売される農産物に対して，農業生産者が代替案を提供するという意味がある．前述のように中部アメリカの国々は，多様な農産物を生産・輸出しながら，同時に基礎食糧を輸入に依存するという歪んだ農業経済構造を有してきた．また，多国籍アグリビジネスの進出を背景とする農業・食糧の工業化・グローバル化によって農業生産者と消費者の関係は分断されてきた．このような状況に対する代替案として，フェアトレードのような生産者と消費者の連携，地域に根ざ

した食生活・食文化の育成が目指されている．さらに，食と農のグローバル化という世界の潮流に対抗するように，中部アメリカの各地では，食糧生産のローカル化を指向する地域密着型の農業とフードシステムが進められている．これらの試みを通じて，生産者と消費者の関係を顔が見える相互関係に再構築することが課題となっている．食をめぐる世界の傾向は食糧安全保障や持続的農業の理念と結びつき，農業をめぐる現代的課題を浮き彫りにしているからである．

これまで概観してきた農業の形成過程と諸問題を背景として，中部アメリカの農業は，従来からの構造的課題や新たに立ち現われた課題を乗り越えていくことが求められている．　　　［新木秀和］

引用・参考文献

吾郷健二(2010)：農産物貿易自由化で発展途上国はどうなるか―地獄に向かう競争，明石書店．

石井　章(1999)：開発の構造．小池洋一ほか編：図説ラテンアメリカ―開発の軌跡と展望，pp.74-77，日本評論社．

石井　章（2008)：ラテンアメリカ農地改革論，学術出版会．

黒崎利夫(1998)：中米の非伝統農産物輸出．ラテンアメリカ・レポート，15-1：13-21．

坂井正人ほか編(2007)：ラテンアメリカ（朝倉世界地理講座14），朝倉書店．

清水達也(2009)：農業と農村．宇佐見耕一ほか編：図説ラテンアメリカ経済，pp.71-78，日本評論社．

清水達也(2014)：農業・農村．ラテン・アメリカ政経学会編：ラテン・アメリカ社会科学ハンドブック，pp.103-111，新評論．

清水達也(2017)：ラテンアメリカの農業・食料部門の発展―バリューチェーンの統合，アジア経済研究所．

田中　高（1997)：日本紡績業の中米進出，古今書院．

田辺　裕監修，栗原尚子・渡邊眞紀子訳(1999)：中部アメリカ（図説大百科　世界の地理4），朝倉書店．

谷　洋之(2011)：農業と一次産品輸出．西島章次・小池洋一編：現代ラテンアメリカ経済論，pp.133-153，ミネルヴァ書房．

バーバック，R.・フリン，P.著，中野一新・村田　武訳(1987)：アグリビジネス―アメリカの食糧戦略と多国籍企業，大月書店．

バルマー＝トーマス，V.著，田中　高ほか訳（2001)：ラテンアメリカ経済史―独立から現在まで，名古屋大学出版会．

福井英一郎編（1978)：ラテンアメリカＩ（世界地理14），朝倉書店．

矢ケ﨑典隆(1997)：先住民による環境の利用と改変．水野

一・西沢利栄編：ラテンアメリカの環境と開発，pp.49-75，新評論.

吉田太郎（2002a）：有機農業が国を変えた―小さなキュー

バの大きな実験，コモンズ.

吉田太郎（2002b）：200万都市が有機野菜で自給できるわけ―都市農業大国キューバ・リポート，築地書館.

━━━ コラム　食材からみる中部アメリカとのつながり ━━━

日本のスーパーマーケットや食材店，料理店で，中部アメリカの農産物や食材，そして料理はどれくらい身近な存在になっているのだろうか.

コーヒーは19世紀から多くの国で生産され，メキシコのような大輸出国もあれば，輸出用ブランド豆と庶民が好むインスタントが共存する国も少なくない．日本ではグアテマラ，ホンジュラス，コスタリカなどからマイルド系の生豆を輸入し，ガテマラ（グアテマラ），コスタリカ，サルバドル（エルサルバドル），キューバなど国名を冠して販売されている．有名なブルーマウンテンはジャマイカの山脈で栽培される高級ブランドで，大半が日本に輸出される．カカオの原産地はメキシコ南部から中米にかけてである．世界の生産量はメキシコ，ドミニカ共和国などが上位を占める．またバナナは中米を中心に栽培され，コスタリカやパナマが世界でも有力な輸出国となっている.

いうまでもなく，私たちの食生活に身近な食材には中部アメリカ原産が珍しくない．例えばトウモロコシ，トウガラシ，インゲンマメ（フリホーレス），カカオ，アボカド，カボチャとズッキーニの一種，アセロラなどがあり，嗜好品のタバコもそうだ．逆に，ヨーロッパ人が旧大陸から新大陸に持ち込んだ作物もあり，コーヒーやサトウキビをはじめとして，コムギ，コメなど各地域で主要な生産物や輸出品となる作物も多かった．このような両大陸間の文物の相互交流は「コロンブスの交換」と呼ばれている.

メキシコや中米を含む広い地域で主食として食べられるトルティーリャは，トウモロコシの粉からつくられる．これにマメ類やカボチャを組み合わせた3種類が主要な作物であり，さらにトウガラシを加えた4種類の作物が地域の4大栽培植物といわれる．トウガラシの原産地メキシコではハラペーニョ，ハバネロなど

の品種が有名だ．といっても，中部アメリカにはトウガラシがあまり使われない国々もある．郷土料理がすべて辛いわけではない.

メソアメリカでトウモロコシは神聖かつ重要な食糧とされており，トウモロコシの神が信仰され，トウモロコシの粉から様々な食物や飲料がつくられた．貴重な産物であるカカオ豆も同様で，チョコラテなどの飲料がつくられ，それにトウガラシやハチミツを加えて飲まれることが多かった．カカオドリンクの中身には地域差もある.

それから，メキシコは世界第1位のアボカド生産国である．アボカドはメキシコやドミニカ共和国などから世界に輸出される．アルコール飲料に目を向けると，サトウキビからつくられるラム酒は地域を代表する蒸留酒であり，キューバが代表的な輸出国である．ラムベースのモヒートやダイキリといった様々なカクテルはそこで生まれた．また周知のように，メキシコを代表するシンボルの1つとなったテキーラは，リュウゼツランの一種のアガベからつくられる蒸留酒で，テキーラという名称はハリスコ州の町名に由来する．食材ではないが，キューバなどで生産される葉巻タバコも世界的な産品である.

では，中部アメリカ料理の店はどうだろうか．近年，タコスの食材は日本国内のスーパーでもしばしばみかけるようになった．メキシコ料理店は珍しい存在ではないし，東京にはキューバ，ジャマイカやハイチ料理の店もある．またコスタリカとニカラグアで食されるガジョピント（コメとフリホーレスを混ぜた料理）をメニューに加えた店もあるようだ.

地誌の生きた素材として，ぜひ地域の食文化を味わってみたい.

　　　　　　　　　　　　　　　　　　　　　［新木秀和］

5 都市化する中部アメリカ
——急速な都市化と不均衡な集中

　今日，中部アメリカの人々の多くが都市に居住している．これは，他の発展途上地域と同様に，ここ半世紀の間に進行した都市化の結果である．発展途上地域共通の特徴ととらえることができる一方で，中部アメリカの都市化や都市の立地にみられる独特の特徴とはどのようなものなのだろうか．また，急激な都市化は最近数十年の現象であるが，この地域の都市の歴史は古く，紀元前後までさかのぼることができる．本章では，冒頭に中部アメリカにおける最近の都市化の特徴を概説する．その上で，中部アメリカに都市が登場してから今日にいたるまでを俯瞰しながら，都市の立地や内部構造の変化といった都市地理学的特徴を記述する．

5.1 都市の立地と近年の都市化の特徴

5.1.1 かたよった都市の立地

　最初に中部アメリカにおける主要都市の分布の特徴を概観しよう．図5.1は各国の首都と人口100万人以上の都市の立地と人口規模を示している．人口100万人を超える都市は中部アメリカに23存在するが，そのうち19が大陸部に集中し，さらにそのうちの14がメキシコに集中する．

　メキシコは，中部アメリカで都市システムがもっとも発達している．最大の都市は首都メキシコ市で，人口は2,000万人を超える．第2位のグアダラハラが人口500万人弱なので，メキシコ市の首位性は突出している．

　中央アメリカに目を向けると，人口100万人を超える5都市は，いずれも各国の首都である．中米諸国の首都で人口100万人に達していないのは，ニカラグアのマナグアとベリーズのベルモパンの2都市のみである．マナグアはニカラグア最大の都市で人口95万人に達するものの，ベリーズの首都ベルモパンは政治機能に特化した都市であるために人口が極端に少なく，首都であるにもかかわらず1万7,000人を擁するのみである．ベリーズ最大の都市は，カリブ海沿岸の人口6万

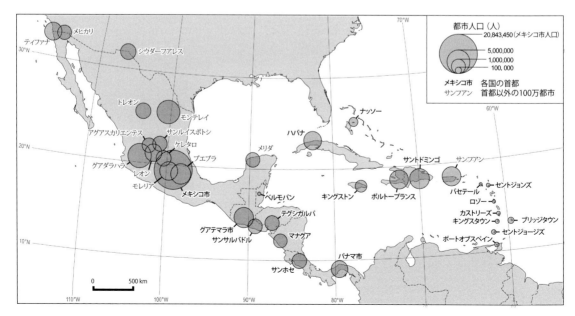

図 5.1 各国首都と100万都市の分布（2014年）（UN *World Urbanization Prospects: The 2014 Revision* より作成）

弱を擁するベリーズシティであるが，国内最大都市ですら人口が少ないのは，国土が2万km²と狭く大部分が熱帯雨林に覆われ，総人口が34万人に満たないという事情のためである．このような国土面積による制限という事情は，メキシコと比べ都市人口の規模が小さい中米諸国にも当てはまる．またメキシコの場合，メキシコ中央高地は，低緯度にありながら標高が高いことにより居住に快適な環境が確保できるため，先コロンブス期から人口集中地域であった．このような自然環境と国土の広さという条件が，現在のメキシコへの都市の集中にも反映されているといえる．

国土面積の規模が総人口と都市の規模を制約するという条件は，西インド諸島の島嶼部の都市のほうが強く反映される．相対的に大きな島により構成される大アンティル諸島の国々では，サントドミンゴ，ハバナ，ポルトープランスの3つの首都，さらに米自治領のプエルトリコの中心都市サンフアンで人口100万人を超える．それに対し小さな島々を国土とする小アンティル諸島，バハマ諸島では，人口10万人を超える都市はバハマのナッソー，キュラソーのウィルムスタットの2都市のみである．最少の首都はモントセラト（英領）のリトルベイで，その人口は隣接するブレイズの住民を合わせても500人に満たない．しかしこれには特殊な事情がある．1997年にモントセラト島内のスフリエールヒルズ火山の噴火で，当時の首都プリマスが壊滅的被害を受け，多くの住民が島外に避難したが，今日にいたるまで新首都リトルベイの人口も回復していないためである．それに次ぐ人口規模の小さな首都は，小アンティル諸島の島国アンギラ（英領）の首都バレーで，約1,000人である．

5.1.2 メキシコと中央アメリカの都市化の特徴

中部アメリカには人口規模の小さな都市が多いが，だからといって都市化が進行していないとはいえない．巨大都市は少ないものの，国・地域別にみれば，現在の中部アメリカ住民の多くは都市に居住している．2014年現在の中部アメリカの都市人口率は72.7%に達し，世界平均を20%弱上回る（表5.1）．同じ時期のヨーロッパの都市人口率が73.4%であることから，中部アメリカはヨーロッパ並みに都市化しているといえる．

メキシコと中央アメリカの国々では，メキシコの79.0%からベリーズの44.1%まで都市人口率に大きな差がみられる．都市人口率との関係でよく引き合いに出されるのが，各国の経済水準である．実際に都市人口率70%を超えるのは，2014年現在に1人当たりGDPが1万ドルを超えるメキシコ（10,350ドル），コスタリカ（10,415ドル），パナマ（12,712ドル）の3カ国に限定される（いずれも世界銀行のWorld Development Indicatorsによる）．

パナマの場合，運河収入があるので例外的だが，メキシコとほかの中米諸国では1950年頃から工業化が進行した．これは，それまで欧米から輸入していた工業製品を，各国が国内市場向けに自国内で生産するという国策を積極的に推進したためである．いわゆる，この当時の中部アメリカを含むラテンアメリカ諸国で進行した「輸入代替工業化」である．このような工業化は大きな国内市場をかかえるメキシコで先行し，それに中央アメリカの中規模国が続いた．製造業は都市部に集中したため，貧しい農村地域から雇用機会の増えた都市部への人口移動が加速した．その結果，1950年からその後の25年間で，都市人口率は2割弱上昇した．だが輸入代替工業化政策は1970年代には限界を迎え，1980年代には対外債務や一部の国では内戦の問題が深刻化し，全域的に経済成長が滞った．1975年からの25年間に，メキシコ・中米諸国の都市人口率は10%強の上昇にとどまった．「失われた10年」といわれた1980年代を過ぎると，メキシコと中米諸国の経済はゆるやかな成長と停滞を繰り返すようになるが，2000年以降の都市人口率の上昇はそれ以前にもましてゆるやかになっている．

メキシコ・中米諸国の状況から都市化と経済成長の相関関係は明らかである．ベリーズの低い都市人口率（2014年時点で44.1%）も経済環境の観点から説明できる．先立ってベリーズの国土が熱帯の低地でヒトの居住に適さないという環境的要因を指摘したが，政治的・経済的要因もこの国の都市化が進行しないことに強く影響している．ベ

表 5.1 国・地域による都市人口率の推移（1950〜2014 年）と総人口・都市人口（2014 年）

国・地域	都市人口率（%）				2014 年（1,000 人）	
	1950 年	1975 年	2000 年	2014 年	総人口	都市人口
世界	29.6	37.7	46.6	53.6	7,243,784	3,880,128
中部アメリカ	38.3	55.1	67.2	72.7	212,489	154,578
メキシコ・中央アメリカ	39.3	57.2	68.9	73.5	169,676	124,682
エルサルバドル	36.5	41.5	58.9	66.3	6,384	4,230
グアテマラ	25.1	36.7	45.1	51.1	15,860	8,107
コスタリカ	33.5	41.3	59.0	75.9	4,938	3,749
ニカラグア	35.2	48.7	54.7	58.5	6,169	3,607
パナマ	35.8	49.0	62.2	66.3	3,926	2,603
ベリーズ	55.3	50.2	47.7	44.1	340	150
ホンジュラス	17.6	32.1	45.5	54.1	8,261	4,472
メキシコ	42.7	62.8	74.7	79.0	123,799	97,766
カリブ海地域	36.1	48.7	61.3	69.8	42,813	29,897
アルバ	50.9	50.5	46.7	41.8	103	43
アンギラ	100.0	100.0	100.0	100.0	14	14
アンティグア・バーブーダ	30.1	34.2	32.1	24.2	91	22
オランダカリブ領域*	70.8	78.4	74.9	74.7	20	15
キューバ	56.5	64.2	75.3	77.0	11,259	8,666
キュラソー	70.6	80.2	90.8	89.4	162	145
グアドループ	35.8	86.2	98.4	98.4	468	461
グレナダ	28.5	32.6	35.9	35.6	106	38
ケイマン諸島	100.0	100.0	100.0	100.0	59	59
ジャマイカ	24.1	44.0	51.8	54.6	2,799	1,527
シントマールテン	100.0	100.0	100.0	100.0	46	46
セントクリストファー・ネーヴィス	26.5	35.0	32.8	32.0	55	18
セントビンセント・グレナディーン諸島	21.7	33.2	45.2	50.2	109	55
セントルシア	19.2	25.2	27.8	18.5	184	34
タークス・カイコス諸島	47.2	53.1	84.6	91.8	34	31
ドミニカ国	34.7	42.7	65.3	69.3	72	50
ドミニカ共和国	23.7	45.7	61.7	78.1	10,529	8,219
トリニダード・トバゴ	21.4	11.4	10.8	8.5	1,344	115
ハイチ	12.2	20.4	35.6	57.4	10,461	6,009
バハマ	52.1	70.0	82.0	82.8	383	317
バルバドス	36.1	38.6	33.8	31.6	286	90
プエルトリコ	40.6	62.8	94.4	93.6	3,684	3,449
マルティニーク	32.9	71.2	89.7	88.9	405	360
モントセラート	15.8	12.0	2.1	9.0	5	0
英領ヴァージン諸島	11.2	19.5	41.8	45.9	29	13
米領ヴァージン諸島	58.3	75.2	92.6	95.2	107	102

*オランダ王国の構成国であるオランダに属する 3 島（サバ島，シントユースタティウス島，ボネール島）を指す.
（UNDP 統計（2015 年）より作成）

リーズは 1981 年までイギリス領であり，周囲の中米諸国のように国策による工業化は進行せず，今日にいたるまで主要産業はバナナやサトウキビの栽培などの第一次産業とその生産物の輸出である．そのためわずか 34 万人の総人口のうち，半数以上が農村地域に居住する．都市の立地と発展も不均衡で，ながらく植民地であったという理由から，国内のつながりよりイギリス本国や英連邦とのつながりが重視されてきたため，輸出入の拠点であるカリブ海岸の港湾都市ベリーズシティに都市人口の半数近い 6 万人弱が集中している．

すべての都市化の事例が経済的要因により説明できるかというと，そうでないケースもある．例えばエルサルバドルでは 1979 年から 1986 年まで

表 5.2　国・地域別の年平均人口増加率と都市人口増加率（1950〜2014 年）

	人口増加率（%）			都市人口増加率（%）		
	1950〜1975	1975〜2000	2000〜2014	1950〜1975	1975〜2000	2000〜2014
世界	2.4	2.0	1.2	4.2	3.4	2.4
中部アメリカ	3.9	2.5	1.3	7.4	3.9	1.9
メキシコ・中央アメリカ	4.6	2.8	1.4	8.5	4.2	2.0
エルサルバドル	3.7	1.6	0.5	4.7	4.0	1.4
グアテマラ	3.9	3.2	2.8	7.5	4.9	4.0
コスタリカ	4.5	3.7	1.7	6.5	6.9	4.1
ニカラグア	4.6	3.3	1.4	8.0	4.2	1.9
パナマ	4.2	3.0	1.9	7.2	4.8	2.5
ベリーズ	3.7	3.2	2.8	3.0	2.8	2.1
ホンジュラス	4.4	4.0	2.2	11.3	7.4	3.9
メキシコ	4.7	2.7	1.3	8.8	4.0	1.7
カリブ海地域	2.5	1.6	0.8	4.7	3.0	1.8
アルバ	2.4	2.0	0.9	2.3	1.5	0.1
アンギラ	1.2	2.7	2.0	1.2	2.7	2.0
アンティグア・バーブーダ	2.0	0.5	1.1	2.8	0.2	−0.8
オランダカリブ領域*	2.2	1.2	2.4	2.9	1.0	2.4
キューバ	2.4	0.7	0.1	3.2	1.5	0.2
キュラソー	2.0	−0.5	1.5	2.8	0.0	1.4
グアドループ	2.2	1.2	0.7	11.0	1.9	0.7
グレナダ	0.8	0.4	0.3	1.5	0.8	0.3
ケイマン諸島	3.6	9.6	2.8	3.6	9.6	2.8
ジャマイカ	1.7	1.1	0.6	6.5	2.0	0.9
シントマールテン	21.5	9.1	3.1	21.5	9.1	3.1
セントクリストファー・ネーヴィス	−0.2	0.1	1.4	1.1	−0.1	1.2
セントビンセント・グレナディーン諸島	1.7	0.5	0.1	4.7	2.1	0.8
セントルシア	1.3	1.7	1.1	3.0	2.3	−1.5
タークス・カイコス諸島	1.2	7.5	5.2	1.8	14.4	6.3
ドミニカ国	1.6	−0.1	0.3	2.9	1.9	0.7
ドミニカ共和国	4.7	2.7	1.4	12.7	5.1	3.6
トリニダード・トバゴ	2.3	1.0	0.4	−0.7	0.8	−1.1
ハイチ	2.4	2.7	1.5	6.7	7.6	6.5
バハマ	5.6	2.3	1.9	8.8	3.4	2.0
バルバドス	0.7	0.4	0.5	1.0	−0.2	0.0
プエルトリコ	1.3	1.2	−0.2	4.2	3.8	−0.3
マルティニーク	1.9	0.7	0.4	8.8	1.9	0.3
モントセラト	−0.5	−2.3	0.2	−1.4	−3.7	23.4
英領ヴァージン諸島	1.6	3.9	2.6	5.8	12.9	3.5
米領ヴァージン諸島	8.8	1.1	−0.1	12.5	2.2	0.1

*オランダ王国の構成国であるオランダに属する 3 島（サバ島，シントユースタティウス島，ボネール島）を指す．
（UNDP 統計（2015 年）より作成）

内戦が続いた．その当時，治安の悪い農村地域の住民は比較的安全な都市部へ移住した．同期間に 33% の国内人口が移動し，多くが農村から都市に難民として移住したという推計もある（Greenfield, 1994）．表 5.1 の同国の都市人口率が 1975 年以降の 25 年間で 18% 弱上昇しているのは，このような政治的理由によるところが大きい．

経済的要因や政治的要因以前に，都市化に直接影響するのは人口学的要因である．この地域の都市化は，20 世紀を通して高水準で維持されてきた人口の自然増加により推進されてきたといっても過言ではない．1950 年からの 25 年間，中部アメリカの年平均自然増加率は 3.9%，とりわけメキシコと中央アメリカの国々の自然増加率は 4.6% と世界平均の約 2 倍に達した（表 5.2）．これを実現したのは経済成長にともなう衛生環境や栄養水準

5.1　都市の立地と近年の都市化の特徴　　63

の改善であった．その後人口増加率は徐々に低下し，2000年以降は世界平均とほぼ同じ水準に落ち着いた．

これに対して都市人口率は，各年代を通しておよそ倍の水準を維持している．都市部のほうが農村地域に比べ衛生環境に優れ自然増加率も高かったという要因もあるだろうが，前述のように輸入代替工業化にともなう雇用機会が都市に集中したために，農村から都市への人口移動が増加したことによるところが大きい．

5.1.3　カリブ海地域の都市化の多様性

カリブ海地域の都市人口率は，メキシコと中央アメリカの国々に比べると国・地域による差が激しい（表5.1）．人口規模の大きな大アンティル諸島のキューバ，ジャマイカ，ドミニカ共和国，ハイチ，プエルトリコの都市人口率は，中米諸国と同じような経年推移を示すものの，2014年現在でプエルトリコの93.6%からジャマイカの54.6%まで多様である．小さな島々により構成される国や地域では，アンギラやケイマン諸島のように住民の100%が都市に住む地域がある一方，トリニダード・トバゴやモントセラトのように10%に達しない国・地域が存在する．

このような都市化の地域差はどこからくるのだろうか．ドミニカ共和国では国策により輸入代替工業化が進められたが，それ以外の国・地域では工業化は進行しなかったため，工業化による経済成長から都市化を説明することはできない．それぞれの国・地域に固有の要因がありそうだが，中でもこれらの島々が経験した歴史と，島嶼という限られた面積が都市の成長に影響してきた．その代表的な例を紹介しよう．

カリブ海地域の島国は，かつて欧米諸国の植民地であった．もっとも古い独立国は1804年にフランスから独立を達成したハイチで，それに続いて旧スペイン領のキューバ，ドミニカ共和国も19世紀中に独立した．しかし，イギリス領のジャマイカ，バハマをはじめ多くの島国が独立したのは1960年代以降であり，また，現在でもイギリス，フランス，オランダの統治下にある島々が多数存在する．イギリス領の島々や英連邦の国々では，

イギリス本国への移住や英連邦間の移動が比較的容易である．そのため，関連地域間の移住により都市の成長は低く抑えられ，都市人口率の上昇もゆるやかになった．

小さな島嶼により構成されていたがゆえに，人口増加を政策的にコントロールした国・地域もある．旧イギリス領のバルバドス，ジャマイカ，トリニダード・トバゴでは過密化を防ぐため，独立に前後する1950〜1960年代にかけて人口抑制政策が導入された．そのためこれらの国々の人口増加は低く抑えられ，結果的に都市の成長もゆるやかであった．

フランス領カリブのグアドループ島とマルティニーク島でも，島の過密化を防止することを目的に，1950年代から島外への移住が政策的に促進されたため，人口増加率は低い水準にとどまった．また島の低開発状態を改善し島民の経済生活を向上させるため，都市部のインフラ整備が進められた．その結果，低い人口増加率にもかかわらず，1950年代から25年間の都市人口増加率は年平均10%以上を示した．

キューバでは1950年の都市人口率が56.5%とカリブ海地域の平均から20%近く高かったが，その後の上昇は比較的穏やかだった．表5.2の都市人口増加率をみてもカリブ海地域の平均より低く推移している．キューバでは1959年の社会主義政権樹立後，各地の中心都市の成長を促すため政府による住宅や雇用の計画的配置が実施された．そのため都市人口率はゆるやかな上昇に収まった．同時に政情不安による出生率の低下により人口の自然増加率は低い水準にとどまり，さらに1970年代には国外に難民が多数流出したため，都市人口増加率も低い水準にとどまった．

トリニダード・トバゴは都市人口率が極めて低い（8.1%）が，これは経済的要因でも政治的要因でもない，極めて特殊なケースである．同国の第一次産業に従事する人口は全体の7%にすぎないことから，農村的性格の国とはいえない．逆に石油や天然ガスの輸出で潤うことから1人当たりGDPもバハマと並び中部アメリカでトップ水準の19,352ドル（2014年）である（世界銀行 World

Development Indicators による）．それにもかか
わらず都市人口率が世界的にも極めて低い理由
は，統計手法に原因がある．今回利用している国
連人口部の人口統計は，世界各国・地域を横断し
て比較できる数少ない統計であるが，トリニダー
ド・トバゴの都市人口は，国家政府が「都市」と
定義する首都のポートオブスペイン，アリマ，サ
ンフェルナンドの3つの自治体の領域の人口から
算出されている．したがって，それら3つの行政
領域を超えて広がる市街地の人口は含まれていな
いのである．実際の市街地はそれらの自治体の行
政領域を超えて広がっており，それを含む都市圏
の都市人口率は72%に達するという推計もある
（Alkema *et al.*, 2012）．

5.2 中部アメリカ都市の 歴史的展開と立地

5.2.1 先コロンブス期の都市

新大陸にコロンブスが到達する以前の先コロン
ブス期，中部アメリカにおける都市的集落の立地
は，メキシコ中央高地から中央アメリカ北部にか
けてのいわゆるメソアメリカと呼ばれる領域にほ
ぼ限定された．

メソアメリカに登場した都市文明は極めて高度
なものであった．紀元前1000年頃のオルメカ文
明に始まり，16世紀はじめにスペイン人により
この地域の文明が滅ぼされるまで，数々の都市が
建設された．その詳細は第3章を参照していただ
きたい．

メソアメリカに高度な都市文明が発達したのと
対照的に，人口密度の低かったカリブ海地域の島
嶼部では都市が発達することはなかった．文明の
水準もナワトル族やカリブ族らが粗放的な農耕を
行う程度にとどまった．

5.2.2 植民地期ヨーロッパ人による都市建設

中部アメリカにヨーロッパ人が侵入して以降，
先住民の都市文明は崩壊し，ヨーロッパ人が新た
な都市建設の主役となった．

ヨーロッパ人の中でも最初に植民活動を進めた
のはスペイン人であった．彼らが最初に都市を建
設したのは，カリブ海地域のイスパニョーラ島で
あった．この近辺に到達したコロンブスは，1492

年12月に同島北部に集落ナビダーを建設したが，
それは前線基地的な性格のもので，直後に先住民
の襲撃により破壊された．翌年コロンブスは第2
回航海時に同じく同島北部にイサベラを建設した
が，それは今日まで続く都市プエルトプラタの前
身となった．そして1496年に同島南東部にサン
トドミンゴが建設された．同市は大規模な港湾と
格子状街区をもつ最初の本格的なヨーロッパ風都
市であった．

その後スペイン人は，カリブ海地域に多くの都
市を建設するが，彼らの植民の目的が金銀の採取
と本国との交易にあったため，多くの都市は海岸
部に立地した（図5.2）．1510年代にはキューバ島
の植民が進み，1515年にハバナが建設された．
ハバナは海流などの自然条件がスペインへの物資
輸送のために最適な場所であった．そのため後に
カリブ海交易の拠点として機能するようになり，
インディアス艦隊が船団を組んでスペイン本国に
出発する際の基地となった．

大陸でのスペイン人による都市建設が始まるの
は，1520年代以降である．彼らは1521年にアス
テカ帝国の首都テノチティトランを征服し，徹底
的に破壊した末に，スペイン人の中部アメリカ支
配の拠点となる都市をテノチティトランの廃墟の
上に建設した．それが現在のメキシコ市で，スペ
インのヌエバ・エスパーニャ副王領支配の行政中
心となった．

ヌエバ・エスパーニャ副王領は現在のメキシコ
中央高地を中心に，南はコスタリカ，北はアメリ
カ合衆国のカリフォルニアやテキサス付近まで，
さらにはカリブ海地域の主な島々を支配領域に置
いた．メキシコ中央高地から中央アメリカにかけ
て植民地支配の拠点となる都市が多数建設され，
それらは後に大土地所有の拠点として機能した
（図5.3）．メキシコ中央高地北部には半乾燥地域
が広がっていたが，サカテカス銀山などの有望な
鉱山が開発され，内陸に多数の鉱山都市が出現し
た．大陸内陸部で生産された富をスペイン本国に
送るために，カリブ海岸には港湾機能に重点を置
いた都市が建設された．とくにベラクルスはメキ
シコ内陸部で生産された富の輸出港として栄え

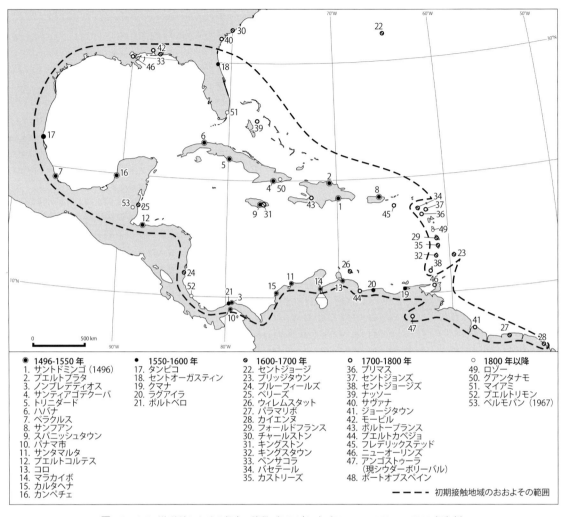

図 5.2 カリブ海地域における都市の建設（1494 年〜）（Blouet and Blouet, 2015 を改変）

た．またヌエバ・エスパーニャ副王領は太平洋東部のフィリピンも支配下に置いたため，太平洋交易の拠点としてアカプルコなどの港湾都市が建設された．南アメリカ大陸の中央アンデスまでスペインによる支配が広がると，南アメリカ大陸を広く治めたヌエバ・ペルー副王領で生産された富を太平洋経由でカリブ海まで搬送するための中継都市が必要になり，パナマ市が建設された．パナマ市に水揚げされパナマ地峡経由でカリブ海に搬送された貨物は，ベラクルスで集荷されたメキシコ内陸部の富と現キューバのハバナで合流し，インディアス艦隊によりスペイン本国に輸送された．

以上のように，現在のメキシコから中央アメリカにかけての大陸部にヨーロッパ人により建設された都市は，内陸の行政拠点，内陸の富の生産地，沿岸部の輸送基地を中心に立地した．

5.2.3 英仏蘭支配にともなう カリブ海地域の都市

人口が希薄で鉱物資源も少ない小アンティル諸島に対し，スペイン人は関心を示さなかった．そこに本格的に入植した最初のヨーロッパ人は，イギリス人，フランス人，オランダ人であった．そもそも彼らは 1500 年代半ばから，スペインが新世界で生産する富を略奪する目的でカリブ海に進出し海賊行為を展開していたが，1623 年にイギリス人が，ついで 1625 年にフランス人が，セントキッツ島（現在のセントクリスファー・ネーヴィスを構成する島）に入植し，タバコや綿花を栽

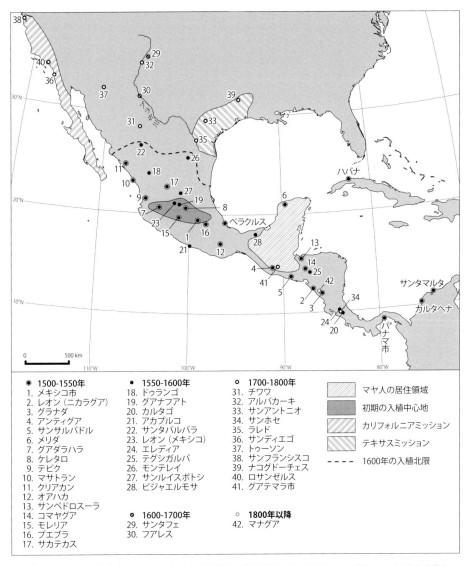

図 5.3 メキシコと中央アメリカにおける主要都市の建設（1500年～）（Blouet and Blouet, 2015を改変）

培するようになったのが，小アンティル諸島へのヨーロッパ人入植の始まりだった．

イギリス人とフランス人は周囲の島々に入植を進めた．とくにサトウキビ栽培が本格化した1640年代以降は，島々にサトウキビプランテーションが開拓され，イギリス領のバルバドス，フランス領のマルティニークなどはサトウキビ生産に特化した島として知られるようになった．島々にはこうして生産された粗糖，糖蜜，その他の生産品を本国や新大陸の加工基地に輸送するための港湾が整備され，そこが首都として成長した．

オランダ人は，プランテーション開発よりも新大陸貿易に重点を置いた．彼らは小アンティル諸島南西部のキュラソー島，アルバ島などを支配下に置き，港湾都市を建設した．さらにオランダ人は1600年代のはじめに，現在のベネズエラからブラジル北部のカリブ海岸の地域，いわゆる「ギアナ」に進出した．それに引き続きイギリス人やフランス人もギアナ地方に入植したが，いずれも目的はプランテーション開発にあった．そのためギアナ地方に都市が発達することはなく，都市の立地は海岸の港湾部に限定された．

これと同じことは，中央アメリカに進出したイギリス植民地についてもいえる．イギリスは，ス

5.2　中部アメリカ都市の歴史的展開と立地　67

ペイン統治が及びにくかった現在のベリーズ付近のカリブ海沿岸に1600年代に入植し，1650年代にスペインから奪ったジャマイカとともに，英領ホンジュラスとした．そこではサトウキビやコーヒーのプランテーション開発に重点が置かれ，都市の立地は沿岸部にほぼ限られた．

5.2.4 都市の形態とインディアス法

コロンブスの新大陸到達から1800年頃までに，ヨーロッパ人により多くの都市が建設された．ヨーロッパ人はヨーロッパ的価値観にしたがって都市を建設したため，ヨーロッパ風の都市景観が随所に登場した．その中でもスペイン人が建設した都市は，中央広場と格子状街区によって特徴づけられた．これはスペイン人が，新大陸の入植方法を規定した本国の法体系にしたがって都市を建設したためである．

スペイン人の新大陸入植方法を規定した法律は，1680年にカルロス2世が承認した全4巻9書にも及ぶ『インディアス諸王国の法集成』である．そのうち都市計画体系を規定したのは第4書「発見，平定，植民とスペイン人都市に関する諸規定」で，その中核となるのが1573年にフェリペ2世が制定した「インディアスの発見・植民・平定に関する法令」である．この法令は，都市研究に関連する分野では「インディアス法」と呼ばれている．

インディアス法は，入植地の立地条件にはじまり，入植の基地となる都市の設計について詳細に規定している．例えば，①入植地の中心に長方形の中央広場を配置すること，②中央広場は沿岸部では港湾埠頭に対面すること，③内陸部では集落の中心に配置すること，④中央広場四辺中央から四方に中央通りを配置すること，⑤中央広場周囲には教会，行政施設を配置すること，⑥中央通りを基準に格子状に街路を配置することなどである．同法は，中央広場の配置について，四辺の頂点を主たる風向きに合わせることまで言及している．これは市民生活を配慮した規定で，この結果すべての街路はその風向きに対して45度となり，街路を風が吹き抜ける頻度が低くなる．先コロンブス期の都市が諸施設の配置に四方位を巧みに組み込み，東西南北や天体の運行が随所に組み込まれた都市景観を呈しているのに対し，ハバナやメキシコ市などの植民地期に建設された都市が，格子状街区をもちながらも四方位が反映されていないのは，当時のインディアス法の影響である（写真5.1）．

先コロンブス期と植民地期で，都市の立地や景観は変化したものの，都市内での社会階層間のすみわけには共通した特徴がみられた．先コロンブス期の都市は，都心に宗教施設が集中し，そこに神官の長である王を中心とする支配階層が居住し，その外側に一般市民が居住した．つまり，住民の社会経済的地位は，都心ほど高く周辺に向かうにつれて同心円状に低くなるという，前産業型都市に共通する特徴を示していた (Sjoberg, 1965)．植民地期以降は支配階層こそ完全に入れ替わったが，同様の社会階層によるすみわけが生じた．インディアス法が都心広場周辺に教会や行政の重要施設の配置を命じたため，中央広場周辺には行政に携わるイベリア半島出身者あるいはその子孫らの上流階層が，その周辺に一般市民が居住した．これに対して都市周辺部は，同法が住環境に影響する皮なめし場や屠殺場の配置を義務づけたように，市民の居住には適さず，当時都市社会の最底辺に位置した先住民の居住空間となった．

19世紀前半までの都市の規模は概してコンパクトであった．都市は植民地支配の拠点であったが，宗主国とのつながりを軸に都市が機能し，人

写真5.1 メキシコ市都心のソカロ広場（2015年3月）

口の増加は抑制された．ただし，この頃までに現在の都市の立地がほぼ決定されたという点で，16世紀から19世紀前半までは都市地理学上重要な時期であったといえる．

5.2.5　19世紀に発生した階層による都市内すみわけの変容

ハイチが1804年にフランスからの独立を宣言したのを皮切りに，大陸部のスペイン領から1810～1825年にかけてメキシコ・中米諸国が独立を果たした．ただしこの時期の独立は，スペインやフランスなど旧宗主国の政情不安に起因したため，独立国家のガヴァナンスは完全なものとはいえず，首都中心部の植民地期の貴族の邸宅や行政機関の一部は放棄された．

それにもかかわらず，この時期は首都の人口がゆるやかに増加した．当時の中部アメリカの国々は，国内の製造業が未発達で，世界的な自由主義経済体制のもと，農産物や鉱物資源などの一次産品をヨーロッパや北アメリカに輸出することを主たる経済活動としていた．その結果，経済活動は首都や港湾都市に集中し，それらの都市の人口はゆるやかに増加した．また，独立間もない国家は，そのガヴァナンスの欠如ゆえに，国家予算の地域配分も不均衡で，その多くを首都に投入した．そのため，首都の電気，上下水道などのインフラは周辺地域に比べ整備が格段に進行し，首都には周辺農村地域から人口が流入するようになった．

経済活動の中心となる首都への周辺農村地域からの人口流入は，都市内部構造の変容の引き金になった．都心には，旧行政施設や貴族の宮殿などの大型建造物が放棄され，空き家として残っていた．そこを農村から流入した人口が不法占拠し，建物内部を細分して居住するようになった．

都心部の居住環境の悪化により，上流層は郊外へ流出するようになった．上流層は，郊外に宅地を取得し邸宅を建設した．そこに都心から道路が敷設されるようになり，それが上流層のさらなる流出を促進した．メキシコ市の場合のように，独立後の第2帝政期（1863～1867）に皇帝が居城とした市南西部のチャプルテペック宮と都心を結ぶ大通りを整備したことが，上流層の郊外流出を促

進した例もある．

19世紀の上流層の郊外流出の結果，都市内部のすみわけによる内部構造はこれまでにない変化を経験することになった．それ以前の都市は，コンパクトなサイズで，かつ同心円状のすみわけに特徴があった．しかし都心への農村人口の流入が顕著になって以降，その同心円構造に，上流層の一定方向への居住分化，すなわちセクター状の分化が加味されることになった．そして上流層の居住するセクターは，幹線道路に沿って郊外の一定方向に向けて延伸を続け，高級住宅街を形成した．こうして，それまでの同心円状の内部構造に，上流層のセクター構造が加味されるようになった．ただしこの変化は，20世紀に入ってから経験するドラスティックな都市内部構造転換の序章にすぎなかった．

5.3　20世紀以降の都市構造の変化

5.3.1　20世紀—分極化する都市

20世紀は冒頭で紹介したように，都市人口の急増期にあたる．19世紀の自由主義経済期に資源の輸出で豊かになった国々は，人口のゆるやかな自然増加を経験したが，その傾向が20世紀に入ってさらに加速した．国家の首都は各国の経済活動の中心であったため，これに農村からの人口移動による社会増加が加わり，20世紀前半は首都の人口が急増した時期でもあった．

19世紀の段階で都心に流入した人口は，20世紀と比較すると規模的にまだ少なく，都市部の住宅市場は安定していた．しかし20世紀以降の農村から都市への人口移動の加速は，都市人口の急増と並行して，都市部の住宅需要を圧迫した．

住宅需要は急増するが，農村からの流入者は安価な住宅市場にしかアクセスできない．そこで利用されたのが植民地期に建設されその後放棄された都心部の行政施設や上流層の邸宅であった．上流層は，都心の住環境の悪化を嫌い，都心の中心業務地区（CBD）から郊外へ延びる幹線道路沿いに造成された高級住宅街へ移動していった．その結果都心には彼らの空き家が残されたが，それを不動産業者が安価に買い取り，多層階の建造物内

5.3　20世紀以降の都市構造の変化　　**69**

を細分して，農村からの移住者に1部屋単位で安価に賃貸した．1部屋に1世帯が基本で，水道やトイレなどの基礎的都市サービスは建物の中庭に配置され，それを複数世帯で共有した．こうしてこの時期に各地の首都や大都市では，集合住宅型スラムが都心とその周辺に出現し，当時の住宅問題の代名詞的存在となった．このような集合住宅型スラムは，エルサルバドルではメソン（meson），メキシコではベシンダー（vecindad），キューバではシウダデラ（ciudadela）やクアルテリア（cuartería）と，各地でそれぞれの名称で呼ばれた．ただし，農村から都心への人口流入が続いたのは，都心の安価な住宅市場が飽和状態に達する1950年頃までであった．

この頃から本格化した輸入代替工業化により製造業が都市に集中すると，農村から都市への人口流入は20世紀中頃にさらに激しくなった．ますます増える人口を，中部アメリカの都市は社会的にも経済的にも十分に吸収することができなかった．政府や自治体は公的住宅の供給で問題解消を試みたが，それをはるかに上回る規模で人口が増加した．また就業機会を求めて都市に移住する彼らは，産業部門に吸収されるにはあまりにも多く，その大部分が完全あるいは不完全な失業状態にあった．

農村からの流入人口は，雇用機会をインフォーマルな部門に見出さざるをえなかったが，住宅市場についても同じことがいえた．不動産業者は，彼らを対象に郊外の土地を細かく分筆して上下水道などのインフラが整備されない状態で販売した．これは当局の基準を満たしていない違法物件であり，中には土地所有権さえも不明瞭なものもあった．メキシコの場合，このような違法物件に加え，共有農地であるエヒードの違法分譲も頻繁に行われた．1917年憲法制定以降に登場したエヒードは，土地用益権は農民や集落にあるものの，土地所有権は国家にあるため，個人で分筆販売することはできない．しかしメキシコでは，エヒードの農地を農民が違法分譲するケースが多々みられた．こうした違法分譲地は，低所得層が購入可能なように宅地面積は最小限に抑えられ，イ

ンフラも欠如する．購入者らはそこに自力で住宅を建設するのであるが，住宅建設資金の限られる彼らが用いることのできるのは，ベニヤ板やトタンなどの仮設的な建材となる．そのため違法分譲地は典型的なスラムの景観を呈した．

こうした違法な住宅市場にアクセスできない場合，農村からの流入人口は不法占拠により強制的に居住空間を確保した．都市周縁部の農地や公用地などの空き地は彼らの格好のターゲットであった．彼らはそこを不法に占拠した上，ベニヤ板やトタンなどを利用して自力で仮設的な住宅を建設した．空き地の不法占拠は，迅速かつ大規模に進められた．例えばメキシコ市の場合，郊外の空き地に一夜のうちに数百世帯が侵入し仮設住宅を建設する迅速さから，不法侵入者は「パラシュート部隊（paracaidistas）」と揶揄された．

こうして登場した不法占拠による郊外立地型のスラムは，スクォッター地区あるいは不法占拠地区（squatter settlement）と一般には呼ばれる．各地各様の名称があり，キューバではジェガイポン（llegaypón），コスタリカやエルサルバドルではトゥグリオ（tugurio），ハイチではビドンビル（bidonville），ドミニカ共和国やホンジュラスではバリオ（barrio），メキシコではコロニア（colonia），プエルトリコではバリアダ（barriada）などと呼ばれた．スクォッター地区への侵入と不法占拠が大規模であるがために，行政や警察が不法占拠者を追い立てることは困難で，結局不法占拠状態が維持された．またこれには，当時各国に登場したポピュリスト政権が民意に逆らえなかったという政治的要因もあった．

こうした違法分譲地やスクォッター地区に代表される低所得層のインフォーマル住宅地域は，1950年代以降主要都市で急拡大した．その規模は，インフォーマルな住宅市場のため公式の統計で把握することはできないが，推計ではメキシコ市の場合，1952年当時の市街地の約25％を占め，人口の14％がそこに住んでいたのに対し，1978年には市街地の40〜50％を占めるにいたり，居住人口も市全体の40％以上に達したとされる（図5.4）．

侵入によるスクォッター地区はメキシコや中米の大陸部ではよくみられたが，カリブ海地域では当局による不法占拠者の排除が頻繁に行われたため，不法侵入によりスラムが形成されるケースは大陸部と比べ少なかった．その一方で，分譲地に仮設住宅が建設されるタイプのスラムが発達した．とくに旧英領カリブでみられたのが，地主が土地を安価に貸与し，そこに借地人が仮設住宅を建設するというものであった．外観は不法占拠によるスクォッター地区とほとんど同じだが，土地の借地権があるため住民にとって当局による追い立てを受ける危険がないという利点があった．

違法分譲地やスクォッター地区の住宅は，上下水道や電気などの基礎的インフラを備えず，住民は雨水を蓄え電気を盗電するため，典型的なスラムとして当初は問題視された．しかし住民は改築の自助努力を惜しまず，ベニヤ板やトタンで構成された仮設住宅を，レンガやブロックなどで構成される半恒久的住宅へと修繕していった．この自助作用に注目した行政当局は，住民の土地所有権を認め，舗装道路，上下水道，電気などの基礎的インフラを提供し，これらのスラムを既成市街地に取り込むことを政策的に進めるようになった．こうして古い違法分譲地やスクォッター地区は，既存の都市景観に徐々に取り込まれ，その外側に新しいスラムが形成されるというサイクルが登場した．

低所得層が居住するスラムが都市縁辺部に急拡

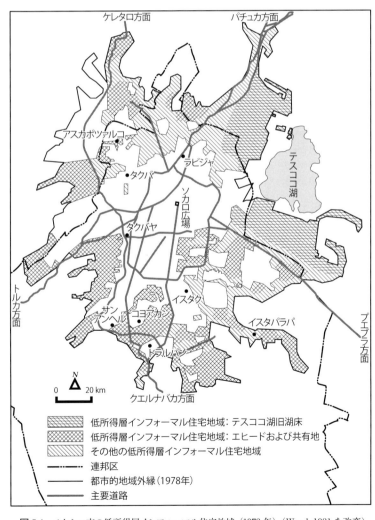

図 5.4　メキシコ市の低所得層インフォーマル住宅地域（1978年）（Ward, 1981 を改変）

大したのと同じ時期，上流層は都心から郊外へと延びる幹線道路沿いをさらに郊外に向けて移動し，それにともない高級住宅街も同じ方向に延びるセクターを外側へ移動した．同じセクター内の都心側には上流層が移動した後の住宅街が残されるが，そこには比較的裕福な中間層が移動した．こうして上位の階層のセクター状のすみわけが強化された．

この時期に顕著になった社会階層によるすみわけは，社会階層による空間の「分極化(polarization)」と表現される．これは20世紀に強化された社会階層間の断絶と貧富の格差の居住空間における表象といえる．住民の社会経済的地位の違いが都市内部における彼らの居住空間と強く相関したこの様子を，Gilbart (1994) は，都市空間が「豊かな都市」と「貧しい都市」といった分極化した領域に分かれていったと表現している．

分極化した都市の内部構造を，Griffin and Ford (1980) はモデル化して説明しているが，それが20世紀の都市におけるすみわけ現象を的確に表現している（図5.5）．彼らは，都心のCBDから延びる幹線道路沿いに業務機能と上流層の流出が進行している状況を，帯状の業務地区 (spine) とそれを軸に展開する上流層のセクター状の居住地域で表現した．上流層は限定されたセクター状の空間に居住するものの，低所得層の居住地域は都市の広範囲に広がる．そしてそれは，都心近くほど良質な住宅，郊外ほど新しく仮設的な住宅で構成される．その様子を彼らは，都心側から，上流層が流出した跡に中間層が流入した「成熟地帯 (zone of maturity)」，多様な住宅タイプが混在し現在も建設や改良が進行中の「漸次更新地帯 (zone of in situ accretion)」，都市縁辺部の「周縁スクォッター地帯 (zone of peripheral squatter settlements)」，という3つの同心円地帯で表現した．さらに都心近くの空き地まで侵入するスクォッター地区を，上流層のセクターと反対方向に延びる「不快なセクター (disamenity)」として表した．

このモデルは，中部アメリカの中規模以上の都市が当時経験した社会現象を端的に表現している

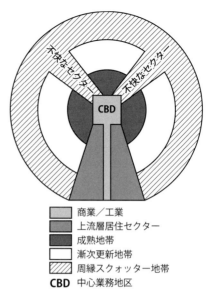

図5.5　Griffin and Ford(1980)のラテンアメリカ都市内部構造モデル

として評価された．しかしその一方で，複雑な都市現象をあまりに単純化しすぎたとの批判も受けた．それを受けてFord (1996) は，1980年代以降に加わった様々な要素を追加した修正版モデルを発表した（図5.6）．そのモデルには，都心再開発と上流層の都心部回帰（ジェントリフィケーション），郊外に出現したショッピングモールや工業団地を核とするエッジシティなどが加味された．

しかし1980年代頃から中部アメリカ諸都市が経験した政治的・経済的環境の大変革は，Ford (1996) の修正版モデルの範疇をはるかに超える変容を引き起こすことになった．

5.3.2　21世紀—分断化する都市

1980年代以降，中部アメリカは政治面と経済面で大きな変革を経験した．1980年代はじめ頃まで各地に存在した軍事政権は崩壊し，民主化が進行した．小アンティル諸島の英仏領の島々もこの頃に次々と独立を達成した．同じ頃，それまでの輸入代替工業化政策が行き詰まり，第二次世界大戦以降続けられてきた経済政策も転換点を迎えた．国営企業は続々民営化され，関税障壁が縮小され，グローバル経済への組み込みが進行した．その結果1980年代末から1990年代にかけて，外

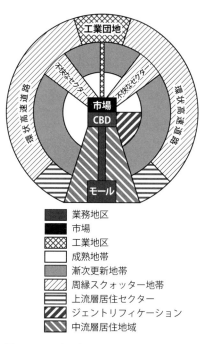

図5.6 Ford(1996)の修正版ラテンアメリカ都市内部構造モデル

写真5.2 メキシコ市の新都市交通網メトロバス（2015年3月）専用軌道内を走行する．

資の参入が盛んになり，一定の経済成長が達成され，富める者はさらに豊かになった．その反面，グローバル市場への統合で競争力の弱い製造業部門は縮小し，高成長下にありながら失業率は高いまま維持され，所得格差は拡大し，社会階層の二極化がいっそう進行した．

政治面や経済面における環境の変化は，都市にも大きな変化をもたらした．1990年代頃から都市開発が急速に進行したが，その主役は外資であった．外資は都市のインフラ事業に積極的に投資し，通信事業，上下水道事業，交通網整備事業などの公共事業に参入した．その結果，都市内の道路網は改善され，メキシコでみられるような次世代型路面電車網LRT（メキシコ市など），バス高速輸送システムBRT（メキシコのグアダラハラ）などの新都市交通網が登場し，都市内のモビリティが格段に向上した（写真5.2）．

さらに外資は，不動産開発にも積極的に投資し，上流層から中間層を魅了するショッピングモール，レジャー施設，シネマコンプレックスなどを建設した．このような施設の登場は上流層や中間層にライフスタイルの変化をもたらし，市街地の拡大を推進した．1980年代までの市街地の拡大は，主に農村から都市に流入する人口の居住空間の需要に起因したが，それ以降，農村からの人口移動は急速に弱まった．それに代わり上流層や中間層が必要とする1人当たりの居住空間は，彼らの所得水準向上と並行して拡大し，それが1990年代以降の市街地の拡大を牽引した．

上流層や中間層の居住スペースの需要は，彼らの住宅地の立地に影響した．かつての高級住宅街のセクター状の空間は，その限定性のために増大しつつある上流層のニーズに対応できなかった．そのため上流層をターゲットとした住宅地は，スクォッター地区の存在によりかつては敬遠されていた郊外にも積極的に建設されるようになった．外資は治安の悪い場所に高級住宅地を建設するために，周囲を塀で囲みセキュリティ機能を向上させた分譲地である「ゲーテッドコミュニティ」を都市内各地で開発するようになった．

ゲーテッドコミュニティはアメリカ合衆国など先進国の居住形態として注目を集めるが，規模的には中部アメリカのほうが先進国をはるかに凌駕する．分譲地の周囲を塀で囲み，出入りを数カ所の門（ゲート）に限定することから，中部アメリカのスペイン語圏では，「閉じられた街区」を意味するバリオセラード（barrio cerrado）あるいはフラクシオナミエントセラード（fraccionamiento cerrado）の名称で呼ばれる．

メキシコでは，1920年代に周囲を塀で囲んだ

ゴルフクラブ内に高級住宅を併設した施設が建設されたが、Peralta and Hofer（2006）はこれがメキシコ市におけるゲーテッドコミュニティの発端としている。あるいは、都心のジェントリフィケーションにともない1980年代頃から建設されたコンドミニアム型の高層マンションも、出入口に武装したガードマンを配置してコミュニティ空間への出入りを厳格にコントロールすることから、初期のゲーテッドコミュニティの一形態といえる。

　しかしBorsdorf and Hidalgo（2009）は、それより以前から中部アメリカ住民の間にゲーティッドコミュニティのように閉じて住む志向が存在し、それが現在の爆発的増加につながったと指摘している。そもそも中部アメリカのスペイン語圏はイベリア半島の文化を引き継ぐが、中部アメリカへ多くの移民を輩出したイベリア半島南部では、街区の内側に街区住民の共有スペースである中庭（パティオ）を開き、外側に対しては小さな窓でしか接しないパティオ式住宅が一般的であった。そもそも内側に開き外側に閉じるという居住形態がイベリア的であったのである。このような様式は、新大陸でミッション集落（カトリックの布教を目的に宣教師と住民がともに生活する集落共同体）などに導入された。ミッション集落の中心に設置された住区は、外側には外敵の来襲に備えて最小限の小さな窓のみを開き、内側は中庭兼作業場を共有する開かれたスペースをともなっていた。このような居住形態は20世紀初めの都心立地型のスラムであるベシンダーでもみられた。ベシンダーでは、共有スペースである中庭にトイレや水道などの都市的サービスが集中し、それを複数家族が共有したのに対し、街路に向いた個室の窓は最小限の大きさに制限された。コミュニティの内側に対しては開放的で、外部に対しては閉鎖的であるという点は、イベリア由来の文化的要因の一端ということもできよう。

　それに対し、西インド諸島のとくに英語圏の国々では、グローバル化の影響が強い。リゾート色の強いバハマやジャマイカ、小アンティルの島々では、外資がゲーテッドコミュニティ型の分譲リゾートをこぞって開発している。1990年代以降進行したグローバル化と規制緩和により、不動産投機資金が付加価値の高いカリブ海のリゾート地に集まり、長期・短期の移住の障壁が低くなり移動の自由度の増した欧米の富裕層をひきつけているのである。

　先進国ではゲーテッドコミュニティは上流層の居住形態という印象が強い。中部アメリカの上流層も、北アメリカ風のライフスタイルにあこがれて、そこに住みたがるという傾向がある。しかし中部アメリカの特徴は、中間層向けのゲーテッドコミュニティも目立つことにある。その背景には、中部アメリカの高い犯罪発生率がある。誘拐や強盗などの犯罪から家族を守ることは、上流層のみでなく中間層にとっても生活上の最重要課題である。そのために中間層向けに開発されたゲーテッドコミュニティが、市場でよく売れるのである。ただし中間層向けの場合、コミュニティのために使える資金は限られるため、コミュニティの周囲はフェンスで囲まれるもののセキュリティは甘く、門番を常駐させないゲートもごく普通に存在する。

　こうして21世紀の中部アメリカの都市では、都心や郊外を問わずゲーテッドコミュニティが急増した。ゲーテッドコミュニティは、かつての上流層セクターを越え、スクォッター地区のある地帯にまで進出した。それにより20世紀型の社会階層によるすみわけに代表される分極構造はあいまい化していった。しかしそれは階層を超えた混住が進行したというわけではない。上流層や中間層は彼らのコミュニティをフェンスで周囲の空間から分断した。

　分断されたコミュニティ空間が都市内に多数出現した様子を、Borsdorf and Hidalgo（2009）は都市空間の「分断化（fragmentation）」と表現し、20世紀型の分極化した都市構造と21世紀型の分断化したそれを対比したモデルを提示している（図5.7）。20世紀は、都心から一定方向に延びる上流層のセクター、都心を囲むように広がる中流層と低所得層の同心円地帯、郊外に広がるスクォッター地区という分極化した都市構造に特徴があ

74　5. 都市化する中部アメリカ——急速な都市化と不均衡な集中

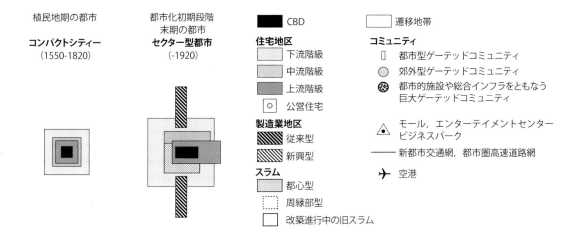

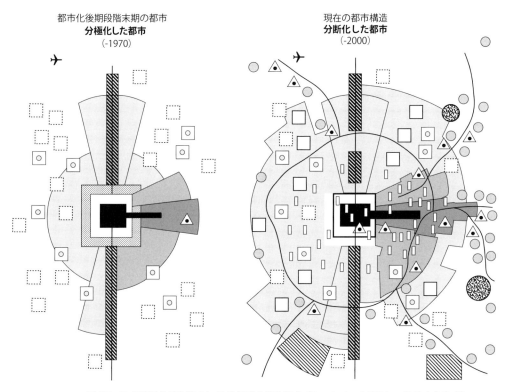

図 5.7 20世紀型分極化都市と21世紀型分断化都市（Borsdorf and Hidalgo, 2009 より作成）

った．しかし20世紀末以降のゲーテッドコミュニティの急増は，それまでの都市構造を大きく変えた．都心から中間リングにはコンドミニアム型のゲーテッドコミュニティが建設されるようになり，広大な用地が必要な分譲地型は，従来の低所得層の同心円地帯を無視して交通の便のよい郊外の各地に登場した．またメキシコや中央アメリカの大都市では，学校，医療センター，発電施設などの都市機能も含めた巨大プロジェクト型のゲーテッドコミュニティも登場している．

ゲーテッドコミュニティの急増による都市空間の分断化は，中部アメリカに限らず，ラテンアメリカをはじめとする発展途上国の諸都市に共通する現象である．ただし中部アメリカの地域の住民の居住スタイルには，地理的近接性によりアメリカ合衆国住民のライフスタイルに対するあこがれが実直に反映される．アメリカ合衆国の富裕層はカリブ海沿岸のゲーテッドコミュニティをリゾー

ト物件として購入し，そのライフスタイルにあこがれる中部アメリカ各地の上流層向けに大規模なゲーテッドコミュニティがリゾート地や都市部に造成される．それにあこがれる中間層向けに小規模の物件が開発される．さらに労働者階級向けには，公的資金と抱き合わせのゲーテッドコミュニティまで登場している．あたかも社会経済的地位上昇の到達感を提供するかのようなゲーテッドコミュニティであるが，ネオリベラリズム経済下で拡大した階層間の格差と深刻化した断絶が，コミュニティを囲むフェンスとなって空間に表象した都市居住形態であり，中部アメリカが様々な面で置かれたいかんともしがたい地政学的立場を代弁しているといえる． 　　　　　［石井久生］

引用・参考文献

Alkema, L., *et al.* (2012)：*Levels of Urbanization in the World's Countries: Alternative Estimates.* Population Association of America 2012 Annual Meeting Program Working Papers.：http://paa2012.princeton.edu/abstracts/121285（2018 年 2 月 5 日確認）

Avilés, L. (2014)：The Artifice of Caribbean Island's Overpopulation. Serie de documentos de trabajo, Instituto de Estadísticas de Puerto Rico,Vol. 2010-1.：http://www.estadisticas.pr/media/2420（2018 年 2 月 5 日確認）

Blouet, B. and Blouet, O. (2015)：*Latin America and the Caribbean：A Systematic and Regional Survey*, Wiley.

Borsdorf, A. and Hidalgo, R. (2009)：From polarization to fragmentation: Recent changes in Latin American urbanization. In: Lindert, P. Van and Verkoren, O. (eds.)：*Decentralized Development in Latin America: Experiences in Local Governance and Local Development*, pp.23-34, Springer.

Ford, L. R. (1996)：A new and improved model of Latin American city structure. *Geographical Review*, **86**(3)：437-440.

Gilbert, A. (1994)：*The Latin American City*, LAB.

Greenfield, G. M. (ed.) (1994)：*Latin America Urbanization: Historical Profiles of Major Cities*, Greenwood Press.

Griffin, E. and Ford, L. (1980)：A model of Latin American city structure. *Geographical Review*, **70**(4)：397-422.

McIlwaine, C. and Wills, K. (2002)：*Challenge and Chance in Middle America: Perspectives on Development in Mexico, Central America and the Caribbean*, Prentice Hall.

Peralta, B. G. and Hofer, A. (2006)：Housing for the working class on the periphery of Mexico City: A new version of gated communities. *Social Justice*, **33**(3)：129-141.

Sjoberg, G. (1965)：*The Preindustrial City：Past and Present*, Free Press［倉沢　進訳 (1968)：前産業型都市―都市の過去と現在，鹿島出版会］.

Ward, P. M. (1981)：Urban problems and planning in Mexico City. In: Pacione, M. (ed.)：*Problems and Planning in Third World Cities*, pp.28-65, Croom Helm.

コラム　メキシコ市のバリオセラード（ゲーテッドコミュニティ）

　バリオセラード（barrio cerrado）はスペイン語で「閉じられた地区」を意味し，英語のゲーテッドコミュニティにあたる．しかしバリオ（barrio）が貧民街をイメージさせるためか，メキシコではフラクシオナミエントセラード（fraccionamiento cerrado），あるいはウルバニサシオンセラーダ（urbanización cerrada）などと呼ばれ，どちらもスペイン語で「閉じられた分譲地」を意味する．しかしそれらは不動産業者らが使うかしこまった表現のようで，市民は高級住宅を意味するレシデンシア（residencia）と呼んでいる．この居住形態は1990年代頃から富裕層を中心に急速に普及し，彼らのライフスタイルにあこがれる中間層の間にも広がった．

　メキシコ市の都心から南西に約10km離れたサンタフェ（Santa Fé）地区では，1980年代にイベロアメリカ大学がこの地に開学した頃より，都心から業務機能が流入するようになった．現在ではオフィスパークやショッピングモールが集まる典型的エッジシティであるが，この地区を中心にここから北に約5kmのインテルロマス（Interlomas）にかけての地域に，高級住宅街のバリオセラードが集中する．この付近のバリオセラードは，先進国のものと比較して設備や規模の点で見劣りしないどころか，それをはるかに凌駕する大規模なものが目立つ．例えばコンドミニアム型のバリオセラードの場合，通常は建物1階の出入口がゲートのように機能し，そこで人の出入りをチェックするが，この地域では敷地への入口にゲートが設けられて敷地内に複数棟の高層コンドミニアムを有するものがある（写真C5.1）．また戸建分譲型のバリオセラードの場合，通常はゲートとフェンスのすぐ内側に住宅が目視できるが，この地域にはゲートに自動小銃で武装した警備員を複数配置し，ゲートの先のトンネルをくぐらないと住宅地にたどり着けない大規模なものも存在する（写真C5.2）．武装したガードマンは高級なバリオセラードではよくみかけるが，ここまで大規模に閉じるコミュニティはこの付近でしかみられない．

　バリオセラードの流行は，メキシコに広がる所得格差，社会不安，治安の悪化など，社会的不平等に対する上流層・中間層の対応の結果なのであろうか．世界銀行のデータによれば，上位10％の階層が国民所得の39.7％（2014年）を占有する．日本の24.8％（2008年）と比べれば15ポイント近く高い．2016年にメキシコ市で発生した主な犯罪は，殺人2,053件，誘拐422件，強盗傷害35,516件（SEGOB：メキシコ内務省）にも達する．目を疑うような数字であるが，これがメキシコの首都の現実である．経済的不平等と極めて悪い治安，さらには国や自治体のガヴァナンスの欠如．そのような環境から自衛する手段がバリオセラードなのであろうか．Borsdorf and Hidalgo（2009）は，ラテンアメリカの人々は閉じて住む志向がもともと強いとして，ミッション集落や中庭付きの集合住宅型スラムの例を示したが，このような数字を突きつけられると，閉じて住む志向という主張はむなしく感じられる．

[石井久生]

写真C5.1　高層コンドミニアム型バリオセラード（2015年3月）

写真C5.2　戸建分譲型バリオセラードのゲート（2015年3月）

6 ヒトと資本の移動
──国内・国際人口移動からレメッサ(郷里送金)まで

　中部アメリカ地域では，自国外への労働移動と自国への郷里送金（レメッサ）が経済・社会における大きな特徴となっている．国外への労働移動と労働対価の自国への送金は，それぞれヒトとカネの移動であるが，表裏一体の関係にある．両者を総合的に分析することで地域経済の実態や課題がより鮮明に浮き彫りになるという問題意識のもとに，本章では国外への労働移動と郷里送金の問題を中心にとりあげる．

6.1 国内の人口移動

6.1.1 国内の人口移動の状況

　最初に，中部アメリカ地域の国内の人口移動の状況について概観したい．一国の人口において農村部が占める比率である農村人口比率のデータをもとに国内の人口移動の推移をみると，地域においての都市化はおおむね一様に進んだということがわかる（図6.1）．

　メキシコの農村人口比率は1960年代にすでに5割程度であったが，その後低下を続けて現在は2割程度となっている．一方で，カリブ海地域の国としてハイチの農村人口比率をみると1960年代には9割程度と非常に高かったが，その後は大きく低下して現在は4割程度となっている．中米地域の国としてコスタリカをみると1960年代には約3分の2程度であったが，その後は大きく低下して現在は2割程度となっている．地域全体の平均データをみてもメキシコとほぼ同様の動きをたどっており，現在の農村人口比率はだいたい2割程度まで低下している．都市への人口集中は，先進国より途上国の方が急激に進んだことが指摘されるが，この地域の状況も急速な都市化を裏づけている．

6.1.2 人口移動を説明する二部門モデルの概要と課題

　以上のような人口移動と経済発展を説明するモデルである二部門モデルについてその意義と概要を説明したい．

　一国の経済発展と工業化による経済発展のプロセスを説明するモデルとしては，典型的には発展段階論がある．このような考え方については，マルクス（原始共産制 ⇒ 古代の奴隷制 ⇒ 中世の封建主義 ⇒ 近代の資本主義 ⇒ 社会・共産主義の段階），ロストウ（伝統的社会 ⇒ 離陸先行期 ⇒ 離陸期 ⇒ 成熟化 ⇒ 高度大量消費の段階）などの論者の議論が一般的に知られている．

　これらの考え方は，すべての国が同様のプロセスを段階的にたどって発展していくことを暗黙の前提としているのに対して，ルイスによって

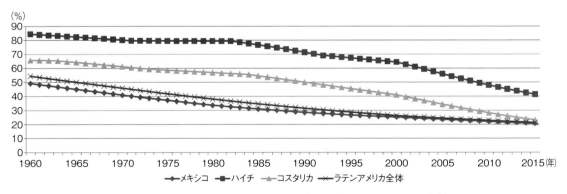

図 6.1 国全体に占める農村人口比率の推移（世界銀行のデータベースより作成）

1950年代に提唱された二部門モデルでは，経済発展の過程における一国内の産業構造変化を動態的にとらえている点に大きな意義が見出せる．

このモデルでは，農業部門は生産性が低く余剰人口（偽装失業者）をかかえており，そのような中で都市部の工業部門は経済成長の起点になると同時に，余剰人口の吸収を行うという役割を担う．都市部へ人口が流出する中で，工業の生産性も上昇して賃金が増加する．これは購買力の増加となって食糧需要の増加と農業部門の発展を牽引することにもなる．このようなかたちで，工業部門・農業部門の両部門の成長と人口移動のプロセスを説明するのが二部門モデルである．

二部門モデルは一国の経済発展・開発を考える上で有益なモデルとなってきたが，その一方で現実には以下のような課題・問題点をかかえていることも指摘しておきたい．

第一は，労働力吸収力のある工業育成の難しさであり，NIEsなどの新興工業国の成功例はあるが，実際には容易ではない．現実には，都市部のインフォーマルセクター（非工業部門）での失業が大きな問題となってきた．

第二は，生産要素（労働）の国際移動という現象である．近年は多くの途上国で，都市以外に国外への労働移動（移民・出稼ぎ）とそれにともなう郷里送金が経済活動において大きな役割を果たしてきた．人口の流れは国内だけで完結するのではなく，国外も視野に入れることがグローバル化の進んだ現代では不可欠である．

第三は，工業が農業に対し絶対的な優位を有していることがこのモデルの前提となっている．しかしながら，2000年代以降は，食糧価格の高止まりと工業製品の価格低下といった事情を背景に，先進工業国の交易条件が悪化するといった現象がみられた．また，食糧は農地の繰り返し使用によって再生が可能な資源であるのに対して，工業の主要な原料となるエネルギー・鉱物資源は基本的に再生産が困難な資源であり，埋蔵量の制約をかかえている．以上のように，現代では，工業が農業に対してもつとされてきた優位性が，あらためて見直されなければならない状況になっていることを指摘しておきたい．

6.2 越境する人々

6.2.1 国外への越境の意義—アメリカのヒスパニック移民の視点から

中部アメリカ地域では国外への越境が地域の経済・社会に重要な意味をもっているが，アメリカへの越境がとりわけ重要である．この問題をアメリカのヒスパニック移民の視点から考えてみたい．写真6.1にメキシコとアメリカの国境を示す．

ヒスパニック（Hispanic）とは，ラテンアメリカのスペイン圏諸国からアメリカへの移民とその子孫を指す．ほかにイスパーノ（Hispano），ラティーノ（Latino）といった表現が使用される場合もあるが，ヒスパニックの用語が一般的である．アメリカの国勢調査ではヒスパニックか否か，ヒスパニックである場合の出身国を問う項目があり，この結果にもとづいて統計が作成されている．したがって，ヒスパニックとは人種の概念ではなく，自分や先祖がラテンアメリカ出身であるかどうか，自分をヒスパニックと考えているかどうかといったアイデンティティの概念である．

アメリカでは，世界の様々な地域からの移民で国家形成がなされたこともあり，「民族のサラダボウルの国」としばしば表現されるが，ヒスパニックは代表的なマイノリティーである．アメリカ在住のヒスパニックは，2000年に黒人を抜き最

写真6.1 メキシコとアメリカ合衆国の国境写真（メキシコ，メヒカリ，2016年8月，浦部浩之撮影）手前がメキシコ．

大のマイノリティーになった（図6.2）．アメリカの大統領選挙の際には，ヒスパニック移民をめぐる問題やヒスパニックの選挙行動が常に注目されるなど，近年のアメリカの政治の世界でもヒスパニック移民は重要なプレーヤーとなっている．

アメリカにとってのヒスパニック移民の存在のプラス面は，①低賃金労働力の確保，②人口増による経済的活力の維持（人口構成の若さ，ヒスパニックの購買力増加とそれをターゲットとしたビジネスなど），③移民受入によるラテンアメリカ諸国への政治的影響力行使（ラテンアメリカの米国への経済的依存度の強まり）といった点があげられる．

一方でヒスパニック移民の存在のマイナス面としては，①低賃金労働者増加による国内雇用の圧迫，労組などの国内の反発，②様々な面での社会的コスト増加（教育・社会保障コストの増加，犯罪への対応など），③英語とスペイン語による2言語教育をめぐる問題と法制度，④マイノリティー優遇制度であるアファーマティブ・アクションなどがあげられる．

アメリカの歴史学者のハンチントンは，著書『分断されるアメリカ』（2004年）の中でヒスパニックによるアメリカ人のアイデンティ分断の危機を主張している．この中で，①長期間にわたる移民の持続，②国境の長距離の接触，③一部の地域・都市への局地的な集中，④移民後もスペイン語や自国文化を保持する傾向の強さ，⑤過去のアメリカとの領土をめぐる争いなどをメキシコ移民の特殊性として指摘している．

ラテンアメリカからアメリカへの移民者は，一般的にアメリカに居住後も本国とのつながりを様々なかたちで維持している．これはアメリカのほかのマイノリティー（黒人・アジア系）にはみられないヒスパニック移民の大きな特徴とされ，トランスナショナリズム（transnationalism）と表現されることもある．

以上のように，アメリカへの越境者（アメリカのヒスパニック移民）の存在は，中部アメリカ地域を分析する際の重要な要素となっている．

6.2.2 地域からアメリカへの越境の状況

アメリカのヒスパニック系は，アメリカの総人口の十数％を占める最大のマイノリティーであるが，その中でもメキシコ系が3分の2の割合を占めている（図6.3）．これに次ぐのが，プエルトリコ・キューバ・ドミニカ共和国といったカリブ海地域の出身者である．また近年は中米地域の出身者が増加する傾向にあり，その中でもエルサルバドルがもっとも多く，グアテマラがこれに続いているが，中米系の移民はしばしばニューカマーと呼ばれる．南米地域については，コロンビア，エクアドル，ペルーなど北部に所在する国からの移民・出稼ぎ労働者が多くなっている．

次に，ヒスパニック系のアメリカにおける居住地域の特徴は，次の通りである（図6.4，6.5）．メキシコや中米からの越境者は，主としてアメリカの西部・南部に集中している．とくにメキシコの場合には地理的な近接性からカリフォルニア州などの西部が多くなっている．これに対して，中米系の場合には，西部だけでなくテキサス州などの南部にも分散している．一方で，カリブからの越境者は，全体的にみてアメリカの北東部が多くなっている．ただし，キューバからの越境者は，

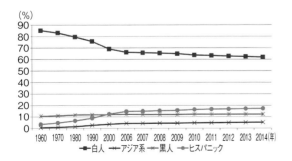

図6.2 アメリカ社会におけるヒスパニックのプレゼンスの増加
（Pew Hispanic Centerのデータベースより作成）

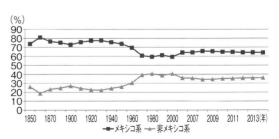

図6.3 ヒスパニックにおけるメキシコ系のシェアの推移
（Pew Hispanic Centerのデータベースより作成）

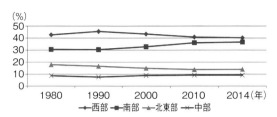

図 6.4 ヒスパニックの居住地域（地域別）
（Pew Hispanic Center のデータベースより作成）

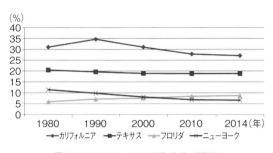

図 6.5 ヒスパニックの居住地域（州別）
（Pew Hispanic Center のデータベースより作成）

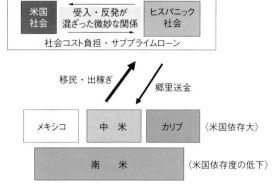

図 6.6 アメリカのヒスパニックが直面する問題

1950年代末から1960年代初頭のキューバ革命の影響で，母国を追われたキューバ人がフロリダ州に多く亡命したことから，圧倒的に南部に集中している．

6.2.3 越境先のアメリカ社会で直面する問題

越境先のアメリカ社会で直面する問題は様々なものがあるが（図 6.6），以下ではその事例としてサブプライムローンの問題について説明したい．

2000年代以降のアメリカ経済において，2001年の同時多発テロや不正会計による大企業の倒産が相次いで不透明感が増す中で，アメリカの中央銀行は低金利政策に転じた．そして，アメリカの不動産への投資が増加して全国的な土地バブルが発生，不動産価格が右肩上がりになる状況が発生した．

この中で，相対的に信用度の低い所得層へのローン（サブプライムローン）の供与が急増した．最初の数年間は低金利および返済大幅軽減というステップアップ返済の条件でローンが供与されることで，従来借入による持家が困難な層に対しても金融機関による供与が可能になった．

不動産価格の右肩上がりを前提とした場合には，債務不履行となっても貸し手は不動産処分で回収が可能であることから，安易な貸し付けが増加した．また，金融機関のローンは，供与し証券化をすることによって自分の銀行のバランスシートから外れるため，金融機関にとっては慎重な貸し出しを行うというモラルが低下することとなった．さらに，サブプライムローンが証券化されて所有者が世界中に拡散することとなったために，借入人による金融機関の訴訟や返済の条件交渉は事実上不可能となった．

これが2000年代末頃に世界を揺るがしたグローバル金融危機の概要であるが，その発端となったのがサブプライムローンであり，その借り手の中にはアメリカに在住する多くのヒスパニックが含まれていたことをあらためて強調しておきたい．

6.2.4 スペインへの越境の状況
—アメリカへの越境との比較

次に，スペインへの越境の状況についてみてみたい．中部アメリカ地域からスペインへの越境はアメリカと比較すると割合は少ないが，中部アメリカ地域にとっては重要な問題である．アメリカへの越境との比較という観点からも，ラテンアメリカからスペインへの越境について概観する．

スペインは，歴史的には移民の送出国であった．1970年代のEC（現在のEU）加盟や1990年代のユーロ参加が成長の大きな弾みとなってきたが，それまではもっぱら欧州域内でも移民の送出国として位置づけられていた．ところが，2000年代の建設・不動産ブームによる労働者不足が顕在化する中で，欧州域内だけでなく，ラテンアメ

リカ・北アフリカなど域外地域からも労働者を積極的に受け入れるようになり，移民の受け入れ国に転換することとなった（図6.7）．現時点では，スペインにおける外国人居住者数は約600万人であるが，これは国全体の人口の約8分の1に相当する水準となっている．

1990年代後半〜2000年代にかけてのスペインの好景気の背景には不動産バブルがあった．マドリードだけでなく，カタルーニャ，バレンシア，アンダルシアといった地中海岸に面している州を中心に，2000年代の初頭から半ばにかけて不動産関連の貸し出しが急激に増加し，不動産価格が大きく上昇した．ただし，バブルの影響については地域ごとにバラつきがあり，バスクのように影響が限定的な地域もあった．

この中で労働者不足が顕在化し，2000年代に入ってからは欧州からだけでなく，ラテンアメリカ・北アフリカ地域などからも外国人労働者を積極的に受け入れるようになった．スペインへの移民が多い国は，欧州地域ではルーマニア，モロッコ，イギリスといった国々である．モロッコ，イギリスの場合には，距離的な近さが大きく影響しているとみられるが，ルーマニアの場合には，言語の類似性（ルーマニア語は，スラブ系の言語が中心の東欧の中では例外的に，スペイン・イタリア・フランス語と同じロマンス語系統に属している）に加えて，政府が政策的にスペインへの移民を促進してきた要因も大きいと考えられる．

このような中で，2000年代になってコロンビア，エクアドルなどの南米地域の国々を中心にスペインへの移民が急激に増加した（図6.8）．なおスペインへの出稼ぎは，南アメリカに比べると中部アメリカからは相対的に少ない．

ラテンアメリカでは，1990年代末のブラジルの通貨危機や2000年代初頭のアルゼンチン債務危機などの混乱の影響もあって，2000年代前半までは地域経済が低迷していた．この中で，歴史的にスペインと関係の深いコロンビア，エクアドルなどから，好況で人手が不足するスペインへの移民が急激に増加した．

しかしながら，このような外国労働者受け入れによる人手不足の補完という成長モデルは，2008年のグローバル危機や2010年以降のユーロ危機の中で根本的な見直しを迫られることとなった．2010年代になってからは住宅ローン返済に延滞が生じている住居者の強制立ち退き（スペイン語でdesahucios（デサアウシオウス））が深刻化して大きな社会問題となった．このような状況で移民も大きな影響を受けることとなったが，これは，アメリカのサブプライムローン問題と類似している．

6.3 郷里送金

6.3.1 郷里送金の重要性

郷里送金（remessa：レメッサ）とは出稼ぎに行った労働者が残された家族向けに定期的に行う送金を指しているが，出稼ぎ先が国外の場合には資金の流れが国境を越えたものとなる．

2000年代に入って，郷里送金に対する関心が世界的に高まってきたが，この要因はおおむね以下の3つに要約できる．第一が巨額な資金フローとしての重要性である．1990年代以降の経済のグローバル化とヒトの移動増加で大きく増加して，途上国にとっては直接投資に次ぐ外貨獲得源

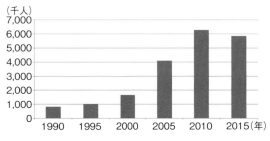

図6.7 スペインにおける外国人居住者数の推移
（国際移住機関データベースより作成）

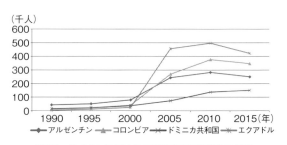

図6.8 スペインにおける中南米系の居住者数の推移
（国際移住機関データベースにより作成）

になった．第二が，貧困対策資金としての重要性である．ODA予算の見直し，国際金融機関の役割への批判の議論が高まる中で，家計に直接資金が行きわたる資金源としてあらためてその意義が見直されることとなった．第三が，テロ対策強化の流れである．2001年9月のアメリカでの同時多発テロ後のテロ対策強化と国境を越える各種資金フローの把握強化が国際的な課題として重要さを増すようになった．

ラテンアメリカにおいては，郷里送金の受け取りは外貨獲得源として極めて重要な位置を占めている．とりわけ中部アメリカの国々では依存度が高くなっているが，以下で地域の状況について概観しておきたい．

まずメキシコについては，送金受け取り額の大きさは新興途上国の中でも最大規模（アジアではインド，フィリピンが大口の送金受け取り国）である．また，メキシコ系はアメリカ在住ヒスパニックの3分の2を占め，これはアメリカ全体の人口の約12分の1にも及ぶ水準となっている．このようなヒスパニック移民におけるメキシコ系の存在の大きさや郷里送金の大きさはアメリカとメキシコの結びつきの深さを象徴するものともいえる．

メキシコは国際収支面では貿易・サービス面での収支が経常的に赤字となっているが，これを郷里送金の受け取りで埋めてきた．メキシコ経済において国内消費を分析する際には，郷里送金の動向が重要な要素となっている（図6.9）．

中米地域では主要な輸出品が一次産品（コーヒー，バナナ）に限られる中，郷里送金への依存度はのきなみ高く，貿易収支の赤字を埋めるのに重要な役割を果たしている．輸出においては，繊維（マキラドーラ特区を通じての輸入と加工輸出）・コーヒー・バナナが主要な品目となっている．中米地域は，これらの輸出産業以外は国際競争力のある産業を欠き，出稼ぎ労働者による郷里送金は重要な外貨獲得源となっている．

カリブ海地域の主要3カ国では郷里送金への依存度が極めて高く，とくにハイチ，ジャマイカ，ドミニカ共和国といった国々では，外貨獲得源が

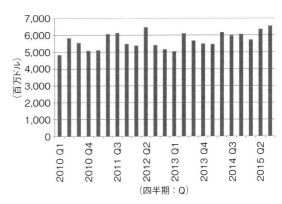

図6.9　メキシコの郷里送金の推移
（米州開発銀行のデータより作成）

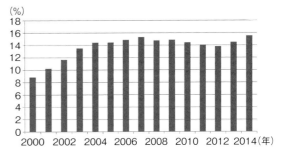

図6.10　ジャマイカの郷里送金の推移（対GDP比）
（米州開発銀行のデータより作成）

極めて限られているために郷里送金が経済において重要な割合を占めている．ジャマイカの例を図6.10に示す．

6.3.2　郷里送金に依存する長所・短所

地域にとっての郷里送金の重要性は以上でみたとおりであるが，本項では郷里送金に依存することの長所と短所について考えてみたい．

まず郷里送金の長所は，その安定性にある．直接投資・間接投資・外国からの援助といったほかの資金フローと比較した場合に，郷里送金は安定的に祖国に送られることが期待される．また，このような安定性は当該国の経済開発といった点からみても，貧困層が多く含まれる家計に消費資金が直接行きわたるという意味で重要である．

短所としては，送金を受け取った家計がその大半を消費支出に使用するために，生産向上のための投資につながらないという点である．これは郷里送金依存の問題として，「郷里送金のオランダ病」（コラム参照）とも呼ばれる．郷里送金に依存することが自国の経済成長にマイナス効果を及ぼ

す経路は，おおむね以下のようなものである．

① 自国労働者が他国に出稼ぎ労働に出る事態が恒常化することは一種のモラルハザードであり，自国での労働に対するインセンティブが縮小する．

② 国内労働市場が空洞化することによる長期的な成長率低下，残された家族の負担などの社会的な問題も無視できない．

③ 郷里送金の受け取り資金の大半が消費に回るため，将来のための生産的な投資に充当される部分が限られている．また一般的に技術移転をともなう直接投資と比べて，投資増加や生産性向上の促進効果は限られている．

④ 送金が増えることで受け取り国の通貨価値が強くなる結果（送金を受け取った家族はドルを売って現地通貨を買う必要があるため，ドル安現地通貨高が進む），送金の自国通貨換算の手取り額が減る，自国で競争力のある産業セクターが縮小する．

このような点を踏まえて，郷里送金を投資プロジェクトなどに振り向けることが開発戦略上の課題になっている．

6.3.3 郷里送金をめぐる課題と政策対応

2001年9月の同時多発テロ以降，アメリカに出入りする資金フローの把握にアメリカ金融当局がとくに敏感になってきた．アメリカに出入りする郷里送金の把握・管理が国際的に重要な問題として浮上する中で，IMF・世界銀行・米州開発銀行といった国際機関においても，郷里送金についての実態把握，各種データの整備・推計などの調査の蓄積が進んだ．

アメリカでは，銀行口座をもたない人々（unbanked：アンバンクト）が多数存在し，銀行経由の送金が利用できないため，各種の送金業者に高い手数料を払って本国宛送金を行っているという実態がある．郷里送金のためのコストが依然として高いことがその増加を阻害する大きな要因となっていることが指摘され，送金のコスト引き下げが重要な政策課題になってきた．この対応として，送金マーケットへの参入・競争促進による手数料の引き下げ，マネー・ロンダリングやテロ

対策の観点から送金取り扱い業者に対する適正な監督の強化といった，当局による政策面の関与も求められるようになってきている．

以上のような事情もあって，郷里送金についての研究は，マクロ的な効果，オランダ病の問題，実態把握・統計整備，送金業者への監視・手数料の水準など実務面まで含めて，多岐にわたるものとなっている．

6.3.4 地域のドル化政策との関連

ラテンアメリカでは，1990年代後半以降，公式ドル化政策（自国通貨を廃止してドルを法定通貨とする政策，以下ドル化政策と略する）についての議論が活発に行われてきた．このような状況で，2000年初頭にエルサルバドルとエクアドルがドル化に踏み切ったが，このドル化の問題は郷里送金とも密接な関係があるので，ここでその関連について説明しておきたい．

ドル化政策採用のメリットは，以下のような点である．第一は，自国通貨がなくなるため，通貨の切り下げリスクがなくなる点である．第二は，通貨交換取引に伴う不確実性・リスクの軽減，取引費用が節約できる点である．第三は，国内のインフレ率低下，国内金利の低下が期待できるといった点である．これに加えて，ドル化政策の場合には，政権与党が将来的に交代した場合の，野党の政策遂行の自由度を縛るというロックイン効果も重要である．エルサルバドルやエクアドルの両国のドル化の過程では，政治的な不安定から経済政策を安定させるという動機も強く働いていた．

一方デメリットは以下のような点である．第一は，通貨主権の放棄と自国金融政策の独立性の放棄をともなうという点である．第二は，通貨当局にとって通貨発行益（シニョリッジ）を喪失するという点である．第三は，金融セクターにおける最後の貸し手としての機能がなくなる点である．第四は，為替レートの変動を通じた調整機能がなくなる点である．

ドル化を行うと，自国通貨の発行量を機動的に調整できないために，安定的に外貨であるドルを稼いでいくことを余儀なくされる．このような安定的なドルの獲得源として重要であったのは，郷

里送金の受け取りである．エクアドルは郷里送金以外にも石油収入があり，また100年以上にわたってドル化を続けてきたパナマは運河収入といった安定的な収入源を確保している．このような中で，資源に恵まれないエルサルバドルにとって，郷里送金の存在がドル化に踏み切る条件となったことをあらためて強調しておきたい．

エルサルバドルはドル化したことによって国の信用度が相対的に向上し，ドル化政策が10年以上にわたって続いていて，後戻り（自国通貨の再導入）も事実上困難になっている．こういった中で，アメリカとのDR-CAFTA（中米諸国とアメリカの自由貿易協定）の締結，アメリカへの労働移動と郷里送金の増加でアメリカ経済との一体化がいっそう進展している一方で，郷里送金の依存とドル化政策の定着により，アメリカへの依存がいっそう高まっている点も見落としてはならない．

● 6.4　おわりに—ヒト・カネの移動の意義

最後に，中部アメリカ地域におけるヒトとカネの移動について，米州全体からみた位置づけや歴史的な大西洋世界の一体化，現代の経済社会のグローバル化といった視点から意義を考えてみたい．

6.4.1　米州システムにおける 安定装置としての人口移動

20世紀に入ると独立後のラテンアメリカの経済に大きな影響を及ぼしていたイギリスの覇権に陰りがみられるようになった．一方で，アメリカは国内での開発を終えて中米・カリブ海地域に影響力を拡大し始めており，第一次世界大戦でイギリスの没落とアメリカの台頭の流れは決定的なものとなった．さらに第二次世界大戦後は，中米・カリブを含む中南米地域におけるアメリカの影響力が決定的となった．以降の米州システムとは，同地域における反共体制（国家間の軍事協力やアメリカによる域内諸国への種々の支援など）を意味していた．

その後，1980年代には，累積債務問題や中米紛争などの混乱の中で，ラテンアメリカでは経済の構造改革へ向けた動きや民政化の流れが定着するようになった．1990年代に入ると，この流れの中で新自由主義的な改革がラテンアメリカ各国で推進され，米州全体でも米州自由貿易構想の推進の気運が高まるなど，一体感が醸成されるようになった．

ところが2000年代に入ると，2001年の同時多発テロによってアメリカにとってのラテンアメリカの外交上の優先順位が大きく低下し，そのような中で2002年に発生したアルゼンチンの債務危機とそれにともなう域内の混乱もみられた．2000年代の半ば頃には南米諸国での左派政権の成立が相次ぎ，政治的な独立志向を強める中で，米州システムの亀裂がしばしば指摘されるようになった．

他方で，2000年代になってからは1990年代のグローバル化の延長線上としてモノ・カネだけでなくヒトの国際的な移動も活発化し，出稼ぎ労働・移民と郷里送金が重要な役割を果たすようになってきた．とくに中部アメリカでは，郷里送金が一次産品やマキラドーラに代わる外貨獲得源の柱として恒常的な貿易赤字を補填する役割を担っており，一次産品依存に代わって「ヒトの輸出」依存の体制に陥りつつある．このように，米州域内では，中部アメリカを中心に「国際労働移動の恒常化 → 郷里送金の増加 → 通貨体制の安定化・依存体質の固定化」という循環・体制が定着している状況にある．

2008年のグローバル金融危機でアメリカ経済が大きく影響を受ける中で，国際労働移動・郷里送金が一時的に減少するといったかたちでこの体制に動揺がみられたが，それでもなお郷里送金が米州システムの中の安定装置として作用しているという基本的な構造自体は変わっていない．

6.4.2　米州システムの補完としての スペインへの人口移動

ラテンアメリカからスペインへの移民と郷里送金は，このような米州システムの補完的な要素としても位置づけられる．スペインの場合には，1国だけでアメリカのようにラテンアメリカから多くの移民を吸収して政治的に安定させることは現

実には難しい．スペインの 2000 年代の成長の中で，ラテンアメリカからはアンデス地域を中心に移民受け入れが急増した．

アンデス地域にとってスペインは，スペイン語という共通言語でのつながりに加えて，文化的な同質性も高い．この意味で，アメリカを補完しうる労働移動の目的地であり，アメリカへの過度の依存を避けるリスク分散にもなっていた．アメリカでは英語が公用語であるためにスペイン語話者はヒスパニック移民として区別されているが，ラテンアメリカからの移民はスペインでは，「ヒスパニック移民」というかたちで特別扱いされることもない．

またメキシコをはじめとして中米・カリブ海地域からアメリカへの移民の流れが続いたことで，飽和感もみられた．これらの点で，新たな移民先開拓という観点からラテンアメリカからスペインへの移民は大きな意義をもっていた．

しかしながら，2008 年のグローバル金融危機以降は，このような外国人労働者の受け入れによる人手不足の補完という成長モデルが大きな見直しを迫られてきた．スペインは労働市場での抜本的な構造改革を余儀なくされる中で，米州システムの補完という役割は弱まっている．

近年のスペインでは，住宅ローン返済に延滞が生じている住居者の立ち退きが社会問題となり，移民も大きな影響を受けている．これはアメリカでも移民が住宅を購入したものの返済できないことが社会的な問題となった状況と類似している．

スペインでは，低所得者層向けの住宅購入のためのローンや，その促進要因となった金融機関による証券化が必ずしもアメリカのように大規模に行われたわけではない．ただし，スペインのバブルでも，貸し手の金融機関が安易に貸し出しを拡大して，移民を含む借り手が楽観的な見込みにもとづいて住宅ローン借り入れを行ったという点では共通している．いずれにしても米州システムの補完的な位置づけにあったスペインの先行きをめぐる不透明感は，依然として強い状況にある．

6.4.3　歴史的な意義

以上を踏まえて，中部アメリカからの米州や欧州への人口移動とそれにともなう資本移動について，歴史的な視点から問題の意義をあらためて考えてみたい．

世界史における近世は，中世のヨーロッパ世界が拡大して，ラテンアメリカを植民地化していく時代と位置づけられる．西ヨーロッパでは産業革命が進展する一方で，それ以外のラテンアメリカやアジアなどの地域が西ヨーロッパとの分業体制に組み込まれていくことは，近代世界システムの成立とも呼ばれる．

また，大西洋が一体化を強めていくことは，アメリカの独立革命・フランス革命・ラテンアメリカ諸国の独立といった一連の関連する歴史的な事象につながるが，これは環大西洋革命とも表現される．さらに，19 世紀は，欧州からアメリカへの移民が活発になるなど，移民の世紀として位置づけられる．現代の地球社会の形成において，大西洋を中心とした世界の一体化が先導的な役割を果たしてきたというのが，現在の世界史の一般的な認識となっている．

このように世界史的な観点からみると，「近代世界システム」，「環大西洋革命」，「移民の世紀」といった事項が地域にとってのキーワードとして位置づけられる．本章でとりあげたヒトと資本の移動は，グローバル化の進展や世界の一体化の現代的な形態として，これらのキーワードの延長線上の文脈でとらえることもできよう．このように，地域のヒトと資本の移動の問題を，世界史的な視点やグローバル経済社会の一環として据えることの重要性をあらためて強調することで，本章の締めくくりとしたい．　　　　　[松井謙一郎]

引用・参考文献

宇佐見耕一ほか（2009）：図説ラテンアメリカ経済，日本評論社．

大泉光一・牛島　万編著（2005）：アメリカのヒスパニック＝ラティーノ社会を知るための 55 章，明石書店．

ジェトロ・アジア経済研究所，黒岩郁雄ほか編（2015）：テキストブック開発経済学〔第 3 版〕，有斐閣．

高橋　均・網野徹哉（2009）：世界の歴史 18 ラテンアメリカ文明の興亡，中公文庫．

ハンチントン，S. 著・鈴木主税訳（2004）：分断されるアメリカ，集英社．

坂東省次編著（2013）：現代スペインを知るための60章，明石書店.

松井謙一郎（2009a）：中南米地域の郷里送金とオランダ病. 国際金融，1198：46-56.

松井謙一郎（2009b）：中南米地域のドル化政策分析の視点—国内の政治状況と郷里送金の要因の重要性. 国際金融，1207：48-57.

松井謙一郎（2010）：エルサルバドルの公式ドル化政策に関する政治経済学的考察—政策のロックイン効果に焦点をあてた分析. ラテン・アメリカ論集，44：89-106.

松井謙一郎（2011a）：中米から米国への労働移動が中米の

ドル化に及ぼす影響. イベロアメリカ研究，63：1-21.

松井謙一郎（2011b）：中南米の通貨制度における安定装置としての郷里送金—米州システムの視点に基づく役割の考察. ラテンアメリカ・カリブ研究，18：1-14.

松井謙一郎（2013）：ユーロ危機の諸相③（移民と住宅ローン問題）—スペインの移民と米国のヒスパニック移民の比較を中心に. 国際金融，1249：32-40.

松井謙一郎（2014）：中米諸国の経済発展戦略の二極分化. 国際金融，1261：49-57.

ラテン・アメリカ政経学会編（2014）：ラテン・アメリカ社会科学ハンドブック，新評論.

コラム　オランダ病とは何か

　ある国が郷里送金への依存度を強めることの問題点は，「郷里送金のオランダ病」とも表現される. 資源に恵まれた国が資源産業に依存することの典型的な問題であるオランダ病とは，そもそもどのようなことを意味するのであろうか.

　オランダは，一般的に資源に恵まれている国とはいえないが，1960年代に北海で石油が発掘されたことで経済状況が大きく変化することとなった. 1970年代の石油危機の際には石油収入によって国庫が豊富になったことを背景に，社会福祉制度が充実したものとなった. しかしこのような社会福祉制度の充実は，景気が悪化した際には財政の重荷となり，経済を圧迫することとなる. また石油産業以外の産業の競争力が低下することは雇用にも悪影響を与えることになり，社会保障制度を持続的に充実させることは難しくなる.

　このような問題は決してオランダに固有なものではないが，イギリスの経済誌が使用した言葉が，このような事象を指す用語としてその後一般的に定着することとなった. オランダ病の本質は，「資源産業の恩恵は，一国の経済発展にとって短期的にみればプラスであるが，長期的にみるとマイナス」ということである. 資源産業（とくに石油産業）は長期的に様々な弊害をもたらすことが一般的に指摘されており，これは「資源の呪縛」とも呼ばれる.

　自国通貨が必要以上に強くなるという為替の問題については，日本での円高がわかりやすい. 自動車産業などの製造業の国際競争力が強いために，日本の輸出

が増加して円高が進行すると，それによってほかの産業の輸出競争力が低下して打撃を受けるといった局面を私たちはたびたび経験してきた.

　オランダの例に戻ると，石油の産出量増加によって石油やそれに関する産業は大きな利益を享受するようになる. この中で国外向けの輸出が増えるが，一般的に輸出の対価は国外から外貨で受け取ることになる. この外貨は外国為替市場で自国通貨に換えて使用されるため，自国の通貨価値が相対的に上昇することになる.

　他方で，石油以外の産業については産業の国際競争力が特段強まったわけではないのに，為替が自国通貨高になることは輸出対価の手取り（自国通貨建てでみた場合の受け取り額）の減少につながり，結果的に競争力を弱めることとなる. これは資源配分の歪みをもたらすとともに，資源が豊富な産業に投資が集中し，国によっては飛び地経済が形成されることにもなる.

　また通常，資源産業は国営企業などを通じて独占的に運営されるが，これは国営企業の独占と非効率化，国営企業の経営への政治の介入などを招く傾向がみられて経済発展上の問題ともなる. 国によっては，独占的な政治体制を維持するために資源産業の収入が使われることもあり，政治的な面でも問題が生じる.

　このように，オランダ病の問題は，一国の長期的な経済発展はいかにして達成されるかという文脈において，経済発展や開発の問題の重要な論点となっている.

［松井謙一郎］

7 貧困と社会格差
——データから確認する厳しさ

　本章では中部アメリカのうち中央アメリカ諸国に関し，貧困と社会格差についてデータをみながら概説を行う．まず，各国の所得に注目して貧困の様相をみる．貧困率，貧困ギャップ率，2乗貧困ギャップ率の概念を解説しながら，各国の貧困の様相を明らかにする．次に，所得だけでなく多元的な貧困指標（公共設備の普及，通信へのアクセス，平均寿命，教育）で各国をみていく．貧困の次は社会格差や不平等に注目して調べる．不平等を測る指標として，一国内でもっとも豊かなグループの所得をもっとも貧しいグループの所得で割った値や，ジニ係数を採用し，各国の動向をみる．あわせて，所得分配の背景にある資産分配を土地や教育と関連づけて述べる．最後に，貧困の地理的分布，貧困と組織犯罪，貧困緩和に向けた取り組みを展望する．

7.1 貧困の様相

　中央アメリカは，貧困が厳しく，かつ所得と資産分配の不平等が激しい地域である．まず，表7.1に登場する貧困率，極貧率，貧困ギャップ率，2乗貧困ギャップ率などの専門用語について解説しておこう．これらの統計用語は貧困を要約する一般的な指標だからである．

　そもそも貧困とは，人間らしい最低限の暮らしを達成できていない状態と考えることができる．では，人間らしい最低限の暮らしとはどんな暮らしのことだろうか．貧困とは様々な定義で考えることができ，後に解説するように様々な角度から貧困を考えることが現在の主流である．とはいえ，衣食住に足る最低限の消費ができるというのが最低限の暮らしだろう．すなわち，貧困とは衣食住において最低限の暮らし（これを金額ベースで測定して貧困線を設ける）に達する消費ができていないことをいう（もしくはそれを得られない所得水準である状態を指す）．極貧については通常，衣食住の食にだけ焦点を当て極貧線を設定して，最低限の暮らしに達する消費ができていないことをいう．

　貧困率とは，国の中でどれだけの人口（もしくは家計）が所得において貧困線（衣食住における最低限の暮らしを提供する所得）に達していないかを測った割合のことである．また極貧率とは，同様の考えを極貧線（食において最低限の暮らしを提供する所得）について測った割合のことである．常に貧困率は極貧率より大きくなる．表7.1では家計単位の貧困率と人口単位での貧困率が示されているが，通常，貧困家計においては一世帯の人数が多いため，人口単位の貧困率（もしくは極貧率）のほうが大きくなることが普通である．

　貧困率で中央アメリカ各国を比べると，コスタリカとパナマはラテンアメリカ全体よりも貧困率が低い．また，両国では2000年代の初頭から貧困率が減少してきており，これはラテンアメリカ全体の傾向とも一致している．エルサルバドルやホンジュラスはラテンアメリカ全体よりも貧困率は高いが，同じく2000年代の初頭から貧困率は減少傾向にある．ニカラグアも同様であり，2014年の家計調査による現地統計機関による調査では，2009年よりも貧困率が下がったことが報告されている．一方で，グアテマラはラテンアメリカ全体よりも貧困率が高く，かつ貧困が悪化していることがみてとれる．このように，中央アメリカ各国の貧困は同じ傾向にあるわけではない．

　貧困率を劇的に低下させたのはパナマである．高い経済成長を達成したパナマ経済は都会において非熟練労働者の雇用機会をつくりだし，多くの貧困者に雇用を与えた．また農村では，政府が資金移転を行い，貧困削減を支援した．この意味で，パナマは包摂的（inclusive）経済成長をなし遂げているといってよい．

　これに対して貧困が高まっているのはグアテマ

表7.1 中央アメリカ各国の貧困統計

| | 年 | 貧困 | | | | 極貧 | | | |
| | | 家計 | 人口 | | | 家計 | 人口 | | |
		貧困率	貧困率	貧困ギャップ率	2乗貧困ギャップ率	極貧率	極貧率	極貧ギャップ率	2乗極貧ギャップ率
コスタリカ	2002	18.6	20.3	8.4	5.2	7.7	8.2	3.9	2.7
	2010	16.0	18.5	6.8	3.8	5.8	6.8	2.7	1.7
	2013	15.6	17.7	6.9	4.0	6.4	7.2	3.1	1.9
	2014	16.4	18.6	7.1	4.0	6.7	7.4	2.9	1.8
エルサルバドル	2001	42.9	48.9	22.7	14.0	18.3	22.1	9.5	5.7
	2009	41.8	47.9	19.4	10.5	14.1	17.3	5.7	2.7
	2013	35.5	40.9	14.9	7.4	10.1	12.5	3.5	1.5
	2014	35.9	41.6	14.6	7.2	10.3	12.5	3.5	1.4
グアテマラ	2002	52.8	60.2	27.7	15.4	26.9	30.9	10.7	5.5
	2006	46.7	54.8	25.5	15.2	22.7	29.1	11.3	5.8
	2014	60.5	67.7	33.1	20.1	38.5	46.1	19.1	10.3
ホンジュラス	2002	70.9	77.3	45.3	31.2	47.1	54.4	26.6	16.2
	2010	63.3	69.5	39.3	26.9	39.8	45.9	22.9	14.5
	2013	69.0	74.3	43.3	30.2	45.0	50.5	25.5	16.4
ニカラグア	2001	63.0	69.4	37.1	24.5	36.5	42.5	19.2	12.0
	2009	52.0	58.3	26.1	15.2	25.1	29.5	11.7	6.3
パナマ	2002	30.0	36.9	16.8	10.2	14.4	18.6	7.6	4.3
	2010	19.3	25.7	10.6	5.9	8.9	12.6	4.6	2.3
	2013	17.4	23.1	10.1	6.1	8.7	12.2	5.3	3.1
	2014	16.2	21.4	9.6	6.0	8.1	11.5	5.3	3.2
ラテンアメリカ	2002	36.1	43.9			14.6	19.2		
	2010	23.9	31.1			9.1	12.1		
	2013	21.6	28.0			8.8	11.8		
	2014	21.7	28.2			8.8	11.8		

(CEPAL/ECLAC, 2016 より作成)

ラである．先住民が社会的に疎外されてきたグアテマラの貧困は大きく先住民と非先住民の違いに影響されている．農村に住みインフォーマル部門に従事し，栄養と公衆衛生に恵まれない先住民の貧困率は高い．対照的に，都市に住みフォーマル部門で働き，栄養と公衆衛生に比較的に恵まれている非先住民の貧困率はより低い．教育についても大きな差が存在しており，低い経済成長ばかりでなく社会的排除がグアテマラの貧困に大きな影響を与えている．

　次に，貧困ギャップ率をみてみよう．貧困ギャップ率とは，貧困線に満たない貧困者の消費（もしくは所得）を貧困線からの距離で測り，この距離を貧困線で割った数値の国平均を100倍した値である．すなわち，貧困者がどのくらい貧しいかという貧困の「深さ」が測れることになる．一般に，貧困率が低い国では，貧困者も貧困線の近く

に位置していることが多いので，貧困の深さは小さいことが多い．コスタリカやパナマの貧困ギャップ率が低いのはそのためである．続いて，エルサルバドル，ニカラグア，グアテマラ，ホンジュラスの順番で貧困ギャップ率が高くなっていく．ホンジュラスの2013年の貧困ギャップ率は43.3であり，これは貧困者が平均でみて貧困線の4割強の消費しかできていないことを意味している．

　2乗貧困ギャップ率は，貧困者の所得と貧困線との距離を貧困線で割った数値をそれぞれ2乗した上で平均値を求めて算出される．すなわち，貧困ギャップ率が同じ場合，貧困者それぞれの貧困度合いが同じ時よりも異なる時のほうが指標が大きくなるために，貧困の「厳しさ」を表しているといわれる．表をみるとホンジュラス，次いでグアテマラにおいて貧困が厳しいことがわかる．

7.2 多元的な貧困概念

以上のように所得（消費）データを使って，中央アメリカ諸国ではホンジュラス，グアテマラ，ニカラグア，エルサルバドルの貧困が大きいことが確認できたが，はじめに述べたように貧困とは所得（消費）だけで測られるものではない．より多元的な貧困概念を考えるのが現在の主流である．

例えば，2015年9月25日に第70回国連総会で採択された「我々の世界を変革する：持続可能な開発のための2030アジェンダ（SDGs）」では，17の目標と169のターゲットがとりあげられている．17の目標の第一が貧困に関してであり，「あらゆる場所のあらゆる形態の貧困を終わらせる」と書かれている．そこでは，基礎的サービスへのアクセスから，土地や財産の所有権，相続財産，天然資源，新技術，金融サービスへの平等な権利，気候変動へのリスク軽減，ジェンダーへの配慮についてもふれられている．

まず，基礎的サービスとして水道・電気・下水道という公共設備をみてみよう（表7.2）．いずれもコスタリカでの普及率が比較的高く，ニカラグアでの普及率が低いことがわかるが，そのコスタリカにしても下水道の普及率はおよそ5割である．また，2000年と比べて普及率が下がっている場合がある．このことから，当地域全体では必ずしも普及が進んでいるとはいえないことがわかる．

次に通信へのアクセスをみてみよう（表7.3）．

人口に占めるインターネットの使用者の割合はさほど高くないものの，携帯電話の契約数は非常に高いことがわかる．

また，国連開発計画（UNDP）が毎年出版している『人間開発報告』では，人間開発指数を示している．この指標は，保健，教育，所得という開発の3つの側面を測るために，平均寿命，平均就学年数，所得から計算されている．

まず，平均寿命は2000年代初頭の推計よりも，2010年代前半の推計のほうが男女とも伸びていることがわかる（表7.4）．次に，教育年数をみてみよう（表7.5）．0～5年しか教育を受けていない，すなわち初等教育が終了していない人口の割合が低いのはパナマであり，コスタリカ，ホンジュラス，エルサルバドル，ニカラグア，グアテマラと続く．13年以上の教育を受けた割合が高いのも，パナマ，コスタリカ，エルサルバドル，ニカラグア，ホンジュラス，グアテマラの順番である．また，総じて，女性のほうが男性に比べて教育を受けた年数が低いこともわかる．

表7.3 通信アクセス指標（2015年）

	インターネット使用者比率(%)	100人あたり携帯電話契約数(件)
コスタリカ	59.8	151
エルサルバドル	26.9	145
グアテマラ	27.1	111
ホンジュラス	20.4	96
ニカラグア	19.7	116
パナマ	51.2	174

（World Bank 2016 より作成）

表7.2 公共設備普及率（全国，単位：%）

	水道		電気		下水道	
	2000	2014	2000	2014	2000	2014
コスタリカ	97.8	90.2	96.7	99.3	61.0	50.7
エルサルバドル	70.4	66.4	80.1	84.0	42.5	45.0
グアテマラ	72.7	84.6	75.8	81.8	50.2	43.9
ホンジュラス	82.6	86.8	62.1	79.2	37.4	45.3
ニカラグア	64.2	65.9	72.2	77.7	17.3	23.3
パナマ	—	—	—	—	—	—

（CEPAL/ECLAC, 2015 より作成）

表7.4 平均寿命

	2000～2005			2010～2015		
	全体	男子	女子	全体	男子	女子
コスタリカ	77.8	75.5	80.2	79.2	76.7	81.8
エルサルバドル	69.7	65.0	74.1	72.7	67.9	77.1
グアテマラ	69.1	65.5	72.5	71.5	67.9	75.0
ホンジュラス	71.0	68.6	73.4	72.9	70.4	75.4
ニカラグア	70.9	68.0	73.8	74.6	71.5	77.7
パナマ	75.6	73.0	78.2	77.4	74.3	80.5

（CEPAL/ECLAC, 2015 より作成）

表 7.5 25〜59歳の人口の教育年比率（単位：%）

	教育年	0〜5	6〜8	10〜12	13〜
コスタリカ	全体	12.4	43.5	20.1	24.0
	男子	12.2	44.9	19.6	23.2
	女子	12.5	42.2	20.5	24.7
エルサルバドル	全体	35.1	27.9	22.4	14.6
	男子	31.4	29.5	24.0	15.1
	女子	38.0	26.6	21.2	14.2
グアテマラ	全体	57.9	22.2	12.5	7.5
	男子	52.0	26.3	12.5	9.1
	女子	62.7	18.8	12.4	6.1
ホンジュラス	全体	41.9	35.1	14.5	8.5
	男子	43.5	35.2	12.4	8.8
	女子	40.5	35.1	16.2	8.2
ニカラグア	全体	42.4	30.5	15.0	12.2
	男子	41.8	31.9	14.0	12.2
	女子	42.8	29.2	15.8	12.2
パナマ	全体	9.5	32.3	29.1	29.1
	男子	8.9	35.3	31.2	24.6
	女子	10.1	29.5	27.2	33.2

（CEPAL/ECLAC, 2015 より作成）

以上のように中央アメリカ地域には，所得面だけでなく多元的にみても貧困度の高いホンジュラス，グアテマラ，ニカラグアがあるのに対して，他方で比較的貧困度の軽いコスタリカとパナマがあり，その間にエルサルバドルが位置するという状態になっていることがみてとれる．

 7.3 所得・資産分配の不平等構造

まず，格差(gap)という言葉と不平等(inequality)という言葉の違いを簡単に整理しよう．焦点は是正しようという価値判断の度合いである．社会学では，格差は価値中立的で，不平等に対して是正しようという意味合いが強いと考えることが多い．逆に経済学では，格差のほうが是正しようという意味合いが強く，不平等は価値中立的であると考えることが多い．本章では不平等という言葉を主に使うが，2つの言葉は入れ替え可能であると考えておく．

総じて中央アメリカの各国では，所得・資産分配の不平等の度合いが高い．まず，所得分配から

みていこう．表7.6にはしばしば用いられる所得分配を表す指標を掲載した．表中の五分位や十分位は，それぞれ人口を五つもしくは十に分けたグループを指す．ここでは，人口全体でもっとも貧しい人からもっとも豊かな人の順に一直線に並んでもらったとしよう．その人口全体を人数で等しく五分割した時に，もっとも貧しいグループを第1五分位（Q1）と呼び，もっとも豊かなグループを第5五分位（Q5）と呼ぶ．同じように，人口全体を人数で等しく十分割した時に，もっとも貧しいグループを第1十分位（D1）と呼び，もっとも豊かなグループを第10十分位（D10）と呼ぶ．この時に，所得分配を表す指標として，もっとも豊かなグループの所得をもっとも貧しいグループの所得で割った値で表すことができる．すなわち，Q5/Q1やD10/D1である．この数値が大きければ大きいほど，豊かな人々と貧しい人々の差が激しい，すなわち一国内の所得分配が不平等ということができよう．

表7.6によれば，ホンジュラス，グアテマラ，パナマにおいて不平等度合いが高いことがわかる．D10/D1が50前後であるということは，もっとも貧しい10%に位置する人の所得に比べて，もっとも裕福な10%の人の所得が50倍であるということを意味する．これに対して，ニカラグアやエルサルバドルの不平等度合いは高いものの，ホンジュラス，グアテマラ，パナマほどではないことがわかる．コスタリカはその中間に位置している．

これらの計り方は理解しやすく計算も簡単であるが，最貧困層と最富裕層以外の情報を使わない点，またはどこで区切って最貧困層と最富裕層を決めるかによって結論が変わる可能性があるという欠点がある．これらの欠点を克服した，所得分配を測る代表的な指標として，ジニ係数もよく使われる．ジニ係数は，幾何学的にはローレンツ曲線と対角線に囲まれる面積を分子として，対角線による三角形を分母として計算される分数であり，不平等度合いが高いほど大きな数字になる．ジニ係数によれば，不平等度合いの大きさはグアテマラ，ホンジュラス，パナマ，コスタリカ，ニ

表 7.6　所得分配

		第1五分位		第2五分位	第3五分位	第4五分位	第5五分位		Q5/Q1	D10/D1	ジニ係数
		Q1		Q2	Q3	Q4	Q5				
		第1十分位	第2十分位				第9十分位	第10十分位			
		D1	D2				D9	D10			
コスタリカ	2013	1.2	2.4	7.8	12.2	20.4	17.2	38.8	15.6	32.3	0.512
エルサルバドル	2013	1.8	3.0	9.4	14.0	20.8	15.8	35.2	10.6	19.6	0.453
グアテマラ	2006	1.0	1.8	6.2	10.4	17.8	15.2	47.4	22.4	47.4	0.585
ホンジュラス	2010	0.8	1.4	5.8	11.2	20.4	17.4	43.0	27.5	53.8	0.573
ニカラグア	2009	1.4	2.8	8.6	13.8	20.8	16.0	36.6	12.5	26.1	0.478
パナマ	2013	0.8	2.0	7.4	12.8	20.8	16.8	39.4	20.1	49.3	0.527

(CEPAL/ECLAC, 2015 より作成)

カラグア，エルサルバドルの順番になっている．

不平等が最近の問題になっているのはコスタリカである．コスタリカでは，1990～2000 年代にジニ係数で測った不平等度合いが上昇している．この原因としては，コスタリカ経済を主導する部門が，電機，医療品，IT ビジネス・サービスのような高付加価値部門に移ったことがあげられる．これらの高付加価値部門で雇用される熟練労働者の需要は高まり，建設，家事，農業などの低付加価値部門で働く労働者との賃金の差が広がった．さらに，コスタリカの教育の成果は十分ではなく，高付加価値部門で働く労働者が十分に供給されていないこともあげられる．

 7.4　資産分配の不平等

所得分配の不平等の背後には，資産分配の不平等があると推測できる．なぜなら所得とは，人が所有する資産（英語でいえば asset のことだが，ここでは金融資産だけでなく土地や技能も含む広義の資産を考える）からの収益と考えられるからである．より正確にいえば，各種の資産の量に当該資産の収益率を乗じたものが当該資産からの収益であり，個人の所得とはそれらの多様な資産からの収益の集計金額であると考えられる．中南米地域は植民地期以降，大土地所有制が横行し，大土地プランテーションが盛んであったことから，土地の資産分配が大きく偏っていることが想定される．土地からの収益は 20 世紀以降に企業に投資され，株式や預金といった金融資産における不平等を生みだす．さらに，これらの収益は子弟の教育に利用され，技能における不平等をつくりだしていくことが推測される．

土地の集中が高いことでよく知られているのはグアテマラである．2003 年の農牧業センサスによれば，土地の所有についてジニ係数を計算すると 0.84 という非常に高い数値が得られたという．

すでに検討した表 7.5 では，25～59 歳の人口の教育年比率を示している．所得分配の不平等の高いホンジュラスやグアテマラでは，教育を受けた年数が短い人々が多い．中央アメリカでは中学校でのドロップアウトが多いことが問題になっており，そこには多くの要因が関わっている．教育の供給側では，公共教育が十分に農村にまで普及しないこと（教育における量の問題），または設備や優秀な教員が行きわたっていないこと（教育における質の問題）も問題である．また，たとえ教育が高い収益を生むことが事前にわかっていたとしても，奨学金や教育ローンが未整備であれば，貧困家計は子弟を高等教育機関に送り込むことができない（金融の問題）．

教育には需要側の問題もあり，それにも様々な要因がある．初等教育で学ぶ基礎ができていないまま，中学校に入学して授業が難しくなれば学校には興味を失くし，弟妹の世話や家事の手伝い，また低賃金でも有給の仕事が与えられればドロップアウトしてしまう可能性が高くなる．女性は若年妊娠によるドロップアウトの問題もある．学校近くで犯罪や暴力が起これば，学業を続けられな

くなる場合もあるだろう．実際に，中央アメリカで中学校や高校をドロップアウトした若者にアンケートを取ってみると，勉強に関心がなくなったと答える若者が多い（Adelman and Székely, 2016）．現代はグローバル化が進み，国外との交流が盛んになる状況であり，国外からの情報もとり入れて生産に生かすことがいっそう重要になるが，そうした環境では教育はさらに大きな意味をもつ．そうなると，十分な教育を受けた人とそうでない人の間の不平等は拡大する可能性がある．ドロップアウトする確率を低くするためには，教育の質を上げることが提言されている．

さらに，学校からのドロップアウトによって中央アメリカの若者に「若年無業者（いわゆるニート）」問題が発生していることは，地域の将来に向けて暗い影を落としている．表7.7からわかるように，もっとも割合の少ないニカラグアでも14.8%を占め，もっとも多いグアテマラでは25.4%が仕事もせず，学校にも行かない若年無業者になっている．ドロップアウトによってフォーマル部門での雇用の可能性は低くなり，最終的にインフォーマル部門で就労することになれば，社会保障に恵まれず，賃金も高くないことが予想される．そして男性であれば，若年無業者は後述するような暴力組織に組み込まれる可能性もあり，また教育を受けないがゆえに技能を身につけられない可能性も高い．女性であれば，若年での結婚・妊娠・子育ての問題が発生している可能性もある．このように若年無業者は生活を不安定化し，将来の貧困を再生産する可能性もある．

7.5 不平等が発生する政治的背景

ここまで，中央アメリカで不平等が生まれる要因を資産に注目して考えてきた．そして，不平等は一方に貧困層があり，他方に富裕層がいることによって生まれることを考えると，どのようにして富裕層が富を得たのかを調べることも重要であろう．古くは，エルサルバドルに大土地を所有し，コーヒーを生産し，経済的に寡頭支配を行った14の家族の事例のように，土地所有から富を得ることが多かったが，現在では富裕層はビジネスグループの首領であり，政府と関係をもつか，もしくは政府の庇護を受けていることが多い．例えば，グアテマラのもっとも富裕な長者として知られるマリオ・ロペス・エストラダ氏は電話会社の社長として，国内の携帯電話網を握っている．ホンジュラスの富豪として知られるハイメ・ローセンサル氏は元副大統領であり，現在も政党活動を行っている．コスタリカでも元大統領のアリアス氏やフィゲーレス氏はそれぞれコスタリカ随一の裕福な家庭の出身である．このように政治と経済が密接につながっていることも，中央アメリカの特徴である．

7.6 貧困の地理的分布

貧困の地域的な分布をみるためには，貧困マップ（poverty map, mapa de pobreza）を参照するのが適切である．州や自治体の区画別に貧困率を表示させることによって，当該国での改革イニシアティブをデータ面から支援する役割がある．またどの地域に支援が必要なのかを大所高所から明らかにする役割もあり，貧困削減政策の地域別ターゲッティングを行うためにも有益である．加えて，分権化を進めるためにはどの地域が裕福でどの地域が貧しいかは重要な情報になる．一般に貧困マップは，サンプルは小さいが調査項目が詳細

表7.7　中央アメリカの若者（15〜24歳）の生活状況（2014年，単位：%）

	コスタリカ	エルサルバドル	グアテマラ	ホンジュラス	ニカラグア	パナマ
若年無業者	16.9	23.7	25.4	26.7	14.8	18.0
就労者	21.7	32.4	39.3	39.2	41.8	30.0
就学かつ就労者	11.6	8.4	10.7	8.7	24.5	10.1
就学者	49.8	35.5	24.5	25.4	18.9	41.9

（Programa Estado de la Nación, Estado de la región, 2016 より作成）

で信用度が高い家計調査を使って推計された家計所得のモデルを使い，全国をカバーしている国勢調査によって得られた変数を入れて計算された所得によってつくられることが多い．

各国では地域的な貧困の偏りがある．図7.1ではグアテマラの各県における農村地域の貧困マップ（2011年）を示した．これをみると，北部のアルタベラパス県と西部のソロラ県，およびトトニカパン県において貧困率がとくに高いことがわかる．これらの県では先住民人口の割合が多いことが知られている．より詳細な基礎自治体別の貧困マップも発表されているので，関心をもつ地域の状況を他地域と比較して検討することが容易にできる．中央アメリカの他の国では，首都より離れた国境近くの辺境地域に偏って貧困が厳しいことが知られている．

7.7 貧困と組織犯罪

中央アメリカのホンジュラス，エルサルバドル，グアテマラの3国において近年，組織犯罪による殺人が多いことが知られている．そこでは，貧困と組織犯罪の関係は複雑である．しばしば，貧困は組織犯罪の温床であるといわれるが，実は貧困率と犯罪率との間に直接的な相関関係はみられないという（狐崎，2016）．貧困と組織犯罪の関係を考えるには，中央アメリカでどのような組織犯罪があるのか，それと経済・社会・政治がどのように関係するのかを見きわめる必要がある．

中央アメリカにおける組織犯罪には，大きく2つのタイプがあるといわれており，いずれも中央アメリカからメキシコ，アメリカ合衆国にかけて活動している．第一は，南米から中央アメリカ，

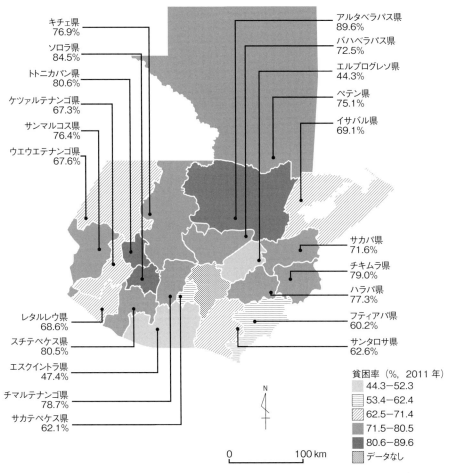

図7.1 グアテマラ農村の貧困マップ（Mapas de pobreza Rural en Guatemala 2011 を改変）
数字は各自治体（県）の農村人口（2011年）について計算されている．

そしてメキシコを経由してアメリカに向けて麻薬密輸を組織運営する越境組織犯罪（transnational organized crime：TOC）と呼ばれるもので，しばしばカルテルやシンジケートとも称される．メキシコ系のTOCが中央アメリカに浸透している．第二は，中央アメリカのほか，アメリカ諸都市まで活動が広がりつつある青少年ギャング団である．スペイン語ではマラス（maras）やパンディージャス（pandillas）と称される．1980年代に，中米紛争の難民としてアメリカ・カリフォルニア州に逃れた青少年の同胞組織に由来するとされる．

マラスについては工藤（2016）がホンジュラスからメキシコに逃れてきた少年に直接インタビューしている．少年は小学生の頃に，あるギャング団に父親を殺され，復讐の気持ちをもち始める．中学校に進学したが，学校の所在地が敵対するギャング団の支配地域に入っていたことから，通学が不可能になり，本格的なギャング生活を始めた．まずは見張り役として縄張りを守る役目を勤め，1年あまり後には縄張り内の商店や飲食店からみかじめ料を徴収する役につけられる．そして，お金を稼ぎ，よい暮らしをし始めた．しかし，17歳の時に正式なメンバーに昇格するための儀式として誰かを1人殺さなければならないことを言いわたされる．その時に彼は厳しいギャング団の規律から逃れるために国外脱出を決断し，国境を越えてメキシコに逃げ出したという．このように学校との関係，仕事との関係，さらにギャング団の規律との関係が少年の人生に作用していることがわかる．

狐崎（2016）は，深層要因と中間要因をあげて中央アメリカでの組織犯罪の根深さを指摘している．深層要因としては，第一に中央アメリカの交易中継地点としての伝統的な地理的条件，第二に非合法経済と重なりあうインフォーマル経済組織犯罪との関係，第三に，現状では治安の改善に対して市民の協力が期待できないことを指摘している．さらに，中間要因として，ホンジュラス，エルサルバドル，グアテマラの3カ国の政府が，組織犯罪に対してこれまでとってきた強硬政策が暴力状況を悪化させたことを指摘している．組織犯罪への恐怖から市民は強権的な犯罪対策を支持し，市民の支持を受けて政府は軍・警察を動員し，組織犯罪への厳罰主義に訴える．これがかえって，犯罪組織の強化と暴力の激化をもたらし，市民はさらなる厳罰主義を求めるという悪循環が生まれてきた．このように中米3カ国は過去30年以上にわたって多大な暴力の社会経済コストを負担し，安全保障の悪循環にかかったまま経済成長と人間開発が抑制されてきたという．貧困が暴力を生むというよりも，暴力が貧困を育むという状態が強まっているといえよう．

暴力と貧困の関係がもっとも強く表れているのは，エルサルバドルとホンジュラスである．両国では，暴力と経済成長の負のサイクルとでもいうべきメカニズムがみられる．すなわち，低い経済成長は所得の伸びを抑制し，相対的にギャングや暴力グループへ参加するインセンティブをつくりだす．暴力は経済においてセキュリティ費用を高め，投資環境を悪化させ，生産性の上昇を阻害する．そして生産性は経済成長に影響している．この負のサイクルからの脱却が，エルサルバドルとホンジュラスの大きな課題である．

7.8　貧困緩和に向けた取り組み

多くのラテンアメリカ諸国では，1990年代後半以降に条件つき現金給付（conditional cash transfer：CCT）政策が貧困削減の主要な政策手段として導入されてきた．CCTは一般に3つの特徴をもつとされている．第一に，貧困家庭に対して直接的に現金を給付する．第二に，貧困家庭は子弟を学校に通わせたり，定期的に健康診断を受診する代わりに現金支給を受けることができる．第三に，教育・保健・栄養に対する統合的な支援を行うことで貧困家庭に人的資本を形成し，世代を超えて貧困が継承されることを断ち切ろうとする営みである．中央アメリカでは，コスタリカにおいて「アバンセモス」（2006年開始），エルサルバドルにおいて「連帯ネットワーク」（2005年開始），グアテマラにおいて「ミ・ファミリア・プログレサ」（2008年開始），ホンジュラスにおい

て「家族支給計画」（1998 年開始），ニカラグアにおいて「社会保護ネットワーク」（2000 年開始），そしてパナマにおいて「機会ネットワーク」（2006 年開始）が行われている．

多くの CCT は教育に条件づけているが，プログラムの細部には違いがある．明確に都市と農村に分けているのはエルサルバドルの「連帯ネットワーク」である．都市では小中学校の教育について学校に行く交通費を支給するものであり，農村では教育と保健について条件つきの現金給付を行っている．中学校におけるドロップアウトを防ぐという点に焦点をあてているのはコスタリカの「アバンセモス」である．教育だけでなく保健とも関係づけているのは，グアテマラでの「ミ・ファミリア・プログレサ」やホンジュラスでの「家族支給計画」，パナマでの「機会ネットワーク」である．

これらの条件つき現金給付プログラムは，インセンティブを使って政策担当者が好ましいとする結果（学校への出席，健康診断への出席）に向かわせようとする点でパワフルな政策メカニズムであるといえよう．しかし，ほかの多くの貧困削減プログラムと同様にターゲッティングの問題（非貧困家計にも給付してしまう場合，および，貧困家計が見落とされてしまう場合）に直面し，また，現金給付であるために，票の売り買いのような政治的な腐敗がもたらされる可能性もあるので，注意が必要である．

以上の各国の貧困緩和の取り組みの前提として，政府の能力（ガヴァナンス）が重要である．世界銀行の体系的国別診断ツール（Systematic Country Diagnostic）を利用して論点をまとめてみよう．政府の能力を上げるには，その前提として人々の政府および政治への信頼の回復が重要である．その上で，犯罪の予防や組織の腐敗の是正が重要になっている．これらはエルサルバドル，グアテマラ，ホンジュラスによくあてはまるといえる．また，先住民の発展への包摂も重要な課題であり，これはグアテマラやパナマについてよくあてはまるといえる．

世界銀行によれば，中央アメリカでガヴァナンスが他地域より進んでいるコスタリカにおいては別の課題があるとされる．公共部門が十分に近代化できておらず，経済の歩みに遅れており，そのことが国家が公共サービスを実施する上での制約になっているという．コスタリカのガヴァナンスの程度は，実際のところ現在のコスタリカの社会経済の現実に対応できていないようである．より具体的には次の 5 点が課題であるといえる．第一に，国家内で権力が分散されているために政治的な行き詰まりが起こりやすく，必要な改革が実施されない．第二に，予算システムが硬直化していて，行政府が公共投資や経常支出においてイニシアティブをとる柔軟性が低い．第三に，適切な公共投資がなされていない．第四に，公共サービスの執行に非効率性が多い．第五に，公共部門が肥大化・複雑化したため，公共機関と交渉する手間が非常に高くなっている．

7.9 おわりに─貧困と不平等の緩和へ

本章では中部アメリカのうち中央アメリカ諸国について，貧困と社会格差についてデータをみながら概説した．コスタリカとパナマは貧困率が比較的低いが，グアテマラ，エルサルバドル，ホンジュラス，ニカラグアは貧困率が高い．所得だけでなく多元的な貧困指標（公共設備の普及，通信へのアクセス，平均寿命，教育）で各国をみていくと，やはりコスタリカとパナマが他の国よりいいパフォーマンスをしている．

貧困の次は社会格差や不平等に注目し，Q5/Q1 や D10/D1，ジニ係数をみると各国とも不平等度合いは高いものの，とくにホンジュラス，グアテマラ，パナマの不平等度合いが高いことがわかった．所得分配の背景にある資産分配を土地や教育についてみるとホンジュラスやグアテマラで資産の不平等が大きいことがわかる．貧困の地理的分布，貧困と組織犯罪，貧困緩和に向けた取り組みを概観し，多様な問題があることが明らかになった．

今後，本章でふれたようなデータが各国の政府機関によって調査・公開・分析され，その結果として証拠にもとづいた政策が持続的に施行される

ことによって貧困が低減し，不平等状態が緩和されることが期待されている．　　　　［久松佳彰］

引用・参考文献

工藤律子(2016)：マラス―暴力に支配される少年たち，集英社．

狐崎知己(2015)：市民の安全保障のジレンマ―中米における安全保障の多様な罠．大串和雄編著：21世紀の政治と暴力，pp.129-165，晃洋書房．

Adelman, M. and Székely M. (2016): School Dropout in Central America: An Overview of Trends, Causes, Consequences, and Promising Interventions, World Bank Policy Research Working Paper 7561.

Calvo-Gonzalez, O. and Humberto Lopez, J. (2015)：El Salvador: Building on Strengths for a New Generation, Systematic Country Diagnostic, World Bank, (License: Creative Commons Attribution CC BY 3.0 IGO).

CEPAL/ECLAC (2015)：Statistical Yearbook for Latin America and Caribbean 2015.

CEPAL/ECLAC (2016)：Social Panorama of Latin America 2015.

Koehler-Geib, F. *et al.* (2015)：Panama: Locking in Success, Systematic Country Diagnostic, World Bank (License: Creative Commons Attribution CC BY 3.0 IGO).

Ore, H. *et al.* (2016)：Honduras: Unlocking Economic Potential for Greater Opportunities. Systematic Country Diagnostic. World Bank. (License: Creative Commons Attribution CC BY 3.0 IGO).

Oviedo, A. M. *et al.* (2015)：Costa Rica's Development: From Good to Better, Systematic Country Diagnostic, World Bank (License: Creative Commons Attribution CC BY 3.0 IGO).

Programa Estado de la Nación (2016)：Estado de la región 2016.

Sanchez, S. M. *at al.* (2016)：Guatemala: Closing Gaps to Generate More Inclusive Growth, Systematic Country Diagnostic, World Bank (License: Creative Commons Attribution CC BY 3.0 IGO).

World Bank (2016)：World Development Indicators 2016.

════ コラム　中央アメリカの社会状況をよく示す映画 ════

　中央アメリカに直接に接する機会が多くない場合は，映画でその社会状況を知ることが可能である．以下に紹介する3本の映画は，比較的近年に撮影された映画であり，グアテマラの先住民の生活(『火の山のマリア』)や中央アメリカからアメリカに向かう子どもの移民の状況(『闇の列車，光の旅』，『Which Way Home』)を鮮やかに教えてくれる．

●『火の山のマリア Ixcanul volcano』，グアテマラ映画，ハイロ・ブスタマンテ監督，2015年（写真C7.1a）．

　コーヒー栽培が行われ，カクチケル語が話されているグアテマラ高地で撮影された映画である．主人公の17歳のマヤ人女性であるマリアは農業を営む両親とともに暮らしていた．彼女はコーヒー農園労働者であるペペを好いているが，両親のためにコーヒー農園現場監督であるイグナシオと結婚することになっている．ペペとアメリカに逃れることを夢見ながら，ある日，マリアはペペの子どもを宿してしまい，マリアの一家は村から排除されてしまう．一方，農園ではヘビの被害に悩まされていた．ヘビにかまれたマリアと赤ちゃんは助かるのか，現代アメリカ文化の影響と昔ながらの伝統・儀礼の中で，物語は進んでいく．グアテマラ高地で実際に撮影された映像は極めて鮮烈である．2015年第65回ベルリン国際映画祭銀熊賞（アル

フレッド・バウアー賞）受賞．

●『闇の列車，光の旅(Sin Nombre)』，アメリカ・メキシコ映画，キャリー・ジョージ・フクナガ監督，2009年（写真C7.1b）．

　監督による綿密な現地取材にもとづいたフィクション映画である．中米ホンジュラスの少女サイラは父と叔父とアメリカ・ニュージャージー州に移民しようと旅立ち，グアテマラ・メキシコ国境からアメリカ国境へと向かう貨物列車の屋根に乗る．他方，メキシコで少年ギャング団の一員になっているカスペルは，最愛のガールフレンドをギャング団のリーダーに殺されてしまう．その後，リーダーはカスペルとカスペルの弟分の2人を連れて北へ向かう貨物列車に乗り，強盗を働き，サイラを見つけ乱暴しようとする．カスペルはリーダーを殺し，そのままサイラの家族と北に向かうことになる．残されたギャングたちはメキシコ国内に広がるネットワークを使いカスペルに復讐しようとする．サイラとカスペルは国境までたどり着いたが，そこで，待ち伏せしていたギャング達と遭遇することになる．多くのエキストラを動員して撮影された本映画は極めてリアリティに富んでいる．2009年第25回サンダンス映画祭監督賞受賞（ドラマ部門）．

●『Which Way Home』，アメリカ映画，レベッカ・カミサ監督，2009年（写真C7.1c）．

この映画は，移民としてメキシコを抜けてアメリカへ入り込もうとする中米の子どもたちを追った長編ドキュメンタリー映画である．アメリカからお金を送金して母を助けようと望む14歳のホンジュラス人ケビン，ケビンの近所に住みケビンとともに移民を試みる13歳のホンジュラス人フィト，そして，メキシコ・チアパス州出身で，路上で生活する17歳のメキシコ人ユリコのことを知ることになる．2010年第82回アカデミー賞長編ドキュメンタリー部門ノミネート，2010年第62回年エミー賞受賞（Outstanding Informational Programming – Long Form）．

中央アメリカ，とくにグアテマラで顕著な先住民の問題，そして，中央アメリカからメキシコやアメリカまで大きな問題となっている移民の問題は，政治・経済・社会・文化と多面的な様相をもつために映画など動画での理解が有効である．ぜひとも視聴されることを望みたい．

［久松佳彰］

(a)  (b)  (c)

写真C7.1　中央アメリカの社会状況をよく示す映画

8 中部アメリカの地政学
——列強・大国に翻弄される国々

　地政学を扱う本章では，それぞれの時代の世界の大国に運命を左右されてきた中部アメリカという歴史的な視点から概観する．国際関係論における「大国」とは，外交における意思決定の自由度が高い国のことを指す．他国の思惑を気にせず，自由に意思決定するためには，軍事力と経済力に裏づけられた交渉力が必要になる．中部アメリカの国々は小国の集まりであり，対外的には自国の意思決定の自由度が低く，それぞれの時代の大国，つまり植民地時代はヨーロッパ列強，独立後はアメリカ合衆国からの介入との戦いの歴史であった．

8.1 旧宗主国との関係—植民地主義・帝国主義と中部アメリカ

8.1.1 ヨーロッパによる植民地拡大と帝国主義

　中南米全体の地図でみれば，中部アメリカに属するメキシコから中米地峡，およびカリブ島嶼は，ごく小さな地域にみえる．中でもカリブ島嶼は，もっとも大きなキューバ島にしても日本の本州の半分程度の面積であり，この地域が大航海時代に，とくにスペインにとって，植民地経営の基地として重視されたことを想像するのは難しい．

　当時スペインは，大西洋横断の際に，新大陸へ向かうときは貿易風，スペインへ帰還するときは偏西風を利用していた．また北大西洋海流の働きもあり，スペインから新大陸に到達するのにもっとも容易な最初の寄港地は，北米大陸ではなく，カリブ島嶼地域だった．1492年にコロンブスが最初に新大陸を「発見」したのがカリブ海地域，現在のイスパニョーラ島西部（ドミニカ共和国）であったのは偶然ではない．

　スペインは新大陸において，とくに貴金属を求めていたので，中部アメリカでもっとも重要視されたのは，いまも銀の生産国として世界一を誇るメキシコである．金については，新大陸でもっとも産出したのはペルーで，その次がメキシコであった．ただし上記の海流や偏西風などの関係で，新大陸で集められた金や銀は，いったんカリブ海のキューバにあるハバナ港に集められ，ハバナから偏西風と北大西洋海流を利用して，スペインに運ばれた（図8.1）．16世紀からハバナに建設された数多くの要塞（写真8.1）や，夜間（午後9時）に号砲とともに港を閉鎖する慣習は，新大陸全体から集められた貴重な積荷を，イギリスやオランダの王室が雇った海賊や私掠船から守るための制度であった．

　17〜18世紀には，中部アメリカの中でもカリブ島嶼部の植民地で，砂糖とコーヒーの生産が始まった．亜熱帯および熱帯に属するこれらの島々で商品作物の生産を本格的に始めたのは，スペインではなくイギリスである．スペインは，当初先住民を労働力に砂糖生産を試みてはいたが，域内の先住民が強制労働や免疫のない旧世界由来の伝染病のために全滅した後は，生産を諦めている．これに対しイギリスはアフリカから奴隷というかたちで労働力を導入し，当時貴重品であった砂糖やコーヒーをカリブの英植民地で大量に生産し始め

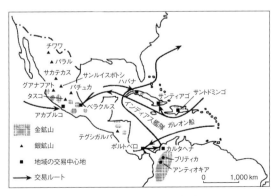

図8.1 植民地期の鉱業地域と交易ルート
（Preston, 1996を改変）

写真 8.1 ハバナ旧市街の要塞
(a) サンサルバドル・デ・ラ・プンタ要塞（2009年1月）．(b) カバーニャ要塞（2014年2月）．この日はハバナブックフェアのため，多数のキューバ人が訪れていた．

たのである．

当時イギリスはアフリカでの奴隷貿易をフランス，オランダとともに支配しており，スペインは奴隷貿易にはほとんど食い込めていなかった．このためスペインは，奴隷を用いた砂糖生産を促進することができなかったのである．スペインはもっぱら，新大陸から貴金属などの資源を収奪することに専念し，砂糖やコーヒーなどの農産物加工品を輸出する産業構造に転換するには大幅に遅れた．これに対してイギリスは，新大陸征服・植民地支配においてスペインに乗り遅れたが，奴隷を使って砂糖やコーヒーの生産を伸ばし，大きな経済的権益を獲得することで，西半球でも覇権を拡大したのである．

英領植民地の中では，バルバドスが最初に砂糖生産において世界一を達成した．ジャマイカも同様に砂糖生産を伸ばした．その後18世紀に砂糖とコーヒーの世界一の生産地になったのは，現在域内の最貧国となってしまったハイチ（当時は仏植民地サンドマング）である．ハイチが世界最初の黒人共和国として，また西半球ではアメリカ合衆国に次いで2番目に，1804年にフランスから独立すると，ハイチの農業生産は低下し，それに代わってキューバ（当時はまだスペイン植民地）が19世紀に世界一の砂糖生産国となった．キューバにおいても，砂糖生産を導入したのは宗主国スペインではなく，18世紀に2年間だけキューバを占領したイギリスであった（写真8.2）．

19世紀はキューバ・プエルトリコを除くスペイン植民地が，すべて独立した世紀である．独立戦争や独立後の政治的・経済的混乱によって，旧スペイン植民地の経済的便益が低下する中で，中部アメリカの英植民地と，スペインから独立していなかったキューバとプエルトリコが，ヨーロッパが求める砂糖やコーヒーの供給先となった．独立した新しい共和国群は，それぞれ新しい社会建設のために努力する過程で，政治的・経済的な混乱の時期を経験した．中部アメリカにおいては，その混乱の中で，対外勢力からの新たな脅威と向きあうことになったのである．

8.1.2. アメリカ合衆国の支配 ―領土拡張主義と勢力圏拡張主義

a. アメリカ合衆国の領土拡張政策（19世紀）とモンロー主義

アメリカ合衆国の帝国主義は，独立とともに自国の独立を保全する段階から，領土拡張へ，そして19世紀末からは領土ではなく勢力圏の拡張に移っていく（表8.1）．アメリカにとって最初の列強の脅威はイギリスとフランスであったので，周囲にある彼らの植民地を自国に取り込んでいった．また，アメリカと国境を接するラテンアメリカは「自国領土に取り入れなければ敵になる可能

写真 8.2 グイネスの中央広場（2009 年 1 月）
グイネスはハバナから南東 50 km のところにあり，イギリスによりキューバで最初にサトウキビ栽培が導入されたといわれる．
(b) の右の建物は教会で，当時スペインが入植すると最初に教会のある中央広場を建てたという典型的な例である．

性がある」(1799 年のハミルトン大統領の発言) とされ，彼らの領土を割譲させることが正当化された (Smith, 2013).

またヨーロッパ列強の影響力を排除するため，1823 年にモンロー大統領による「モンロー・ドクトリン（モンロー主義）」が発表され，「米州諸国は，これ以上ヨーロッパの植民地になるべき存在と見なされるべきではなく」，「彼らの政治制度をこの米州大陸に拡張することは，われわれの平和と安全に対して危険な行為であると考えるべきである」と宣言された．しかしアメリカは帝国主義や植民地そのものを否定したわけではなく，また米州における独立と民主主義（共和制）を守る盟主であると自らを定義しようとしていた．

b. メキシコとの関係

19 世紀までは，スペイン・イギリス・フランス・オランダなどのヨーロッパ列強が中部アメリカを支配したわけだが，19 世紀の領土拡張期，および 20 世紀に入る直前の米西戦争 (1898 年) を経て，アメリカがヨーロッパの地位を奪いとった．アメリカに併合されなかった米州諸国は，プエルトリコを除き，政治的にはアメリカから独立を保ったが，とくに地理的にアメリカに近い中部アメリカはアメリカの勢力圏として，軍事的・政治的・経済的に圧倒的な影響下に置かれることとなった．

アメリカは，19 世紀に領土拡張の時代を迎え（図 8.2），軍事力と外交の両方を用いて，スペインやフランスの植民地であった，ルイジアナ (1803 年) とフロリダ (1819 年) を併合した．次いで 19 世紀半ばには，スペインから独立したばかりのメキシコの領土であったテキサスやカリフォルニアを併合していく．

アメリカ合衆国政府は，ナポレオンのフランスから，ルイジアナと呼ばれていた広大な地域をわずか 1,500 万ドルで購入した．ナポレオンは当初，ルイジアナを手放す意図はなかったが，新大陸にフランス帝国を確立するためにまずハイチの独立を阻止しようとしたところ，ハイチの独立軍の予想外の強い抵抗にあい，逆に大敗してしまった．その間にナポレオンとイギリスとのヨーロッパでの対立や戦争が長引き，アメリカが新大陸でフランスに反してイギリスと同盟しないことを条件に，ルイジアナ譲渡に応じた．つまりナポレオンにとって，新世界でもっとも重要な拠点はハイチであった．前述したように，ハイチは当時，世界一の砂糖とコーヒーを生産する植民地であり，フランスはハイチの砂糖とコーヒーを欧州に再輸出して，歳入の 3 分の 1 を稼いでいたとされる．ハイチを勢力圏にとどめられなければ，ルイジアナはさほど重要ではなかったので，手放す気になったのである．

表 8.1 米国と中部アメリカの関係年表

1. 19 世紀：領土拡張期	
1803 年	ルイジアナをフランスから購入
1819 年	フロリダをスペインから割譲
1823 年	モンロー・ドクトリン発表
1845 年	メキシコ領であったテキサスを併合
1848 年	メキシコからニューメキシコ，コロラド，カリフォルニアを割譲

2. 19 世紀終わりごろから 20 世紀：勢力圏拡張期	
1898 年	米西戦争により，スペイン領プエルトリコとフィリピンを植民地化 キューバは事実上の保護領になる
1906〜09 年	米国，キューバを軍事占領
1912〜33 年	米国，ニカラグアを軍事占領
1914 年	パナマ運河完成，米国が運河を統治
1915〜34 年	米国，ハイチを軍事占領
1916〜24 年	米国，ドミニカ共和国を軍事占領

3. ルーズベルトの善隣外交政策	
1933 年	ルーズベルト大統領の善隣外交：不平等条約を改め，より対等な関係に 民主主義より通商を重視

4. 第二次世界大戦後：冷戦の枠組みでの反共政策	
1954 年	グアテマラに介入，共産主義に親和的なアルベンス政権を打倒
1959〜61 年	キューバ革命に対し，反革命勢力を支援
1960 年	ピッグズ湾事件
1961 年	「進歩のための同盟」共産主義によらない社会開発支援
1962 年	キューバミサイル危機
1981 年	ニカラグア革命打倒のため，コントラを組織 同時期に，エルサルバドルの反共政府を支援，共産ゲリラと戦う
1984 年	米国，グレナダ侵攻
1987 年	米国を抜きにした中米諸国による和平交渉「エスキプラス合意」

5. 反共から開発重視へ	
1989 年	米国のパナマ侵攻，麻薬取引の咎でノリエガ将軍を追放
1994 年	第 1 回米州サミット
2015 年	米国とキューバ，国交正常化

　アメリカがフロリダをスペインから獲得するにあたっては，まずフロリダに軍事侵攻した後，ヨーロッパでフランスとの関係に忙殺されるスペインと交渉し，スペインのテキサスに対する権益を承認する代わりに，フロリダの領有を認めさせた．ルイジアナもフロリダも，アメリカがヨーロッパ列強のパワーバランスの変化をうまく利用し，軍事力と政治・外交力をうまく使い分けて獲得したといえよう．

　メキシコのアメリカへの領土割譲は，1824 年の同国の独立と，その後の国内の混乱にアメリカが乗じたものである．メキシコでは独立直前の1821 年から 1860 年の間，大統領はほぼ毎年交代し，経済が疲弊して国庫の赤字は増大した．その機に乗じて，アメリカから，プランテーション農業経営目当てで当時のメキシコ北部，テキサス地域に入植する人々が現れた．アメリカからの入植者たちはメキシコの法律に従うよりも，彼ら独自の法律をつくりたいと望み，アメリカ政府の後押しを受けて，テキサスのメキシコからの独立を画策した．メキシコ政府はこれを防ぐために，アメリカからテキサスへの移民を禁止したが，これはテキサス独立運動を誘発した．メキシコのサンタアナ大統領は，自らテキサスへ軍を率いたが，最終的には敗北して捕虜となり，処刑されることとなった．テキサスは独立したあと，就任直後のアメリカのポーク大統領が 1845 年に併合した．

　当然ながら，メキシコ政府はテキサスの独立も，アメリカによるテキサス併合も認めなかったため，両国間の国境について紛争が起こった．国

102　8. 中部アメリカの地政学——列強・大国に翻弄される国々

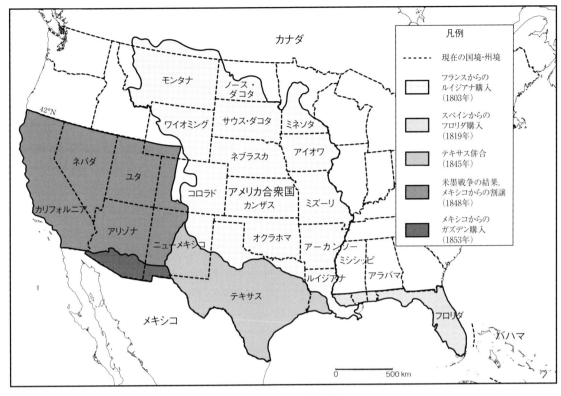

図 8.2　アメリカの領土拡張

境策定に関して両国が外交交渉を行ったとき，アメリカはテキサスだけでなく，現在のニューメキシコとカリフォルニアまで併合すると宣言し，メキシコの宣戦布告を誘い出した．これは現在ではアメリカ政府が，独立後まもない混乱するメキシコを戦争に引き込み，状況を利用してメキシコからさらに領土を獲得する意図だったとされている．1846年から始まった米墨戦争は，独立の混乱から立ち直っていないメキシコにとっては，勝ち目のない戦いだった．1848年，メキシコは現在のニューメキシコ州，コロラド州からカリフォルニア州にまでまたがる広大な領土をアメリカに割譲しなければならなくなった．アメリカは数年後，さらに現在のアリゾナ州とニューメキシコ州にあたる領土をメキシコから購入することに成功した（ガズデン購入）．

メキシコ政府，とくに保守派は，アメリカの脅威から自国を守るためには，別のヨーロッパ列強の保護を得るしかないと結論する．保守派はフランスと交渉し，オーストリア・ハプスブルク家のマクシミリアンをメキシコ皇帝につけることで解決を図った．しかし国内では共和国としての独立を重んじる自由派がこれに反対し，1867年にマクシミリアンは処刑されてしまう．アメリカの軍事侵攻と領土割譲という攻撃的な方策のため，メキシコの独立から最初の50年間は，せっかく勝ちとった独立自体を犠牲にし，再びヨーロッパの勢力圏に入ることで，アメリカの介入を抑止しなければならないほど追い詰められたのである．

c. 勢力圏の拡張

19世紀のほとんどの時期，アメリカは領土拡張政策のもと，それ以前の北東部，東部大西洋岸を中心とした地域から，中西部，南部，西部へと大きく版図を広げた．一方で19世紀終わり頃からのアメリカの地政学的政策は，この領土拡張から，むしろ勢力圏の拡張に変容する（Smith, 2013）．中部アメリカ地域ではとくに，伝統的な植民地支配国であるヨーロッパ列強の勢力をいかにして排除するかが，この時期のアメリカの関心事であった．

また，この時期にアメリカは中部アメリカの重債務国であった，ニカラグア，ハイチ，ドミニカ共和国の債務取り立てのために，軍艦を派遣し，これらの国々を軍事占領して債権を取り立てた．また独立後まもないキューバに対しては，政情不安の際にアメリカが軍を派遣して占領した．アメリカのニカラグア占領は21年，ハイチ占領は19年の長きに及んだ．

d. 米西戦争（1898年）

16世紀の大航海時代以来，スペインは世界の最強国の1つであり，新世界を開拓し，そのほとんどを植民地化した．しかし18世紀からは，新大陸のみならずアフリカやインドなどに植民地を拡大し，奴隷貿易と産業革命で富を蓄積したイギリスが台頭し，スペインの地位は相対的に低下の一途をたどった．さらに19世紀には植民地のほとんどが独立し，スペインの覇権は大幅に低下した．その中で，キューバとプエルトリコは当時まだ独立していなかった．スペインにとってこの2地域は新世界に残った最後の植民地であった．その最後の砦にも，独立運動の機運が高まっていった．

キューバでは1868年から独立運動が開始され，スペインとの間に断続的に戦闘が続いていた．キューバは政治的にはスペインの植民地であったが，地理的にはアメリカに非常に近い位置にあったため，経済的にアメリカの企業や市場との結びつきを強めていた．しかしアメリカで1893年に経済後退が起こり，そのために保護貿易政策がとられたことにより，キューバからアメリカ市場への輸出が減少し，キューバ経済は大きな打撃を受けた．

キューバはアメリカのフロリダ半島からわずか140kmの距離に位置し，19世紀の領土拡張期のアメリカでは，しばしばキューバの併合が論じられた．1823年当時の国務長官であったアダムズは，「これは政治的にも物理的にも，万有引力の法則が存在するのだ．嵐によってリンゴの木からリンゴの実が，引力の法則に従って地面に落ちるように，キューバはその不自然なスペインとのつながりから離れ，われわれ北米連合に向かって落

ちてくるしかないのだ」と述べている．アメリカは当時，キューバがスペインから独立するのを待って，併合することを考えていた．しかし19世紀の終わりには，キューバの独立運動が成功するのを待つよりも，自ら介入してキューバ（およびプエルトリコ）を支配下に置く方策に転換したのである．米西戦争はこうして起こった．

1898年2月15日，ハバナ港に停泊していた米海軍の軍艦メイン号が，謎の爆発を起こして沈没し，260名以上の乗員が犠牲となった．アメリカはこれをスペインの責任とし（実際にはアメリカが自分で爆破したという説もある），マッキンリー大統領はスペインにメイン号の全面修理を要求した．スペイン政府が譲歩の意思をみせたにもかかわらず，同大統領は米政府内において，「アメリカの利益が危機にさらされている」として戦争準備を命じた．スペインに宣戦布告を行う際には，キューバで1868年から独立運動を行ってきた反乱軍の扱いをどうするかが問題になったが，反乱軍の正統性や発言権が高まるのを警戒して，彼らには相談しなかった．

アメリカにとっての米西戦争の意義とは，スペインの支配を駆逐することによって，カリブ海だけではなく太平洋における自らの覇権を確立することであった．そのためアメリカは，キューバにいるスペイン軍を攻撃するとほとんど同時に，フィリピンのマニラにいるスペイン軍にも攻撃を行った．フィリピンにもキューバと同様に独立を求める反乱軍がいたが，アメリカ海軍は彼らの頭越しにスペインと交渉し，スペイン軍を降伏させて（フィリピンではなく）アメリカの勝利とした．

米西戦争はわずか3カ月強で終結した．キューバでは東部にある第2の都市サンティアゴデクーバに集結したスペイン軍を，米海軍はあっさりと数時間で破った．数日後には近くにあるプエルトリコも攻め，ここでもスペイン軍を降伏させた．同年12月のパリ講和条約において，アメリカは正式にフィリピン，グアム，プエルトリコを領有した．キューバについては，独立運動がフィリピンなどに比べて強く長く続いており，領有するには抵抗が強すぎたため，独立を認めた．ただし，

キューバの独立を認めるにあたって，アメリカ議会はプラット修正条項をキューバ憲法に含めることを条件とした．その中には，関税不平等条約を認めること，キューバ国内に，蒸気船の燃料である石炭補給および海軍の活動目的の基地を設立すること（グアンタナモ海軍基地），およびアメリカが必要と認める状態になった場合には，いつでもキューバに米軍を駐留させることが含まれていた．キューバは，不本意ながらこの条件を飲み，1902年に独立した（写真8.3）．

アメリカの支配形態は，勢力圏の拡張と解釈できる変容を遂げる．領土拡張期のようにアメリカ領土そのものを拡大するというよりも，むしろフィリピンやプエルトリコのように保護領としてアメリカの州とはしないでおいたり，あるいはキューバのように独立は認めるが，政治的・経済的な影響力を圧倒的なものにすることによって支配したりした．

e．パナマ運河建設とニカラグア占領

大西洋と太平洋にまたがる大陸国家となったアメリカにとって，両大洋を結ぶ海運ルートとして，パナマ運河の建設は必須であった．南米の南端まで周航するルートは時間も費用もかかりすぎ，またアメリカ内の鉄道が大陸横断するまでは，東海岸と西海岸を結ぶロジスティクスはほとんど不可能であった．建設当時，コロンビアが現在のパナマを領土の一部としていたが，アメリカは運河建設にあたって，予定地の安全を確保するという名目で軍隊を派遣し，コロンビア政府に運河建設を行うことを認めさせた．さらにアメリカは運河建設を請け負ったフランスの技術者を通じて，パナマにコロンビアからの分離独立運動を起こさせ，これを鎮圧しようとしたコロンビアからの派兵を軍艦で阻止した．アメリカは新しく生まれたパナマ政府を早速承認し，その政府との間に幅10マイルの運河地域の永久租借を認める条約を締結したのである．

運河建設はそれ以前もフランス企業が請け負って失敗していたように，困難な事業であったが，運河は1914年に完成し，使用料はパナマ政府が受け取り，運河地域はアメリカの統治下に置かれることになった．当初はキューバのグアンタナモ海軍基地と同じく，パナマ運河とその周辺地域はアメリカの永久租借となった．運河のそばには南方軍基地が建設され，アメリカの中南米地域の勢力圏を管理する存在となった．しかし第二次世界大戦後，民族主義の高まりとともにパナマ国民の間で運河返還運動が広がったため，1977年にカーター米政権がトリホス・パナマ大統領との間で運河返還を1999年に実施することで合意した．

パナマとはコスタリカをはさんで北隣に位置するニカラグアは，欧米の大国からは，運河建設の候補地として長年注目されてきた．ニカラグアはパナマほど東西の距離が短くはないが，国内にニカラグア湖，マナグア湖という大きな湖があるので，これを運河の一部に利用する運河掘削の可能性が検討されてきた．

アメリカはイギリスとの間に，ニカラグアでの運河建設を両国で独占する協定を結び，ドミニカ共和国やハイチのケース（後述）と同様，ニカラグアの債務支払いの遅れを理由に軍艦を派遣し，1909年から占領を始めた．しかしアメリカの本当の目的は，自国が管理するパナマ運河と競合する第二の運河が建設されることを防ぐことであった（寿里，1991）．そのためにニカラグアを1912～1925年にわたって13年間も占領し，その上撤退した翌年の1926年にも，同国の選挙後の混乱

写真8.3 ハバナ旧市街にある旧国会議事堂（2009年1月）
ハバナ旧市街の一番端，旧市街の中では一番新しい地区に位置する．米国の連邦議会議事堂にそっくりで，革命前のキューバの米国への従属がうかがわれる．撮影当時は改修工事が行われていた．

8.1　旧宗主国との関係—植民地主義・帝国主義と中部アメリカ　　105

を理由に再びニカラグアに侵攻した．アメリカの2度目の侵攻は再び軍事占領となり，1933年まで続いた．

その2度目の侵攻に対して，ニカラグアの自立を求めて立ち上がったのが，スペイン系コーヒー農園主とその使用人であった先住民女性との間に生まれたサンディーノである（写真8.4）．1926年にアメリカが支持するディアス大統領と，大統領に反対する軍との間に起こった内戦に対し，アメリカが大統領を新たに選挙で選ぶことを条件に停戦を申し出たが，サンディーノはこれを拒否し，アメリカから侵攻した海兵隊を撃退するためにゲリラ戦を展開した．アメリカ海兵隊はサンディーノのゲリラ部隊を掃討できなかったが，亡命中の反米派の大統領候補を帰国させず，親米派の軍人を大統領に当選させた．この新大統領は，のちのニカラグアの独裁者でアメリカの士官学校を卒業したソモサに命じて，サンディーノを暗殺する．当時，ソモサはアメリカが設立した国家警備隊の長官であった．

サンディーノを掃討してニカラグアの政治エリートおよびアメリカの支持を得たソモサは，1937～1956年の間，2度にわたり大統領職に就き，さらに同名の息子にも2回大統領職に就かせ，ソモサ王朝の長期独裁体制を敷いた．この独裁の基礎をつくったのは，これまで述べてきたアメリカのニカラグアへの介入である．後述するように，1979年にサンディニスタ民族解放戦線がソモサ（息子）を追放して政権を握り，サンディニスタ革命を成功させたが，その「サンディニスタ」という名称は，アメリカに抗して戦い続けて殺されたニカラグアの英雄サンディーノを支持する人々，彼の遺志を受け継ぐ人々という意味であった（写真8.5）．

f．アメリカ合衆国による
  ドミニカ共和国およびハイチ占領

ドミニカ共和国政府は19世紀末からアメリカの勢力拡張を脅威とし，1898年の米西戦争後，ドイツに対して領内に海軍基地の建設を認めようと交渉したこともある．遅れてヨーロッパ列強の仲間入りを果たしつつあったドイツの勢力圏に入ることによって，アメリカの脅威を抑止しようとしたのである．この企ては，ドイツがアメリカ政府の意向を慮って断ってきたために実現しなかった．

アメリカによるドミニカ共和国の軍事占領は1916年に起こった．第一次世界大戦後の経済危機の中で債務支払い不能に陥り，その取り立てのためにフランスとイタリアがドミニカ共和国に派

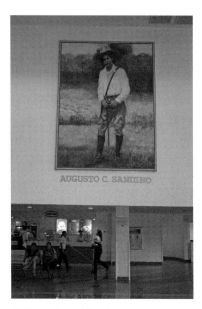

写真8.4　首都マナグアの空港にあるアウグスト・セサル・サンディーノの肖像（ニカラグア，マナグア，2012年3月，浦部浩之撮影）
サンディーノは1920～1930年代，アメリカ軍の駐留に抵抗し，サンディニスタ民族解放戦線（FSLN）の名の起源となった．

写真8.5　ニカラグア・レオンの革命記念館にあるサンディニスタ民族解放戦線（FSLN）派市民の抵抗運動の像（2012年3月，浦部浩之撮影）
1979年のニカラグア革命に帰結した．

兵するという噂が立った。アメリカはこれを防止するためという理由で，同国の税関の管理を任せてほしいと政府に働きかけた。政府がこれに同意すると，当時のセオドア・ルーズベルト大統領は，税関吏だけでなく，軍を送って同国を守ることにしたと宣言し，関税自主権を軍事力で奪いとった。さらに同国の債務をアメリカ企業や銀行の協力で肩代わりする代償として，関税を徴収する権利をその後50年間にわたってアメリカが有するとした。

米軍によるハイチの占領は，1915年から19年間続いた。ハイチ国内の政情不安により，当時の大統領が殺害されたことが軍事介入の契機である。ドミニカ共和国と同様，債権回収の必要があったこと，第一次世界大戦の時期であったために，ドイツの脅威を斥ける必要があったこと，パナマ運河を守るためにハイチを勢力下に置く必要があったことの3点が理由である。米軍の支配によって，ハイチの対外債務は返済されたが，国内の公共投資は行われず，教育予算も増えなかった。米国はハイチの開発よりも債権取り立てを優先したのである。この米国による占領政策は，後年のハイチの経済不振の元凶となった。

こうしたアメリカの軍事占領の結果，占領国の政治・経済をアメリカが支配することになり，その影響はその後も長く尾を引くことになった。とくに1952〜1986年と親子2代にわたったハイチの独裁者デュバリエは，ニカラグアのソモサの場合と同じく，アメリカが占領期に軍から独立させて強化した国家警備隊を基盤に政治力をつけた。その意味で，デュバリエとソモサは，アメリカの介入と占領によって生まれた鬼子なのである。

g. フランクリン・ルーズベルトの善隣外交

領土拡張か勢力圏拡張かの違いはあったが，アメリカの中部アメリカに対する姿勢は，「軍艦（棍棒）外交」と形容される，軍事力を背景とした強権的なものであった。これに一応の終止符を打ったのが，1933年のフランクリン・ルーズベルトの善隣外交政策である。1933年に大統領に就任したルーズベルトは，就任演説の中で，「われわれはよき隣人となる。隣人とは自分に課せられた

義務を尊重すると同時に，他の隣人との合意の不可侵さを理解している。」と宣言した。また国務長官ハルは，南米諸国の自決権を尊重し，「域内諸国の国内政策，対外政策に干渉すべきではない」と言明した。

アメリカはそれまで，中南米諸国に対して民主主義を輸出することを目的としていたが，ルーズベルトはこの時期から，経済的な利益を追求する方策へ転換し，各国の指導者が民主的に選ばれたかどうかは問わないことにした。この背後には，第一次世界大戦によりヨーロッパの経済が疲弊し，それまでヨーロッパが米州諸国に対してもっていた経済的な影響力が低下していた事実がある。アメリカはこの機会を利用して，アメリカの経済的権益を米州に確立することにしたのである（Smith, 2013）。

この政策転換によって，キューバは1902年の独立以来もっていなかった関税の自主権を獲得し，国内の不安定化の場合にアメリカの軍事介入を認めたプラット修正条項の条文が廃止された。他方，キューバ東部のグアンタナモにある米海軍基地の租借は続いた。ハイチの軍事占領は19年続いたが，ルーズベルト就任の翌年（1934年）に占領は終わった。前述したように，ニカラグアも20世紀に入って，2度の米軍の長期占領（1912〜1925年と，1926〜1933年）を経験したが，ルーズベルトは就任の年にニカラグアから占領軍を撤退させた。

善隣外交では，軍事介入をやめることと同時に，相手国への内政不干渉の原則も確立した。それ以前のアメリカの帝国主義的政策の目的には，理念としては民主主義の拡大があったのに対し，ルーズベルトの善隣外交によって内政不干渉の原則が生まれたため，この民主主義の拡大政策も終焉した。ルーズベルトは民主主義よりも，アメリカとの通商関係拡大を重視した。そのためにこの時期，中部アメリカ地域では，長期独裁政権が次々に誕生したのである。

ハイチでは米軍占領時代に力を蓄えたデュバリエが徐々に頭角を現しつつあるころであった。デュバリエの独裁が始まるのは1952年で，ルーズ

8.1 旧宗主国との関係―植民地主義・帝国主義と中部アメリカ　107

ベルト時代よりもかなり後であるが，デュバリエは米軍が残した国家治安維持組織を支配することで，後年の独裁体制の基盤をつくっていった．

キューバでも軍人バティスタが政府の影の実力者となった．バティスタがクーデターで軍事独裁政権を樹立するのは，デュバリエと同じ1952年であるが，彼は1930年代のキューバの反米・民族主義運動の高まりと政治的混乱の中で，軍を基盤に政治力を蓄え，選挙で選ばれる大統領たちを背後から操った．ドミニカ共和国ではトルヒーヨが第一次政権をルーズベルト就任の3年前から樹立し，独裁を進めた．ニカラグアでは米軍撤退と同時に，米軍占領に抵抗を続けた民族主義的指導者サンディーノをソモサが暗殺し，長期独裁政権を開始した．

ルーズベルトの善隣外交は，アメリカの帝国主義が一応終了し，中南米諸国との新しい関係を模索した時期である．アメリカの軍事介入が控えられるようになったこと，また不完全ながら内政不干渉の原則が尊重されることになった点は，民族主義が勃興していた中南米諸国，とくにアメリカに地理的に近い中部アメリカ諸国に好意的に受け入れられた．他方，この時期は，アメリカが民主主義の拡大を控えた時期であり，中部アメリカの多くの国で独裁政権が誕生した．これらの独裁政権は，民主的な政治手続きの軽視・無視，大規模な人権侵害，縁故主義（ネポティズム：身内・血縁をひいきする）や恩顧主義（クライアンティリズム：恩義を与えた相手から返礼を要求する），汚職を極端に推し進めた個人独裁であり，現在にいたるまで，それぞれの国に負の遺産を残した．

8.2 冷戦・キューバ革命 —共産主義の踏み絵

第二次世界大戦後の冷戦構造の出現により，アメリカと中部アメリカ諸国との関係に，共産主義という新たな要素が加わった．第二次世界大戦に勝利したアメリカは，ソ連とともに核兵器を開発することで，戦後世界の超大国となった．米ソ両超大国は，それぞれ資本主義と共産主義の盟主として対立し，世界中の国々が，米ソのどちらの陣営につくかを明らかにする必要に迫られたのである．

アメリカの現実主義国際政治学者のケナンは，共産主義ブロックの封じ込め政策を提唱し，共産主義の自由主義陣営への浸透を防ぐために軍事力の強化を主張した．アメリカは自国の「裏庭」として中南米諸国を自陣営に入れていった．その中でアメリカは，ルーズベルト以来の内政不干渉政策を転換し，共産党政権が成立した国々をソ連陣営に入ろうとする国々であると見なし，これらの国々に対して露骨な介入を行い，共産党政権を打倒し，反共政権を樹立するよう働きかけたのである．

これまで述べたように，中部アメリカの多くの国々では植民地時代以来の大農園主が政治エリートとして権力を握っており，国民の間での経済・社会格差は著しい．この社会構造を改善するための方法として，共産主義やマルクス主義は常に広い国民の支持を得る傾向がある．彼らは自国をソ連の傀儡にする目的ではなく，自国の古い政治・経済・社会構造を改めることを目的に，共産主義政党を支持した．しかしアメリカは，これらの国々の国内事情よりも，世界戦略の中でソ連につけ入られる隙をつくることを恐れたのである．

さらにアメリカの企業は，これらの国々で大農園などを所有しており，既存の経済構造から利益を得ていたため，この構造を変えるのには反対だった．アメリカ企業はアメリカ政府に圧力をかけ，経済的な側面から共産主義に近い政権が生まれないように働きかけた．つまりアメリカは，世界戦略の上でも，また自国の経済的利益からも，左派政権が誕生することを自国の国益に反すると考え，そのような政権が誕生した場合は打倒していったのである．

本節では，中部アメリカで共産政権あるいは左派政権が誕生した順に，グアテマラ，キューバ，ニカラグア，エルサルバドル，グレナダへのアメリカの軍事・非軍事介入について述べる．またこれとは別に1980年代で唯一，ソ連に近い共産政権を打倒するという理由以外で軍事侵攻された，パナマのケースもとりあげる．米軍によって亡命せざるをえなくなったパナマのノリエガ将軍は親

108 8. 中部アメリカの地政学——列強・大国に翻弄される国々

米であり，反共であったにもかかわらず，アメリカによって排除された．その理由はノリエガの麻薬取引であり，パナマ侵攻事件は，1960年代から80年代まで続いた共産圏に接近しようとする政権を打倒するための介入ではなく，1990年代以降現在までのアメリカの介入理由の最大の理由である麻薬関連であった．その意味で，パナマ侵攻事件は，アメリカの政策の転換を暗示するものであった．

8.2.1 グアテマラへの介入（1954年）

中部アメリカ，あるいは中南米全体でも，第二次世界大戦後，冷戦が開始してはじめて共産主義に親和的な政権が誕生したのはグアテマラである．グアテマラは大農地所有制を基礎とした支配エリートによる政治が続いており，アルベンス大統領はこの植民地以来の構造を改革するため，農地改革を実施しようとした．彼はマルクス主義に傾倒していたため，アメリカ政府はアルベンス政権が共産主義に向かっていると判断し，グアテマラがソ連の影響を受けてアメリカの勢力圏から出ていかないよう，政権を倒すことにしたのである．共産主義的な政権を排除したいという政治的理由のほかにも，経済的な理由があった．グアテマラではアメリカのアグリビジネス企業がバナナをはじめとした輸出用農産物を大規模生産しており，農地改革は都合が悪かったのである．

1954年，駐グアテマラアメリカ大使館，国務省，およびCIAが連携し，グアテマラ軍の中の反アルベンス派を支援してクーデターを起こさせ，アルベンス政権を追放した．アルベンスの後にアメリカの支援を受けて軍事政権を樹立した反アルベンス派大統領は，「反共」を口実にアルベンス派や左派政党をはじめとした国内の多くの人々を弾圧した．しかしアメリカは，この大規模な人権侵害を，反共目的のために黙認した．

グアテマラで正当な選挙により選ばれたアルベンス大統領が，同国の不平等や格差を改善しようとし，とくに植民地期から政治的・経済的・社会的に排除されてきた先住民の権利を認めようとする努力を，アメリカは反共という世界戦略のために押しつぶした．このときのアメリカの介入はそ

の後のグアテマラの内戦を引き起こし，1980年代までの30数年間にわたる人権侵害やジェノサイドなどの悲劇を同国にもたらす遠因となった．

8.2.2 キューバ革命（1959年）と ミサイル危機（1962年）

次に中部アメリカに起こった大変動はキューバ革命である．キューバと，後述するニカラグアのみは，冷戦期のアメリカの介入にもかかわらず，共産政権（キューバ）あるいは混合経済を目指す左派政権（ニカラグア）が成立した．

アメリカが民主主義を世界に拡大する政策をやめてから，キューバでは1952年からバティスタ軍事独裁政権が誕生していた．バティスタ自身は反共であったので，クーデターによる政権奪取であったにもかかわらず，アメリカの支持を得ることができた．しかし国内では民主化を求めて反バティスタ闘争が盛んになっていった．その理由の1つは，バティスタが政権をとってから，当初は社会改革などの国民の福利を考えた政策を実施したものの，しだいに汚職や縁故主義が蔓延するようになり，国民の支持を失っていったことである．

キューバ国内の反バティスタ闘争の中から頭角を現したフィデル・カストロのグループは，バティスタ打倒と社会的公正，民族主義を求めてゲリラ闘争を行い，1959年の元日にバティスタ政権を打倒した．しかしカストロもグアテマラのアルベンスと同じように，農地改革を発表したために，アメリカ政府の警戒心を引き起こした．カストロ自身は当初反米ではなく，革命成功3カ月後にはアメリカを公式訪問し，アメリカとキューバが協力してラテンアメリカを開発する計画を提案したほどであったが，アイゼンハワー大統領はゴルフの約束を優先してカストロに会わなかった．アメリカに近いキューバには多くのアメリカ企業が投資しており，柑橘類やサトウキビなどの大規模農園を所有する世界的企業もいくつかあり，グアテマラの場合と同様に，農地改革に反対であった．

アメリカ政府は，カストロらの農地改革を断念させるために，キューバへの石油供給を独占して

8.2 冷戦・キューバ革命 —共産主義の踏み絵 *109*

いたアメリカの石油会社に，キューバの石油精製を中止するよう命令し，そのためキューバはエネルギーの供給を絶たれた．もともとキューバの共産党である人民社会党の党員であったラウル・カストロ（フィデル・カストロの弟で2018年4月まで国家評議会議長）は，アメリカから供給を断たれた石油を入手するために密かにソ連に接近した．アメリカとキューバの関係が急速に冷え込む中，1960年には，CIAの支援で訓練された亡命キューバ人たちが革命政権を打倒するため軍事侵攻した（ピッグズ湾事件）．しかし，これは革命政府に撃退された．

ピッグズ湾事件を契機に，カストロはアメリカの介入を抑止するため，ソ連の軍事力と経済力の傘の下に入ることを決断した．1962年にキューバ政府はアメリカの軍事侵攻の脅威から自国を守るため，ソ連の核ミサイルをキューバに設置することを求め，ソ連がそれを了承したのである．アメリカはフロリダから100 kmあまりしか離れていないキューバに核ミサイルが置かれることを許容せず，キューバの周囲の海域を軍事封鎖，米ソの一触即発の核戦争危機となった．これがキューバミサイル危機である．

アメリカのケネディ大統領はソ連のフルシチョフ書記長に対し，ソ連がキューバに配備した核ミサイルを撤去すれば，アメリカはトルコにある北大西洋条約機構（NATO）基地に配備したジュピター・ミサイルを撤去すると申し出た．当時米ソ間には首脳が直接話すことができる電話回線がなく，ケネディ政権はテレビ演説と，駐米ソ連大使館へのメッセージで，フルシチョフ書記長はラジオ演説で，それぞれ相手国に譲歩することを伝え，戦争は回避された．

しかしキューバ危機は当事者であるはずのキューバ政府を蚊帳の外に置き，米ソが頭越しに交渉を行い，キューバからミサイルを撤去することで合意した．このためカストロは激怒したといわれる．1960年代を通じて，キューバはソ連から距離を置き，独自の経済政策を推進した．しかしこれらの政策はことごとく失敗に終わり，1960年代終わり頃には，キューバは経済援助を求めてソ連に再接近した．

アメリカからの武力侵攻を抑止するためにカストロが望んだ核ミサイル配備は，核戦争の危機を回避したい米ソ首脳の決断により実現しなかった．しかしアメリカは，ミサイル危機以来，キューバがソ連陣営に属することは承認し，1991年のソ連崩壊までキューバは平和的にソ連陣営の一員としてとどまった．キューバはソ連の傘下に入ることにより，アメリカの脅威から自国を防衛することに成功したことになる．

また，キューバはソ連崩壊後の1995年に，中南米地域の核不拡散条約であるトラテロルコ条約に署名し（批准は2002年），ミサイル危機の際のように核兵器によってアメリカの脅威を抑止するのではなく，域内の核兵器を廃絶することにより核戦争の脅威を回避する道を選んだ．

8.2.3　キューバ革命後の中部アメリカとアメリカ合衆国

アメリカは，第二のキューバが中南米諸国で生まれることを全力をあげて阻止した．ケネディ政権は1961年に「進歩のための同盟」を発表，中南米諸国との経済関係を強化し，彼らの経済発展と社会開発をアメリカが援助することで，共産主義の浸透を防ごうとした．また，グアテマラと同様，民主的に選ばれた指導者よりも反共産主義の指導者が各国で政権に就くことを奨励した．有名なのはチリで民主的に選ばれた社会主義政権の大統領が，アメリカの支援によるクーデターで倒れた事件（1973年）であるが，中部アメリカでも，ニカラグアのソモサ，ハイチのデュバリエなどの独裁者が，反共であるという理由でアメリカの支持を受けた．ドミニカ共和国では，独裁者トルヒーヨが1961年に部下に暗殺された後，キューバからの支援で左派政党が大統領選に参加することがわかると，アメリカは同国に軍事侵攻し，反共である軍人やトルヒーヨ派の後継者が政権をとるよう画策して成功した．

中南米諸国で共産党や共産主義が多くの支持を得た背景には，植民地時代からこの地域に根強く残る大土地所有制（ラティフンディオ），大農園を所有し，植民地期から代々続く寡頭支配層（オリ

ガルキー）と呼ばれるエリートによる政治支配に対する国民の不満があった．現在も多くの中南米諸国はジニ係数（第 7 章参照）が 0.4〜0.5 台であり，経済・社会的格差が世界でもっとも深刻な社会である．時期にもよるが，国民の半数以上が貧困層という国も珍しくない．この構造的な不平等の是正を主張する共産党には，国民の多数を占める低所得層の支持がある．アメリカは反共産主義の世界戦略のために共産主義に親和的な政権の誕生を力で抑えつける一方，キューバ革命の転覆が失敗したのを契機に，「進歩のための同盟」などの援助政策を策定した．この新政策の目的は，共産主義によらずに社会開発を促進し，とくに各国の教育や保健の増進を支援することで，これらの構造的社会問題を解決しようとするものであった．

アメリカの高圧的な政策に対し，1970 年代からは非同盟諸国運動に代表される民族主義の機運がカリブ海地域で高まった．とくに 1960 年代に独立したばかりの旧英領諸国であるジャマイカ，トリニダード・トバゴ，ガイアナ，バルバドスは，非同盟諸国運動に参加すると同時に，キューバとの国交樹立を禁じる米州機構に対し，米州機構から脱退すると脅してキューバとの国交樹立を決行した．旧英領諸国は，経済的にも旧宗主国であるヨーロッパとの関係が深く，アメリカの覇権主義に対しては一線を画したのである．

a. ニカラグア革命と中米紛争（1980 年代）

それにもかかわらず，中部アメリカでは引き続き，冷戦の代理戦争ともいえる中米紛争が 1980 年代に生じた．発端は 1979 年に，ニカラグアでサンディニスタ民族解放戦線がソモサ独裁政権を打倒し，社会主義体制建設を目指す革命政権を樹立したことに始まる（写真 8.6）．ニカラグアのソモサ一族による独裁は，1930 年代のルーズベルトの善隣外交，すなわちアメリカが民主主義の拡大をやめた時代から続いてきた．アメリカはソモサが反共であれば，国内での著しい人権侵害や非民主的な政治運営にも目をつぶってきた．ニカラグアのサンディニスタ革命政府は革命成功当初穏健な政策を発表しており，カーター政権は新政権との関係を維持しようとしたが，次のレーガン政権に代わると，アメリカとニカラグアの関係は急速に悪化した．

レーガン政権は積極的に軍備拡張を行い，カーター前政権と異なり，他国への軍事・非軍事介入を躊躇しなかった．この政策変更の目的は，1970 年代のベトナム戦争の敗戦によって自信を喪失したアメリカを，再び強い世界の超大国として甦らせることにあった（LeoGrande, 1998）．そのため国内で左派勢力が力をつけたニカラグアとエルサルバドルに対し，左派勢力を打倒するためにそれぞれの国の反共勢力に露骨なテコ入れを行った．

レーガン政権はサンディニスタ政権を打倒するため，ニカラグア国内に残る旧ソモサ独裁派，およびサンディニスタから離脱した指導者や，サンディニスタから距離を置いていたニカラグアの先住民組織などを「コントラ」として組織し，サンディニスタ革命政府を打倒しようとした．しかしコントラは内部対立を抱えた寄せ集め集団としての性格を払拭できず，ソ連およびキューバの支援を受けたニカラグア革命政府を打倒することはできなかった．ところがその後，サンディニスタ政府自身の経済政策の失敗により，1980 年代を通じて徐々に国民の支持が低下した．さらに後述するエスキプラス合意によって国外からの介入が減少したことから，1990 年に行われた自由選挙でサンディニスタは敗れ，政権が交代した．

他方，エルサルバドルは，ニカラグア革命と同じ 1979 年に軍政が終了し民政移管が行われたが，コーヒー輸出で経済力をつけ，20 世紀の政治を

写真 8.6 サンディニスタ革命を讃える壁画（ニカラグア，レオン，2012 年 3 月，浦部浩之撮影）

支配してきたオリガルキーと，農地改革をはじめとした社会改革を支持する左派勢力との対立，そして軍政が終了したものの軍部の政治への介入が相まって，政治が混乱した．その中で左翼ゲリラであるファラブンド・マルティ民族解放戦線と政府との武力闘争が激化し，内戦状態となった．ニカラグアにおけるサンディニスタ政府とコントラの間の武力闘争と同じく，アメリカ政府はエルサルバドル政府を支援，ゲリラ側にはソ連やキューバから支援が送られ，内戦は国際化して10年以上続いた．和平が実現したのは冷戦後の1992年である．

ニカラグアとエルサルバドルの内戦において，アメリカ政府はホンジュラスとコスタリカおよびパナマを反共の基地として利用し，ニカラグアとエルサルバドルの反共勢力を支援した．中米紛争の解決のために，コスタリカのアリアス大統領が提唱したエスキプラス和平交渉により，1987年にようやく紛争の国際化は終結した．具体的には，紛争当事国であるニカラグアとエルサルバドルの両政府に対し，反政府勢力を支援してきたコスタリカとホンジュラスが支援をやめることを約束し，同時にニカラグア政府は，エルサルバドルの左翼ゲリラへの支援をやめることを約束したのである（尾尻，2004）．この和平交渉に対し，アメリカのレーガン政権は反対したが，アメリカ連邦議会の民主党議員団は支持し，和平合意を進めたアリアス大統領はその功績によってノーベル平和賞を受賞した．

このように，世界的な戦略として共産圏との対立や封じ込めを狙うレーガン政権は，1980年代を通じて中米の左派勢力をソ連の傀儡として打倒しようとした．しかし植民地期以来の古い大土地所有制などの構造的な矛盾を解決しようとする各国の左派勢力には，低所得層を中心とした国民の支持があり，アメリカや国内の既存の権力層に対抗した左派勢力の武力闘争を，アメリカは結局収拾できなかった．最終的に紛争を終結させたのは中米諸国自身の努力であり，また社会主義政権の政策が失敗したために，国民の支持が減少したためでもある．結局のところアメリカは，中米の小

国がそれぞれ自分たちで自国の将来を決定し，失敗から学び選択する自由を与えず，アメリカの世界戦略から中米に介入し，紛争を激化させたのである．

b．アメリカ合衆国の軍事介入
―グレナダとパナマ

1980年代の中米紛争は，アメリカは直接軍隊を送らず，自国が支持する勢力を支援し，代理戦争をさせるかたちをとった．これはアメリカ世論や，レーガン政権と対立した民主党議員の批判を避けるためであったが，例外はグレナダとパナマである．グレナダへの侵攻は，同国で社会主義政権が誕生したことが直接の原因であり，ニカラグアやエルサルバドルと同じく，冷戦構造の中での理解が可能であるが，パナマの場合は，当時のパナマの指導者ノリエガ将軍の麻薬取引疑惑が原因であり，軍事介入の正当性がより不明瞭である．

グレナダはカリブ海に浮かぶ人口10万人の小国であり，1974年にイギリスから独立したばかりの新興国であった．ニカラグア革命と同時期の1979年，ビショップのニュー・ジュエル運動がクーデターで政権を奪取し，カリブ海に新たに社会主義政権が誕生した．ニカラグアのサンディニスタ政権と同じく，ビショップ政権は混合経済体制を指向し，市場メカニズムや民間部門の重要性を認めた上で，国家の役割を強化しようとした．新政権にはソ連やキューバから支援が送られていたが，しだいにニュー・ジュエル運動の内部で穏健派のビショップと急進派の対立が深まり，1983年にビショップが暗殺された．アメリカのレーガン政権はこの政情不安と，政権の社会主義への急進化を懸念し，グレナダに滞在しているアメリカ市民を保護するという名目で，海兵隊を送ったのである．グレナダには当時，キューバから派遣された建設労働者や軍事顧問が滞在していたが，米軍はキューバ人の居住区も空爆し，犠牲者が出た．米軍の占領下で選挙が行われ，保守政党が勝利し，グレナダの左傾化をアメリカが阻止したことになった．国連総会は108対9の圧倒的多数でアメリカの軍事介入非難決議を採択し，米軍の即時撤退を求めた．国連安全保障理事会も非難決議

を提出したが，アメリカが拒否権を発動し，決議の採択はなされなかった．

1989年のパナマ侵攻は，親米・反共であったノリエガ将軍の麻薬取引疑惑を理由として行われた．前述したように，1980年代のレーガン政権の中部アメリカに対する対応の中では，パナマ侵攻事件のみは，反共ではなく麻薬問題が原因とされた．その意味でこのパナマ事件は，1990年代から現在まで続く，アメリカ政府の麻薬問題を通じた中部アメリカとの関係構築の嚆矢であったといえる．

ノリエガは中米紛争の間一貫してアメリカ側につき，ニカラグアの内戦ではアメリカのコントラ支援のための基地を提供した．冷戦構造の枠組みの中で，彼は反共の立場を明確にし続けることで，アメリカの支持を獲得した．しかし隣国コロンビアの麻薬カルテルとの関係に加え，再選を目指した大統領選で対立候補を暴力で脅すなど，民主的な手続きを無視したために，アメリカ政府の介入の理由をつくってしまった部分はある．いずれにしても海兵隊の特殊部隊シールズを含む数千人の海兵隊員の上陸，および空爆など，アメリカの軍事介入は大規模で，そこまでする必要があったのか，疑問を呈する専門家もいる(Smith, 2013)．

グレナダとパナマへの軍事介入は，1980年代のアメリカ自身による中部アメリカへの特例的な軍事介入のケースとなった．国連などの国際社会からの批判は大きかったが，アメリカ政府はこれを無視した．中米紛争のほかのケースは当事国自身の合意によりアメリカ抜きで解決することが多かったが，グレナダとパナマの事件は，アメリカの圧倒的な軍事力に自国の運命を変えられたという意味で，ルーズベルト政権より前のアメリカの軍艦（棍棒）外交に通じるものがあった．

● 8.3 冷戦後の中部アメリカ―経済自由化の時代の新たな関係構築

1991年のソ連崩壊によって，第二次世界大戦後の世界は大きく変化した．アメリカはもはやソ連を仮想敵とした世界戦略を立てる必要がなくなり，中南米地域でも，左派政権をソ連からの脅威として排除しなければならない理由がなくなっ

た．このため1990〜2000年代にかけて，中部アメリカに限らず中南米地域全体で急進・穏健左派の政権が次々に誕生した．しかしアメリカは冷戦終結後，民主主義を拡大するという伝統的な外交政策をとらずにいる．アメリカ国務省は，各国自身が選択した政策を尊重すると宣言しており，ハイチのアリスティード大統領が1991年と2004年の2度にわたりクーデターで政権を追われた事件，および2009年にホンジュラスのセラヤ大統領がクーデターで政権を追われ，亡命した事件のように，アメリカの介入が疑われる事件はいくつかあるものの，冷戦期に比べるとその介入はおおっぴらでもなく，件数も減っている．

2001年の同時多発テロにより，アメリカ政府の関心は中東地域へ移り，また中国やロシアが新たな大国として勢力を拡大すると，次の関心はヨーロッパや太平洋地域に向かった．どちらにしても中南米地域に対する関心は低下したのである．ソ連崩壊の前後にニカラグアでは，選挙により政権が交代した後，2007年にサンディニスタのオルテガ議長が再び大統領に選ばれ，以降現在まで憲法を改正して無期限の再選を可能とし，大統領を続けており，同国の民主主義体制の揺らぎが懸念されている．しかし上述したように，アメリカは冷戦後，左派政権や非民主的な体制にも寛容になり，各国の意思を尊重する姿勢に転換しており，ニカラグアに対するあからさまな介入はなくなっている．

他方，冷戦時代には，反共勢力の支援のために使われていた中南米向け政府援助は，ソ連解体とともに必要性がなくなった．アメリカの援助は反共武装勢力や反共政府への軍事・経済援助から，貧困削減などの経済・社会開発支援，自然災害の被害に対する人道支援が中心となった．しかし政府援助が地政学的な利害関係を背景にしていることは，アメリカの援助先が，アメリカから近い中部アメリカに集中していることから推測できる．

8.3.1 2000年代以降のアメリカの中部アメリカへの援助

冷戦終結によって，アメリカの対ラテンアメリカ・カリブ諸国に対する政策は，反共政策という

8.3 冷戦後の中部アメリカ―経済自由化の時代の新たな関係構築 *113*

イデオロギーがなくなり，これらの国々の経済発展と民主主義の定着を支援する，伝統的な援助政策に戻った．

アメリカ政府の発表によれば，第二次世界大戦後の1946〜2015年の間に執行された同国の中南米向け援助予算のうち，金額の絶対値がもっとも大きいのは経済援助で，アメリカ援助局（USAID）による予算と，ミレニアムチャレンジ公社などその他の機関や省庁に割り振られた予算とがある（表8.2）．ミレニアムチャレンジ公社は，2002年に援助の効果や成果を重視する特別会計を配分されて設置され，選ばれた一部の途上国に無償援助される．

2番目に大きいのは麻薬関連である．そしてそのうちの多くが冷戦後に支出されており，とくに直近の2012〜2015年までのわずか4年間の麻薬関連支出は，1946年からの70年間の総額の22.1％を占めている（USAID, 2017）．いかに近年，アメリカ政府が麻薬撲滅に力を入れているかがわかる．

中部アメリカ各国それぞれへのアメリカの援助で，もっとも大きいのはハイチ向けである．ハイチは中南米の最貧国であり，経済援助，食糧援助，保健衛生，教育などの分野，および2010年のハイチ大震災の復興のために，国内治安維持などの分野にも援助が送られている．しかしながらハイチへのアメリカからの援助の一端は，左派で反米のアリスティードと彼の支持者を大統領に当選させないためにも使われた．2010年のハイチ大地震の後に行われた大統領選挙では，アメリカおよびフランスが選挙への財政・人的支援を通じて，アリスティード派のセレスタン候補の得票の多くを無効とし，デュバリエ派のマルテリ候補を最終的に当選させた（狐崎, 2016）．ハイチ政治への援助を通じた介入は，冷戦後の脱イデオロギーを特徴とする援助の中では異色のケースである．

次に多いのはメキシコ向けである．経済発展度合いからいえば，OECD加盟国であるメキシコはすでにアメリカの援助対象ではないのだが，2000年代に入ってから激化した麻薬戦争への対応のための援助が巨額であるために，中部アメリカで2番目の援助受け入れ国となっている．

中米諸国のうちアメリカの援助が多いのはエルサルバドル，グアテマラ，ホンジュラスである．中米でもっとも貧しいニカラグアへの援助が少ないのは，サンディニスタ時代など，経済体制が資本主義から遠ざかっていた時代が長く，アメリカとの関係が良好であった時期が少ないためであると思われる．同じ理由から，カリブ諸国の中でもキューバに対する援助は少ない．その他の中南米諸国でアメリカから多額の援助を受けているのは，メキシコと同じく麻薬問題をアメリカとともに解決しようと努力してきたコロンビアのみである．コロンビアは世界一のコカイン生産国であるため，麻薬取引撲滅を目的としたアメリカの援助が中南米で最大である．

以上のように，中南米地域におけるアメリカの援助の受け入れ国のほとんどは中部アメリカに集中していることがわかる．中部アメリカの主要国であるメキシコ，ハイチ，エルサルバドル，グアテマラ，ホンジュラス，ニカラグア，キューバ，およびドミニカ共和国に対するアメリカの援助額は，2015年にはラテンアメリカ・カリブ（中南米）全体の半分近くを占めている．第二次世界大戦後から2015年までの総額でみても，4割がこれらの国々への援助である（表8.3）．

8.3.2 アメリカ合衆国とキューバの国交正常化（2015年）

アメリカ政府は，1959年に革命によって社会主義への道を進んだキューバに対し，1960年に経済制裁を発動，1961年から国交断絶，さらに同年キューバを米州機構から追放した．これらの一連の行動は，ソ連の傘下に入ったキューバに対する懲戒であると同時に，同じように社会主義政

表8.2 米国の対ラテンアメリカ・カリブ援助用途別内訳（単位：百万米ドル）

	2015年	1946〜2015年
USAIDの経済援助	1,063.7	36,540.0
その他の経済援助	527.4	7,582.1
麻薬撲滅	1,703.3	15,536.0
援助総額	3,711.7	73,446.2

（USAID, 2017 より作成）

表8.3 米国の対中部アメリカ援助（国別，単位：百万ドル）

	2015年	1946〜2015年
ラテンアメリカ・カリブ全体	3711.7	73446.2
コロンビア	763.0	10629.7
メキシコ	530.5	4147.5
ハイチ	503.4	6920.6
エルサルバドル	324.3	5924.7
グアテマラ	114.3	3539.4
ホンジュラス	111.7	3411.8
ニカラグア	33.7	2316.6
キューバ	5.8	212.4
ドミニカ共和国	106.2	2508.3
中部アメリカ主要国合計	1729.9	28981.3
中部アメリカ主要国向け援助の割合	47%	39%

（USAID, 2017 より作成）

権が誕生した場合はキューバのような扱いを受けるという，域内各国に対する見せしめでもあった．前述したように，アメリカは1961年のピッグズ湾侵攻事件が失敗に終わると，キューバへの隠密作戦に切り替えた．カリスマ的な指導者フィデル・カストロの暗殺計画は，1960〜1990年代までの40年間で，600回近くにのぼったが，すべて失敗に終わった．

キューバはアメリカからの圧力に屈することなく，1972年にはコメコン（COMECON，経済相互援助会議）に加盟し，ソ連・東欧諸国と貿易関係を維持した．ソ連はアメリカのすぐ近くに位置するキューバが共産圏ブロックに属することを重視し，第三世界向け経済援助の半分をキューバに供与した．この豊富な支援をもとに，キューバは国民全員に対する無料の教育と医療を保障し，また国民全員に生活物資を配給することで，ある程度の生活水準を保障した．

同時にキューバは1960〜1980年代にかけて，世界中の民族解放運動を支援した．ソ連からの経済支援を使い，兵士や医療関係者を派遣し，軍需物資や医薬品などを送った．前述したグレナダにアメリカが侵攻したとき，キューバからの軍事顧問や建設労働者がいたのはこのためである．アメリカはこのキューバの「革命輸出」をテロ行為として，1982年に同国を国際テロ支援国家に認定し，さらに厳しい金融制裁を加えた．

1991年にソ連が崩壊し，寛大な経済支援がなくなると，キューバは革命以来最悪の経済危機に陥った（写真8.7）．また世界各地の民族解放運動も，ソ連崩壊とともに一気に下火になり，世界中のほとんどの社会主義国は体制転換した．アメリカはキューバもすぐに体制が変わるとみて，とどめの一撃を加えるつもりで，1992年と1996年に経済制裁強化法を制定するが，キューバはカストロの指導力のもとに，この危機的状況を乗り切った．写真8.8，8.9はハバナ旧市街および大衆地区の現在の様子である．

2006年にフィデル・カストロが病気のため引退し，2008年から実弟ラウル・カストロが政権

写真8.7 ソ連崩壊後日系人が始めた野菜農園
（キューバ，ハバナ，アタベイ地区，2008年12月）
1994年当時，野菜がまったく売られておらず，5カ月間野菜を1切れも食べられないという状況もあった．

写真8.8 ハバナ旧市街中央広場（2009年1月）
正面に見えるのは1875年創業のキューバ最古のホテル・イングラテラで，2016年，米国企業が経営参画することが発表され話題になった．歴史的建造物なので，外観は変わっていない．

(a)

写真 8.10　ハバナ市街の看板（2016 年 12 月）
ハバナ大学付近の看板で「フィデルはわれわれの間にいる」という標語とともに，カストロの若いときからの有名な写真が連なる．2016 年 11 月のフィデルの死去とともに掲げられた．

(b)

(c)

写真 8.9　ハバナの大衆地区マリアナオ地区（2016 年 12 月）
(c) では水道管が破裂しているため道路が濡れているが，これはごく普通の情景である．ハバナの上下水道は米国によって整備されたため，非常に優秀だったが，メンテナンスが不足しているため，上水は半分が途中で漏水で失われているといわれる．この写真の水もきれいに見えるので，上水だろう．ハバナはきれいな場所も多く，とくにユネスコ世界遺産の旧市街は，ユネスコにより整備されているためこの 10 年で非常に美しくなり，欧州の町並みになった．一方，観光客が通らない大衆地区は以前のままの状態が残されている．

を引き継いだ（写真 8.10）．ラウルはアメリカに対して関係改善のための働きかけを行い，オバマ米政権も積極的に関係改善を進めた．アルゼンチン出身のローマ法王フランシスコの支援もあり，2015 年に国交正常化が実現された（写真 8.11，8.12，8.13）．アメリカと対立関係にあった最後の米州の国との関係が正常化し，オバマ大統領は「これで冷戦は終わった」と宣言したのである．

しかしオバマ政権の対キューバ政策は，それまでの政権と同じくキューバの民主化が目的であり，ただその手段が，封じ込めから関与を通じた働きかけに変わっただけである．キューバ政府は革命体制の存続を最優先しており，民主化，すなわち体制変更はもっとも受け入れられない選択肢である．したがって，キューバはオバマ政権の働きかけに慎重な姿勢を崩さず，経済制裁の制限の中でオバマ大統領が認めた一部アメリカ企業の進出にも，厳しい姿勢をとり続けている．

2017 年にアメリカでトランプ政権が誕生した後，新政権はアメリカ人のキューバ渡航，およびオバマ政権が認めた一部アメリカ企業の対キューバ投資に再び制限を加えた．これは民主化を促進するという本来のアメリカの対キューバ政策のために，とくに革命政権に直接収入が入る国営企業にドルを落とすことを防ぐ目的である．これをみると，両国の関係改善は一直線に進むものとは考

写真 8.11 ハバナにただ 1 つ残った農民自由市場（2016 年 12 月）
米国との国交回復以来，国民の期待に反してキューバ政府は経済引き締めにかかっている．当時自由市場では価格が上昇する一方だったため，価格抑制の名目で，価格は高いが市民生活に欠かせない存在になっていた自由市場を閉鎖し，もっとも有名なベダド地区のこの市場だけ残した．米国との関係が正常化しても，米国にすり寄ることは絶対しないキューバ政府の心意気というべきかもしれないが，国民には不満が募る．

写真 8.13 米国利益代表部の視界を遮るように立てられたキューバ国旗（キューバ，2013 年 1 月，浦部浩之撮影）
キューバに対し厳しい政策をとったブッシュ（子）政権時代に，米国利益代表部の建物に反カストロのプロパガンダが掲げられたが，多数のキューバ国旗が建物前面に掲げられ遮られていた．オバマ政権 2 期目に入ってプロパガンダは外され，国旗もなくなった．残っていたポールも国交正常化交渉が進みなくなった．現在，利益代表部は米国大使館に戻っている（写真 1.1 参照）．

写真 8.12 革命広場に掲げられた「5 人の英雄」のスローガン（2009 年 1 月）
米国でスパイ容疑で逮捕・収監された 5 名のキューバ人を英雄と称え，その収監の 10 年を記念したもの．米国とキューバの国交正常化交渉の過程で，全員釈放された．キューバ政府は無実の罪で収監されたと主張している．

えられず，いまのところ「冷戦の終わり」とオバマが宣言したのも時期尚早であったと思われる．ただし，ソ連崩壊後の両国の関係は，イデオロギー面での対立でも安全保障上の脅威でもなく，アメリカの介入的な姿勢に対する反発であり，この点では冷戦後中南米で次々に現れた左派政権と似た状況になりつつある．

8.3.3 中国，ロシアの中部アメリカ進出

アメリカの関心の低下とともに，冷戦後世界の大国として新たに台頭してきた中国とロシアは，中部アメリカ地域にも進出し始めている．

中部アメリカ諸国の中でも，とくに中米諸国は伝統的に台湾と外交関係を維持してきたが，1990 年代以降，中国が経済援助をちらつかせて外交関係を樹立するよう求めてきた．まず 2007 年にコスタリカが台湾と断交して中国と国交を結び，2017 年にはパナマも同様に台湾と断交して中国と国交を樹立した．しかし他の中米諸国（ベリーズ含む）は依然として台湾と外交関係を維持しており，カリブ海諸国でもドミニカ共和国とハイチ，セントクリストファー・ネーヴィス，セントビンセント・グレナディーン諸島，セントルシアが台湾と国交を維持している．他の中南米諸国で台湾と外交関係を維持しているのはパラグアイのみであるので，中部アメリカは，中国と対立する台湾の数少ない同盟地域である．とはいえ，コスタリカとパナマが中国に寝返った現在，台湾と中国の援助合戦がどこまで奏功するか，今後も目が離せない．

近年はパナマ運河の混雑が問題となっており，第 2 パナマ運河建設の必要性が再び強く主張されるようになっている．2013 年には中国が運河建設の契約を，ニカラグア政府との間に締結した．中国の他地域での活動にも散見されるが，プロジ

ェクトが果たして無事実行されるかどうかはまだ不明である．ニカラグアは運河プロジェクトで中国の投資を受け入れたが，台湾との外交関係は依然として維持している．

　キューバに関しては，前述した2015年のアメリカとの国交正常化の1年前に，ロシアとの間で，ロシアの軍艦がキューバの港湾施設へ自由な寄港することを認める合意がなされた．同時期に，中国も同じ要請をキューバにしたと報道されたが，その後アメリカとの国交正常化交渉の過程で立ち消えになった．アメリカは冷戦時代のように中部アメリカを自国の勢力圏として守る意思を明確にしていないが，中国に関しては，その影響力を排除するために動いた可能性はある．

　ニカラグア・キューバとロシア・中国との関係は，社会主義政権であった，あるいは現在も社会主義政権であることからくる関係の緊密さを示すものではあるが，同時にニカラグアとキューバが，アメリカからの介入を抑止するために，中国やロシアをうまく利用している側面も否定できない（写真8.14）．小国としてキューバもニカラグアもとれる選択肢は限られているのだが，いくつかの大国の力のバランスをうまく利用して，一方的に介入される状況を避けることができる．ニカラグアの運河計画や，キューバのロシアや中国との軍事協力は，その好例である．

8.4　おわりに—大国とつき合わざるをえない中部アメリカ

　本章では，地政学の観点から中部アメリカ諸国がかかえる構造を明らかにするため，とくに歴史的にこれらの国々が大国とどのようにかかわってきたかをみてきた．とりわけ負の影響が大きかったのは，帝国主義の時代のヨーロッパ列強との関係や，新興大国として出現したアメリカの帝国主義的な介入，さらに第二次世界大戦後の冷戦構造の中で，植民地時代の遺制を引きずる国内の社会構造を，社会主義を用いて改善しようとする試みをアメリカに封じられた時期であろう．

　しかし大国に左右される構造は，中部アメリカ諸国が大国にならない限り，今後も続いていくことが予想される．冷戦が終わり，イデオロギーを理由とした介入が大きく減った現在，中部アメリカではようやく，植民地時代の構造的矛盾に立ち向かう環境が整ったともいえる．ただしキューバ革命やニカラグア革命の政治的・経済的な失敗の例をみれば，社会主義の道はこの植民地時代の遺制を解決する方法としては，必ずしも最善ではない．アメリカも当分は世界の超大国でいるであろうし，様々な要因から介入を強めることもあるだろう．中部アメリカ諸国は，大国の介入を所与の条件として受け入れ，時代ごとにその対応を考えつつ，それぞれの国内問題にも対処する姿勢を今後も継続していくと思われる．その中では，前に述べたように，アメリカに地理的に非常に近い条件を逆に利用して中国やロシアなどアメリカ以外の大国の関心をひきつけ，アメリカの影響力を減らすという方策は，小国の自衛策として有効であろう．

[山岡加奈子]

写真8.14　ハバナ市内のスローガンと中国製バス（2009年1月）
2009年，革命50周年を記念してハバナ市内あちこちに掲げられたスローガンの1つ，「革命は人道主義である」の下を，中国の宇通（ユドン）社のバスが走っている．革命50周年記念の半年前から，キューバ政府は中国製のバスを大量に輸入し，それが一気に通りに出回った．その約1年間だけハバナではバスが数分おきに運行されたが，いまはまた3時間待ちとなっている．バスは壊れてしまうと，部品がないので，そのまま廃車となる．

引用・参考文献

尾尻希和（2004）：中米和平の実現から積極的平和の促進へ—オスカル・アリアスの思想と実践．今井圭子編：ラテンアメリカ開発の思想, pp.211-225, 日本経済評論社.
狐崎知己（2016）：デュバリエ体制後の開発体制—国際介入と体制転換．山岡加奈子編：イスパニョーラ島研究序説, pp.34-58, 調査研究報告書, ジェトロ・アジア経済

研究所.
寿里順平(1991):中米—干渉と分断の軌跡,東洋書店.
細野昭雄ほか(1987):中米・カリブ危機の構図—政治・経済・国際関係(有斐閣選書),有斐閣.
LeoGrande, W. M. (1998): *Our Own Backyard: The United States in Central America, 1977-1992*, University of North Carolina Press.
Preston, D (1996): *Latin American Development: Geographical Perspectives*, Langman.
Smith, P. (2013): *Talons of the Eagle: Latin America, the United States, and the World*. 4th ed., Oxford University Press.
United States Agency for International Development (USAID) (2017): *U.S. Overseas Loans and Grants: Obligations and Loan Authorizations July 1945-September 30, 2015*, USAID.
Williams, E. (1970): *From Columbus to Castro: The History of the Caribbean, 1492-1969*, Deutsch.(ウィリアムズ,E.著,川北 稔訳(1978):コロンブスからカストロまで—カリブ海域史,1492-1969(Ⅰ,Ⅱ),岩波書店.)

═══ コラム　キューバの「ハーシー」鉄道 ═══

　アメリカ企業のキューバへの投資は,19世紀から20世紀前半に盛んに行われた.とくにキューバに大規模なサトウキビ農園を建設し,砂糖に加工して,アメリカ側の関税を優遇し,クオータ制で優先的に引き取るかたちで買い取っていた.

　日本でもよく知られたハーシー・チョコレート社は,当時米国一のチョコレート会社であり,チョコレートに使う砂糖をキューバで生産していた.その生産と米国への輸出を一貫して行うため,ハーシー社はまず1917年に自社専用の鉄道を,ハバナ港から50km東にあるハーシー社のサトウキビ農園まで敷設した.翌1918年には製糖工場を建設,自社農園のサトウキビを素早く工場へ運び,砂糖に加工,それを鉄道でハバナ港まで運んで米国のハーシー社工場へ直輸出するシステムをつくりあげた.

　鉄道は,蒸気機関車が主流であったキューバではじめての電気機関車である.終点はHershey(ハーシー)駅で,スペイン語読みするとヘルシー駅となる(写真C8.1).このヘルシー駅からヘルシー村が始まり,町の中には学校や診療所をはじめ,幹部社員や一般労働者の住宅,薬局や日用品店などが立ち並ぶ.町のつくりはアメリカ式で,アメリカの小さな町によくみられるように,中心部に大通りがあり,その両側に店や学校が並び,その周囲に住宅,さらに街はずれにプロテスタント教会が建てられている.

　8.1節のグイネスの写真(写真8.2)にあるように,またハバナ旧市街もそうだが,スペインが建設した町は,中心部にカトリック教会と町の役場や貴族の館などが囲む中央広場がある.しかしこのヘルシー村はアメリカ式なので,キューバの他の町とは異なる構造をしており,住宅もアメリカの郊外でよくみられるようなイギリス式のパステルカラーに塗られた様式で,教会は中心部ではなく街はずれにある.さらに村から車で10分ほど離れた山の中には,社員のためのレクリエーション施設まで建設されており,今日それは公園として活用されている.

写真C8.1　ハーシー(ヘルシー)駅とハーシー電車(2010年10月)

1959年のキューバ革命によって，ハーシー社の大農園や製糖工場は接収され，ハーシー社はキューバを去った．会社が従業員に貸与していた住宅も接収され，住民に分配された．製糖工場は革命の英雄の名をとってカミーロ・シエンフエゴス製糖工場と名前を変え，2000年代はじめまで操業を続けた．しかしソ連崩壊後の経済危機の中で，カストロは砂糖産業を諦める方向へ方針を転換し，この工場は閉鎖された．筆者が訪れたのは2010年だが，閉鎖されたものの工場はまだその威容を保っていた．

他方，ハーシー鉄道のほうはいまも現役である．キューバ唯一の電気機関車の鉄道として，革命後はソ連・東ドイツから中古の電車を輸入し，ハバナ港地区とヘルシー村を結ぶ通勤線として使われている．またハーシー社が1910年代にペンシルヴェニア州から輸入したハーシー電車が，現在は観光客向けに週何回か運行されている．米国との国交正常化以来，キューバで革命前のアメリカ車が現役で走っていることが日本でも話題になっているが，ハーシー電車も同じように，1910年代当時の赤い色に美しく塗装され，ぴかぴかである．

革命以来キューバ政府は，アメリカに対しては帝国主義的として厳しく敵対してきた．その姿勢は国交が回復されても基本的には変わっていない．しかしアメリカの車や電車は，いまも丁寧に塗り直され，きちんと整備されて走り続けている．キューバ人のアメリカに対する感情は愛憎半ばするものであり，車や電車は彼らの愛の側面を映し出しているのだ．

[山岡加奈子]

9 多様なツーリズム
——マスツーリズムから「新しい観光」まで

中部アメリカ諸国にとって，いまや観光は自国の経済を支える最重要の産業となっているといっても過言ではない．この地域には，多様な観光資源と観光のあり方が存在しており，世界各地からやってくる訪問者を楽しませている．そうしたこの地域の観光をめぐる状況は，まずはアメリカ合衆国に距離が近いというこの地域が置かれた地理的条件，コロンブスの到来以前から現在にいたるまでに多様な人たちが行き交う中でこの地域が経験してきた様々な歴史的経緯，そして何より観光が成立するために不可欠な平和の実現という社会的条件が背景にあって成り立っているのである．本章では，これらの要因を念頭に置きつつ，中部アメリカ地域における観光の成立と海浜リゾートの開発，そして多様な観光のあり方の展開について理解しながら，この地域の特徴について考えていこう．

9.1 国際観光の大衆化とリゾート開発

9.1.1 ジェット旅客機とマスツーリズム

観光は平和を前提として成り立つものだ．だから，いまのように国際観光が本格的に行われるようになったのも，人類が2度の世界大戦を経験したあとのことである．世界中の人々が疲弊した第二次世界大戦が終結したのち，世界を恒久平和へと導いていくために国際的な相互理解を進めるべく，国際観光の重要性が認識されていったのだ．そして，キューバ危機による東西の緊張の高まりに対応するように，国連では1963年に国連国際旅行・観光会議（観光ローマ会議）が開かれている．そこでの議論においては，世界が平和であるためには互いの国を知ることが大事であること，そして国際観光は異文化・文明への共感，評価が民族間の理解を促進して，世界平和の伸張に寄与するものであることが確認され，1967年を「国際観光年」とすることが決議された．その際，「観光は平和へのパスポート（Tourism；Passport to Peace）」というスローガンが高らかに掲げられたのだった．

だが，国際観光の進展は，そうした認識の変化だけではなかなか進むものではなく，これに技術の進歩があってはじめて成し遂げられたという側面がある．戦後に観光のあり方を大きく変えていったもっとも大きな技術革新は，航空技術の分野でジェット旅客機が実用化されたことであろう．それは戦時中に開発された軍事技術の転用であった．

中部アメリカ地域を北側から臨むアメリカ合衆国では，すでに第一次世界大戦後の1920年代には，主要な民間航空会社（あるいはその前身）が相次いで産声を上げている．その中でもパンアメリカン航空などは，1927年のキーウェスト・ハバナ間の航空郵便開設を皮切りに，中米・カリブ海諸国から南アメリカのアルゼンチン，チリ，ブラジルにまでいたる路線網を広げていた．ただ，この当時，航空機は観光客の移動手段としてはまだまだ船舶と肩を並べうるものではなく，せいぜいその補完的な存在でしかなかった．

そこに，第二次世界大戦を経て1950年代に登場したジェット旅客機は，プロペラ機と比べて圧倒的なスピードと航続距離を兼ね備えていた．それまでは，国際観光では船舶を用いることが一般的であったが，船で何日もかかって移動していた場所でも，ジェット旅客機なら短時間で着いてしまうのである．ジェット旅客機を利用することによる往復の移動時間の大幅な短縮で，余暇に費やすことのできる時間が限られた人たちが，海を越えての国際観光に参加しやすくなったし，さらに遠隔地に足を伸ばすことも可能になったのだ．そして，1969年のボーイング747（ジャンボジェット）の就航に象徴されるように，さらに航空機が

大型化して，一度に数百人レベルの乗客の輸送が可能になったことで，航空運賃が格段に安くなり，ジェット旅客機を利用した観光が一般大衆にも容易に手が届くようになっていったのであった．こうしてジェット旅客機の登場とその普及，大型化により，国際観光はそれまでの船の時代から空の時代に移行し，マスツーリズムと呼ばれる観光のあり方が確立していったのである．

ジェット旅客機の登場は，それまで観光と縁遠かった遠隔地にも国際観光客の流れを呼び込む契機となった．アメリカ合衆国の観光市場についていえば，この遠隔地こそ中部アメリカ地域ということになる．

航空機を受け入れるためには，平坦な場所に滑走路を1本つくりさえすればいい．鉄道や自動車のように出発地から目的地まで延々線路や道路を建設する必要もなければ，船舶のように巨大な港湾施設をつくる必要もない．いったん観光客を引き入れるルートを確立してしまえば，そこには魅力的な観光資源が存在しているのだ．ジェット旅客機の登場を機に，中部アメリカ諸国でも外貨獲得や国内雇用の促進など，まさに自国の経済をテイクオフさせていく期待をもって観光開発にとりかかっていったのである．かくして，中部アメリカ各地にはアメリカ合衆国，あるいは一部のヨーロッパの人々のバケーション地としてのリゾート開発が進められていくことになる．

9.1.2 リゾート開発の現実

だが，そもそもリゾートというものは理想的なユートピア・イメージの上にプランが描かれてつくられていくものである．トマス・モアの『ユートピア』（1516年）で描かれた世界や中国の「桃源郷」などのように，ユートピアとは隔離され限定された空間であり，選ばれた特権的な人のみが行ける場所である．そうした現実には存在しない理想的なイメージからなるユートピアとしてのリゾートを現実の場所につくろうとすると，どういうことになるであろうか．そもそも現実の場所には地域住民の社会があり，そこで暮らす人々の日常生活がある．当然，それはユートピアとしての理想的な環境にはそぐわない存在であり，無視さ

れ，時に排除されるべき存在とされるのだ．大した資源もなく観光に自国の将来を賭けようとした中部アメリカ地域の多くの国々では，リゾートの開発が国をあげての一大プロジェクトとなることも多かったが，その際には公権力によって地元住民が強制移住させられるようなケースも少なくなかったはずだ．こうして，よくリゾート地の観光パンフレットの写真で描かれているような，地元住民の生活感のかけらもない，完璧なユートピア像がそこに再現されていくのである．

だが，そうした開発事業は，実際には欧米先進国のディベロッパー企業の力がなければ，遂行していくことはほとんど不可能といっていい（これに加えて，近年は中国資本の動きも目立つようになってきている）．むしろ国家的な観光開発プロジェクトといっても，実際の仕掛け人はこうしたディベロッパーであることのほうが多いだろう．彼らに導かれてくる外国資本は，もし開発したリゾートが思うように利益を上げられず，またほかにもっといい開発候補地があれば，躊躇なくそのリゾート地を去ってしまうだろう．そうすればリゾート地のイメージの劣化は避けられず，地域社会の力が失われてしまっている以上，その場所自体が衰退していきかねない．また，なんとか長らえることができたとしても，マスツーリズム状況下では，しばしば自然環境破壊や犯罪，売買春の発生など様々な社会問題が引き起こされていることは，これまでも指摘されてきた．リゾート地が開発当初の新鮮なイメージを長く維持していくのは，継続的な資金の投入とよほどの付加価値でもない限り非常に困難なことなのだ．

マスツーリズム全盛である現在，観光開発によって生み出されてきた中部アメリカ地域のリゾート地の多くは，まさにそうしたアメリカ合衆国や欧米諸国と中部アメリカ諸国とのいわゆる「新植民地主義」的関係のもとで，問題をかかえながら成り立っているということを忘れてはならない．

9.2　海と太陽とマスツーリズム

9.2.1　観光拠点と海浜リゾート

中部アメリカ地域には多様な観光地が存在す

る．様々な種類の観光資源と多様なツーリズムのあり方がそこにはあるのだ．その観光のベースになっているのは，まず観光客をそこに導く入口となり，観光資源へのアクセスを準備する観光拠点の存在である．上で述べたように，中部アメリカ地域では，歴史的な経緯からみても，その観光拠点となるのはたいてい国際線の飛行機を受け入れる空港のある場所であり，それは都市か，もしくは国家レベルの開発が行われたリゾート地である．そして，この中部アメリカ地域でリゾート地といえば，それは基本的に海浜リゾートといっていいだろう．そのため，一般的に中部アメリカ地域の観光振興は，まずは海浜リゾート開発の展開があって進んでいくことが多かったのだ(図9.1)．

中部アメリカ地域の人々にとっては取り立てて珍しいものでもない，どこにでもある青い海と白い砂浜，そして燦々と輝く太陽は，先にも述べたとおり，欧米の人々のユートピアへの想像力を刺激するものであり，彼らからみれば何にも勝る価値のある観光資源だった．そうした中，中部アメリカ地域で第二次世界大戦前よりアメリカ合衆国からの一大観光目的地となっていたのはキューバであった．

9.2.2　キューバとアカプルコ

かつて，その美しさから「カリブ海の真珠」と称されたキューバは，20世紀はじめ頃よりアメリカ合衆国からの多くの観光客で賑わうようになっていた．ビーチの美しさに加えて，旧宗主国のスペイン文化とハイチの独立以降に移ってきたフランス人の文化に，黒人奴隷に由来するアフリカ文化が融合してできあがった宗教，音楽，踊りなど，独特のキューバ文化が観光客を魅了したのだった．第二次世界大戦後にはホテルや道路，空港はもちろん，公共建築物や水道などのインフラの整備が著しく進み，とくにアメリカ人観光客に対する様々な便宜が図られたことが，同国の観光振興を強力に後押ししたのだった．だが一方で，アメリカのギャングが禁酒法により本国で禁じられた酒類を密輸目的で製造したり，アメリカ人観光客を対象としたギャンブルや売春などが拡大したりと，アメリカの裏庭化が進んでいった．この負の側面が1959年のキューバ革命を促す一因となったともいわれている．

革命後に社会主義国となったキューバは，しばらくは観光振興には否定的な姿勢をとっていたものの，深刻な経済危機に直面して，1973年にカストロは同国の観光立国化へと舵を切り直してい

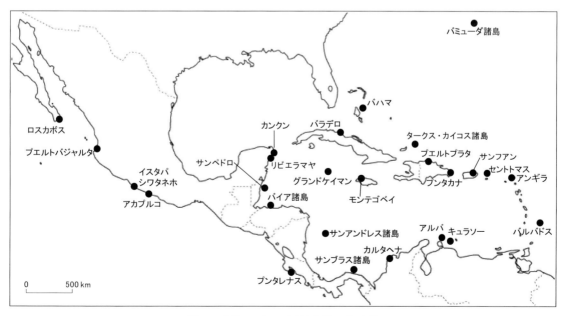

図9.1　中部アメリカの主要な海浜リゾート地

る．現在では社会主義体制は維持しつつもアメリカ合衆国との関係改善が急激に進む中で，有名なバラデロをはじめとして島中に点在する美しい海浜リゾートに，ハバナなどの革命前のノスタルジーに満ちた都市の町並み（写真 9.1）という二大観光資源が，中部アメリカでも有数の観光目的地としてのキューバを支えている．

一方，メキシコでは第二次世界大戦後の 1946 年に，太平洋岸のアカプルコの開発が最初の国家プロジェクトとして開始されている．このプロジェクトは首都からアカプルコにいたる高速道路建設をはじめとするインフラ整備のみならず，観光を担う行政機関の設立や連邦観光法の制定など，観光立国メキシコのあり方をトータルに決定づけるものであり，この国家主導型の海浜リゾート大規模総合観光開発というあり方は，その後の同国の観光開発のモデルになっている．アカプルコはキューバ革命後のアメリカ人観光客の受け入れ先として，北アメリカ最大の観光地となっていったのであった．

9.2.3 マスツーリズム時代の中部アメリカ

20 世紀後半の中部アメリカ地域では，キューバ革命だけでなく，各地で革命や内乱が起こったということは，第 8 章などで述べてきた．いまでこそ中部アメリカ全体に広がっている観光地の開発も，各地の社会状況に応じて，紛争が解決した時点から始まることになる．つまり，平和になった時に各国がまず手をつけたのが観光開発といってもいいだろう．また，革命後のキューバが再び観光立国へと動き出した 1970 年代はじめというのは，先ほど述べたように，世界的に航空旅客機が普及してマスツーリズムが一般化した時期でもあった．この時期，中部アメリカのいくつかの地域で観光開発が始まっている．

ドミニカ共和国では，1930 年代より続いてきたトルヒーヨ独裁政権が打倒されたあとに起こった内戦が終結すると，1960 年代後半よりアメリカ合衆国の経済的なバックアップにより，社会基盤が整備されている．その際，観光は開発優先分野となり，1970 年代から外資の積極的な導入により，北海岸のプエルトプラタやプンタカナなどでオールインクルーシブ型（滞在施設内での食事，アクティビティ，その他のサービスの代金があらかじめ料金に含まれており，滞在者は広大なリゾートにあって一切金銭を持ち歩くことなく施設やサービスを利用できるというスタイルの受け入れ形態）の高級海浜リゾートが次々と開発されていった．現在では年間観光客 560 万人，観光収入 61 億ドルを誇る（2015 年，UNWTO 統計），カリブ海島嶼国家では最大の観光地となっている．

一方で，大陸部のホンジュラスでは，1970 年以降，北部のバイア諸島の観光開発が始まっている．ホンジュラスという国は，良くも悪くも伝統的にアメリカ合衆国の政治的経済的影響下に置かれてきた．そのせいで，1970 年代後半から 80 年代中頃にかけて隣国で繰り広げられた中米紛争の

(a)  (b)

写真 9.1 ハバナの町並み（2017 年 3 月，石井久生撮影）

時期にも，国としては比較的安定していたわけだ
が，もともとカリブ海に浮かぶバイア諸島にはそ
うした影響すら皆無であったのだ．ロアタン島，
ウティラ島，グアナハ島などからなるこの諸島で
は，当初はダイバーやバックパッカーが集まる場
所として静かに観光がスタートしており，しだい
に知名度が上がることでアメリカ合衆国などから
の直行便を受け入れる国際空港が建設され，高級
リゾートへと成長していったのである．

また，中部アメリカというより世界でも指折り
のリゾート地として有名なメキシコのカンクンも
同時期に開発が始まっている．メキシコは20世
紀初頭に起こったメキシコ革命以降は大きな紛争
なども起こっておらず，中部アメリカの他の国と
比べて政治的に比較的安定した状態で現在にいた
る国である．アカプルコの開発から20年以上経
過して，新たなリゾート開発がエチェベリア政権
のもとで進められたが，その開発対象の中に，バ
ハカリフォルニア半島南端に位置するロスカボス
などと並んでカンクンがあったのである．

9.2.4 メキシカン・カリブの開発

メキシコのユカタン半島北東部に位置するカン
クンは，開発前には人口140人ほどの小さな漁村
にすぎなかったが，大陸側にダウンタウンと空港
を，沿岸州のカンクン島にホテルゾーンを配置し
て，これを道路でつなぐというプランにもとづき
1972年に開発が開始されると，10年ほどの間に
世界的なリゾート地としての地位を獲得するまで
に成長した．その名声を確かなものにしたのは，
1981年10月に23カ国の首脳を集めて開催され
たカンクン・サミットである．このような国際的
なイベントを通して来訪者を集め，なおかつ高級
リゾートとしての知名度を高めるというコンベン
ション・ツーリズムの手法は，現在では日本を含
め世界中で行われているが，カンクンはそのモデ
ルケースの1つであるといえる．そして1986年
には，ついに外国人訪問者数でアカプルコを上回
り，カンクンは北部・中部アメリカで最大の観光
地となったのである．

一方，中米和平に向けての国際的な努力が行わ
れていた1986年に，メキシコ，グアテマラ，ベ

リーズの3カ国がルータ・マヤと呼ばれる国際観
光開発計画を発足させている．翌年にはホンジュ
ラスとエルサルバドルも参加し，同時期に提唱さ
れた持続可能な開発という考えも入れながら，こ
の5カ国を中心に様々な国際機関や企業なども参
加して議論が進められていった．そしてこの計画
は，参加域内の自然・文化遺産の保全と観光資源
としての活用，そしてこれによる地域経済の活性
化を目指す総合観光開発計画という性格をもつに
いたり，1990年にはムンド・マヤ計画という名
称に正式に変更されている．この中部アメリカ地
域の大陸部で進められた域内観光開発計画は現在
も継続しているが，その中心となる最大の観光拠
点は一貫してカンクンであるといっていい．

ただし，リゾート地というものは，時間の経過
とともに，イメージの新鮮味がうすれていくとい
う宿命からは逃れられない．観光客が新たな魅力
をもつ後続の新興リゾート地に目を移してしま
い，衰退していったリゾート地も少なくない．そ
れゆえにメキシコ政府は，1990年代末以降，カ
ンクンの南に延びる海岸線に沿って観光開発を進
めることで，このカリブ海リゾート観光の拡大を
図っていくことになる．これがリビエラマヤ地域
である．

リビエラマヤ地域は，比較的小さな観光拠点が
南北120kmほどに及ぶ広い海岸地帯に点在する
というスタイルの観光地域であり，そうした観光
拠点を中心にそれぞれ広大な敷地をもつオールイ
ンクルーシブ型の巨大ホテルが並んでいる．それ
は，カンクン島という狭い場所にホテルの建物が
集中しているカンクンとは対照的なデザインであ
るといってよい．リビエラマヤ地域が企図するバ
カンス型の観光スタイルは，ヨーロッパからの観
光客の増加という新たな展開を生むことになり，
現在では観光地としてカンクンと肩を並べるまで
に成長している（ちなみにキンタナロー州観光局
によると，2016年にはリビエラマヤ地域は479
万人の来訪者を集め，同じく476万人を迎えたカ
ンクンをしのいでいる）．

カンクンという点から始まったユカタン半島北
部東海岸地域の観光開発は，リビエラマヤ地域の

9.2 海と太陽とマスツーリズム　125

開発によって面として広がっていったが，その面はさらに南に拡大している．カンクンとリビエラマヤ地域はメキシコのキンタナロー州の北部に位置しているが，そこから同州南部の州都チェトゥマルにいたる海岸地域は，21世紀に入るとカリベ・メヒカーノ（メキシカン・カリブ）と総称されて観光振興が進められるようになった．この地域にはカリブの青い海のみならず，古代マヤ文明の遺跡や植民地期のヘリテージ（文化遺産），自然保護地域といった観光資源が豊富に存在し，またクルーズ船の寄港地も複数建設されている．北部，中部アメリカ地域最大の観光地域メキシカン・カリブは，さらに成長を続けているのである．

9.3　豊富なヘリテージと観光

9.3.1　海浜リゾート観光以外の魅力

中部アメリカ地域で観光地となっている場所が，海浜リゾートの魅力だけではなく，あわせてヘリテージや自然環境に恵まれていることは決して偶然などではない．この地域では，かつてマヤやアステカなどの古代文明が栄え，15世紀末以降はスペイン人やその他のヨーロッパの人々が植民地というかたちで支配し，独立後から現在にいたるまで，そうした歴史に根ざしたバラエティ豊かな文化が各地の社会をつくってきた．そして，その文化の多様性が地域の魅力となり，海浜リゾートだけではない複合的な観光のあり方を構成しているのである．

その多様性は，この地域の世界遺産のリストをみればよくわかる．世界遺産は無数に存在するヘリテージの中でも特別な存在である．したがって，ヘリテージが世界遺産登録されて，観光資源としてのブランド化が進むことで，この地で生きてきた人間の活動の様々な痕跡，そしてそこに投影される人々の思いに，海浜リゾートに向きがちな観光者の目を向けさせることができるのである．そして，それはその周辺地域の文化や社会に関心をもたせ，観光者を導き入れる入口のような役割を果たすことにもなる．世界遺産の存在が，地域の観光振興のあり方に極めて大きな影響をもつことはいうまでもない．

9.3.2　メソアメリカ古代文明の遺跡

中部アメリカ地域の大陸部，現在のメキシコの中部以南，グアテマラ，ベリーズに，ホンジュラスとエルサルバドルの西部を包括する地域はメソアメリカと呼ばれる（第1・3章参照）．この地域概念は言語学的，民族学的な検討をもとに提唱されたもので，先スペイン期にアンデス地域と並んで高文明が存在していた地域に相当する．むろんメソアメリカの領域外のコスタリカやパナマにも先スペイン期の遺跡はあるが，メソアメリカ文明の遺跡は，観光においても，スケールが桁違いに大きい．

メソアメリカは，その文化的特徴の違いから，メキシコ中央高原，オアハカ地方，メキシコ湾岸地方，メキシコ西部地方，マヤ地域などに分けられ，それぞれの地域に残る主な遺跡のほとんどは，現在では公園化されて観光者を受け入れている．例えば世界遺産登録されたものだけでも，メキシコ中央高原にはテオティワカンやソチカルコ，そしてアステカの都テノチティトラン（「メキシコ・シティ歴史地区とソチミルコ」として登録）が，オアハカ地方にはモンテアルバン，そしてメキシコ湾岸にはエルタヒンがあり，マヤ地域にいたってはパレンケ，カラクムル，ウシュマル，チェンイツァ（以上メキシコ），ティカル，キリグア（以上グアテマラ），コパン（ホンジュラス），ホヤデセレン（エルサルバドル）と多くの遺跡があげられ，それぞれ観光者を集めている（図9.2）．そして，これらに加えて，世界遺産ではない数多くの遺跡が公園化されている．

その中でチチェンイツァやコパ，トゥルム（写真9.2）といったメキシコのユカタン州，キンタナロー州の遺跡公園には，上で述べたカンクンやリビエラマヤ地域という海浜リゾートの滞在者が訪れるかたちで，コンスタントに多数の訪問者がある．一方で，それ以外のメソアメリカの遺跡公園では，基本的に海浜リゾートよりも，都市を中心としたネットワークの中で観光が行われているのが普通である．

中部アメリカ地域の中でもメソアメリカにあたる地域では，上で述べてきたような海浜リゾート

図 9.2 世界遺産登録されている先スペイン期の遺跡

写真 9.2 トゥルム遺跡公園（2015年2月）

開発の大きな流れとは別に，遺跡の整備・公園化のみならず，道路や空港，その他の観光施設の建設などのインフラ整備や積極的な観光プロモーションを実施する国家レベル，あるいは国家間の総合的な取り組みによって，この一流の観光資源である古代文明の遺跡をしっかり生かすことができていると考えられる．先に述べたムンド・マヤ計画などは，そうした取り組みのいい例である．だが，実は遺跡の観光化が進むはるか以前から，様々なメディアを通して，メソアメリカ地域の古代文明に関する情報が世界中に流通してきた．そ

して，謎という言葉とともに，古代文明は一定のイメージを獲得してきていたのである．この地で観光インフラ整備が進むことで，そうした様々なイメージづけがなされたこの地域に対して興味や何らかの期待をもった人々が，観光者として実際に訪れるようになった．そして，これに拍車をかけたのが遺跡の世界遺産登録だったのである．

9.3.3 征服期・植民地期の文化遺産

1492年10月にコロンブスがカリブ海に浮かぶサンサルバドル島に到達して以降，中部アメリカ地域は，スペイン人による征服と植民地支配の時代となる．このヨーロッパのアメリカ大陸との出会いと支配，そして新大陸が生み出す利益をめぐってのヨーロッパ人同士の争いの歴史は，様々な文化遺産を残すことになった．

スペイン人は入植すると，スペイン風の町を建設した．教会前の広場を囲むように行政機関の建物を配し，これを中心に碁盤の目状に道を延ばして町を建設する手法は，各国の首都から地方の村落までほぼ一貫しているといっていい．したがって現代になっても，中部アメリカ地域の都市の旧市街と呼ばれる中心部には，たいてい植民地期に建設された教会があり，当時の繁栄ぶりそのままに，美しい装飾が観光客の目を奪うのである．町

全体に植民地時代の様子が色濃く残っている都市も少なくなく，コロニアル都市の町並みとして観光化が進められている．その中でもドミニカ共和国のサントドミンゴは，コロンブスが最初に建設した植民都市として世界遺産に登録されている．

一方，スペイン人によるアメリカ大陸の征服と植民地化は，新大陸で産出する金や銀を獲得することが大きな目的であったことはよく知られている．中部アメリカ地域では，メキシコのサカテカスやグアナファトといった銀の産地や銀を運んだ道など当時の経済的な繁栄ぶりが観光資源化されている．また，スペインに向けて金銀をはじめとする高価な物品を送り出したメキシコのベラクルスやパナマのパナマ市などは，海賊による襲来を受けることも少なくなく，メキシコ湾岸やカリブ海沿岸の港町は城壁で囲まれ，大砲などを据える攻撃施設が建設された．沈没した海賊船なども含め，それらは，現在では人気のある観光スポットとなっている．

加えて，グアテマラのテクン・ウマンやホンジュラスのレンピーラのように，スペイン人征服者に対して抵抗した先住民のリーダーがその土地のヒーローとして観光資源化されているケースもある．征服期・植民地期の観光コンテンツも，古代文明に劣らず非常に多様であるといえる．

9.3.4 いまを生きる文化遺産

これまで述べてきたヘリテージのうち，古代文明の遺跡や海賊に関連した遺構などは，中部アメリカ地域の歴史を語り継ぐモニュメントといえるが，教会やコロニアル建築が並ぶ町並みなどは，いまもそこに住む人々の生活の場所として現在を生きている．そして，そうしたいまを生きる文化遺産といえるものから，次々と観光資源としての価値を見出されるものがでてきている．

中部アメリカでは，歴史的な経緯の結果として，大陸部にはかつて古代文明を担った人々の末裔としての先住民が現在も数多く暮らす地域があり，また島嶼部ではアフリカ系の人々の人口比率が高い．長く社会的に低い地位に甘んじてきたそうした人々の生活そのものも，現在では観光資源化されるようになってきた．これまでも，彼らがつくる民芸品は観光客の土産品として観光地でも売られてきたし，祭や儀礼をみるために先住民集落まで足を伸ばす観光者もいた．そこに最近では，彼らの生活を観光者が体験する，いわゆるエスニックツーリズムもしだいに盛んになってきている．先住民やアフリカ系の生きた文化への注目は高まってきており，ユネスコの無形文化遺産に登録されているものも少なくない．

また，ユネスコの無形文化遺産といえば，「メキシコの伝統料理」が登録されているが，先住民文化とヨーロッパやアフリカなど外部から入ってきた文化の融合が生み出した各地の食文化のバラエティも，それぞれの地で重要な観光資源となっている．さらに，メキシコを代表する蒸留酒であるテキーラに関連して，「リュウゼツランの景観とテキーラ村の古式産業施設群」が世界文化遺産に登録されている．同国中部のハリスコ州テキーラ村の産業遺産と文化的景観が評価されたものだが，メキシコ第2の都市グアダラハラから近いこともあり，訪れる観光者は多い．

そのほかにも，現代の町並み，建築物にも魅力的なものが少なくない．各国の首都クラスの都市の町並みには，それぞれみるべきものがあって市内ツアーが頻繁に行われている．とくに，アメリカ製のクラシックカーが町中を走り，20世紀前半の「古き良き時代」へのノスタルジーで満たされたキューバのハバナ市街は個性が際立っている（写真9.3）．一方，現代の構造物としては，巨大

写真 9.3 アメリカ製クラシックカーが走るハバナ市街（2017年3月，石井久生撮影）

な船舶が行き来するパナマ運河などもほかにはない魅力的な観光地といえるだろう．ここでは，陸上から閘門施設を見学するという観光もあれば，クルーズ船に乗って運河を通過するという楽しみ方もある．

9.4 クルーズ船観光とエコツーリズム —新しい動き

9.4.1 クルーズ船観光の隆盛

現在，クルーズ船による観光が再びカリブ海や太平洋岸で盛んに行われるようになっている．クルーズ船観光は，ジェット旅客機の登場によってマスツーリズム時代が到来しても，1つの観光のジャンルとして，裕福で時間のある人たちを対象に行われてきた．それがいま，大衆化が進み，再び注目を集めてきているのである．

中部アメリカではカーニバル・クルーズ・ライン社とロイヤル・カリビアン・クルーズ社という2大クルーズ企業の競い合いの中で，船舶の巨大化が進められてきた．そして，1990年代後半にはついに12万t超の巨大な船舶が出現している．現在では，おびただしい数のそうした巨大豪華客船が，アメリカ合衆国やプエルトリコなどにある母港を起点に，カリブ海や太平洋岸を行き来している．それには，主にリゾート地として地位を確立した場所やその近くに，そうした巨大クルーズ船を停泊させられるだけの港湾施設の建設が次々と進められているという背景もある（図9.3）．

こうした停泊施設では，この2社とその傘下の企業の船舶のほか，独立系のディズニー・クルーズ・ライン社やヨーロッパやアジアの企業などの船舶が何隻も並んで船体を休めているのをみることができる（写真9.4）．クルーズ船は洋上に浮かぶ巨大なホテルである．一隻に2,000人から大きいものでは6,000人を超える乗客を収容する，オールインクルーシブ型のホテルが海の向こうからやってくるということだ．だから，寄港地ではクルーズ船が係留している日といない日とでは町の景色が大きく変化することになる．

クルーズ船が巨大化し，キャパシティが大きくなればなるほど，乗船料を安くすることができるようになり，こうした観光も特別な人たちのため

だけのものではなくなるのだ．その意味では，この形態は，地元リゾート地のホテルのキャパシティがそれほど大きくなくとも，マスツーリズムを実現させられる仕組みと考えることもできるだろう．また，観光地を新たに開発するにあたっては，ホテルなどのインフラの建設が進むことで起こりうる，自然環境の破壊や地元住民の生活の場の喪失といった問題が部分的にでも回避できる可能性はあり，マスツーリズムの新たな展開のあり方を示唆しているといえるかもしれない．

だが，リゾート地として地位を獲得している既存の観光地では，クルーズ船の寄港地の建設が広がることが，必ずしも歓迎されているわけではない．リビエラマヤ地域では2000年代に入って，クルーズ船の母港建設が計画されたものの，現地のホテル業界の反発があって実現しなかったということもあった．

いずれにしても，クルーズ船観光は，マスツーリズムの新たな展開にほかならず，中部アメリカ地域では今後も拡大していくことが予想される．しかし，それにより一気に数千人規模の来訪者が観光地に流れ込んでくることには変わりはない．一部の住民を除けば，地元社会が観光の恩恵に十分にあずかれないことが多いというマスツーリズムの性格を考えれば，観光地側の受け入れ姿勢が，さらに問われ続けていくことになるだろう．

9.4.2 エコツーリズムの推進と功罪

クルーズ船観光をマスツーリズムの新たな展開のあり方と考えるならば，その対極にあるのがエコツーリズムであるといえるだろう．エコツーリズムは，自然の景観や特定の動植物を対象とした観光形態ではあるが，単に人の活動の影響を感じさせない，いわゆる手つかずの自然を愛でることを目的とするのではなく，自然環境の保護，そして地域社会への配慮までもが意識された，いわゆる「新しい観光」の1つである．中部アメリカは，世界自然遺産となっている場所だけで20近くあるように，豊かな自然環境にあふれた地域であり，これに早くから取り組んできたコスタリカなどは，世界のエコツーリズムの先進地域とされている．

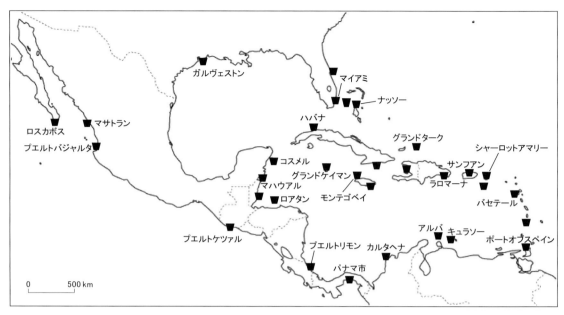

図 9.3 中部アメリカの主要なクルーズ船寄港地

写真 9.4 停泊中のクルーズ船（コスメル，2013 年 8 月）

コスタリカは，5万 km² あまりの決して広くはない国土に，8万7,000種ともいわれる生物が生息する生物多様性にあふれた国である．1970年代以降に自然環境保護に対する関心が世界的に高まる中で，自然科学者や欧米のNGOなどがこの国の自然環境に注目するようになり，これに同国政府が応じるかたちで自然保護区が次々とつくられていった．そして，現在では国土の面積の4分の1ほどにあたる場所が自然保護区に指定されている．

そうした自然保護区では，訪問者の入場料やガイド料などが運営のための主な収入となるが，その収入が地元社会に十分に還元されることが，エコツーリズムでは何より大切なことである．1990年代に入って「サステイナビリティ（持続可能性）」という概念が現代社会の中で重きをなすようになっていくにつれ，エコツーリズムも自然環境や地域住民の生活のサステイナビリティをどう担保するかという側面が重視されるようになってきた．そのための地元社会の観光への自律的な関与がとりあえず実現し，これが積極的に推進されることで，コスタリカは世界のエコツーリズム推進国が模範とする国となったのである．

コスタリカの成功例に学びながら，現在では中部アメリカ各地で広くエコツーリズムの取り組みが行われるようになっている．そうした中，例えばドミニカ共和国では，地域開発計画の柱として，国家プロジェクトでエコツーリズムに取り組んでおり，これには日本政府も支援を行っている．

ただ，自然環境や地元社会のサステイナビリティの確保というエコツーリズムの崇高な理念は，観光が産業であり，経済活動であるという現実とは両立しがたいものである．とくに，土地の少ない島嶼部ではリゾート地を中心としたマスツーリ

ズムとどうしても接点ができてしまうし，メキシカン・カリブ地域では，「エコツーリズム」という名のもとに，自然環境も観光アトラクションの1つとしてマスツーリズム状況に取り込まれてしまっているという批判がある．

それでも，「新しい観光」としてのエコツーリズムは，一度体験すれば，観光者が自然から非常に多くのことを学びとることができる素晴らしい実践である．そうした体験型，学習型のツーリズムのあり方が，単なる楽しみを超えた，意義のある経験をもたらすという効果についての理解を広めていくためのあらゆる努力は，今後も行われていかねばならないだろう．

9.4.3 中部アメリカにおける観光の展開

これまで述べてきたクルーズ船観光とエコツーリズムは，方向性としては正反対の観光のあり方ではあるが，それらが近年注目を集めるようになっているのは，いずれも観光者を送り出しているアメリカ合衆国やヨーロッパでの人々の生活や考え方の変化に対応して起こっていることなのである．観光地側のポテンシャルだけでなく，観光者の送り出し側の社会の要請も，観光の展開には大きな影響を及ぼすのだ．

冒頭にも述べたように，中部アメリカはアメリカ合衆国から距離が近いという条件のもとで観光化が進んできた．歴史的にはヨーロッパ諸国とのつながりも強く，政治的には南アメリカ諸国とのつながりも深い．中部アメリカが置かれたそうした国際環境は，当然のことながらこの地域の観光のあり方にも影響するはずである．そうした関係性の中で，例えばキューバは，その医療技術のレベルの高さを背景にした医療ツーリズムを展開するようになった．今後は，地域内の各国がそれぞれの特徴をもった観光資源を生み出していくというかたちで，中部アメリカ地域の観光が新たな展開をみせることが期待される． ［杓谷茂樹］

引用・参考文献

石森秀三（1996）：観光革命と二〇世紀．石森秀三編：観光の二〇世紀（二〇世紀における諸民族文化の伝統と変容3），pp.11-26，ドメス出版．

江口信清（1998）：観光と権力―カリブ海地域社会の観光現象．多賀出版．

杓谷茂樹（2004）：メキシコ，キンタナ・ロー州における観光開発の過去・現在・未来―北部海岸地域を中心として．南山大学ラテンアメリカ研究センター編：ラテンアメリカの諸相と展望，pp.4-36，行路社．

杓谷茂樹（2014）：国際的リゾート地カリブ海―バイーア諸島の過去と現在．桜井三枝子・中原篤史編：ホンジュラスを知るための60章，pp.44-47，明石書店．

コラム　マスツーリズムと自然——カンクン・ホテルゾーンの遺跡公園で考える

南北 10 km にわたって延びる砂州に沿って，巨大なホテルの建物が並んでいるカンクンのホテルゾーン．先スペイン期にはユカタン半島の沿岸をぐるりと回る海上交通ルートがあり，このあたりはその通過点だった．だから，この世界的なリゾート地にも，古代の人々が活動していた痕跡が残っている．その中でも，現在エルレイとサンミゲリートという2つの集落遺跡が公園化されている．

カンクンの開発期から公開されてきたエルレイ遺跡公園に対し，サンミゲリートは隣接するカンクン・マヤ博物館のオープンと同時に，2012年に公開された新しい遺跡公園である．2つの遺跡は 1.5 km ほどしか離れておらず，集落の南北の軸がそろうことから，もとは1つのコミュニティであった可能性も指摘されている．

往時には同じような景観だったはずの2つの集落遺跡だが，公園化された現在，訪問者が目の当たりにする景色はまったくの別物である．エルレイ遺跡公園はオーソドックスなオープンスペースで，中央を南北に走る通路をはさんで建物の遺構が並ぶ様子を一望することができる．一方で，サンミゲリート遺跡公園は，鬱蒼とした木々の中に埋もれていて，木の間を縫ってつくられた小径をたどると，ところどころで建物の遺構に出会うというみせ方なのだ（写真C9.1）．

訪問者が，古代マヤの人々が暮らしていた集落の風景に思いをはせることがしやすいのは，エルレイ遺跡公園だろう．そもそも遺跡公園とは何を提示するものなのかを考えれば正しいあり方だ．一方で，サンミゲリート遺跡公園では，遺跡全体を覆っている自然によって訪問者の想像は邪魔されてしまう．だから，ここでは，いきいきとした往時の人々の生活の様子をみせているとはいいがたい．この自然は，500年ほど前にこの集落が放棄されたあとで，この場所を覆い尽くしてしまったものなのだから．

かけがえのない自然が，素晴らしい観光資源となりうることは疑いようがない．だが，カンクンのような高度なマスツーリズム状況にアトラクションの1つとして取り込まれると，自然も商品化されてしまう．そうしたアトラクションとしての自然を，文化展示と組み合わせること自体を否定するつもりはないが，サンミゲリート遺跡公園の場合は，あまりにもこれが安易にすぎるのではないだろうか．　　［杓谷茂樹］

写真C 9.1　サンミゲリート遺跡公園内の小径

10 世界の中の中部アメリカ
——中部アメリカの国際関係と日本

　中部アメリカは世界の諸地域と様々な接触や交流を繰り返してきた．それによりこの地域には，言語や文化，歴史的経験や社会構造を異にする様々な国や自治領が生まれることとなった．とりわけカリブ海地域では各国相互の異質性が強く，その分布はモザイク状で複雑である．
　本章では国際関係の視座から，とくに次の点に留意しつつ，中部アメリカの地域的特徴を読み解いていきたい．第一は，この地域の国家や社会の基礎をつくり，現代でも強い政治的・経済的影響力をもつ欧米先進国との関係を理解することである．第二は，政治的独立やそれに見合う経済的自立のための団結と協力を必要としてきた域内諸国間の関係を理解することである．これら2つのことにあわせ，400年以上の交流の歴史をもつ日本との関係についても振り返っておきたい．

10.1 「中部アメリカ」という地域概念の妥当性

10.1.1 中部アメリカという地域の成り立ち

　中部アメリカの国際関係をみるにあたり，最初に次のような問いかけを行っておきたい．「中部アメリカ」という地域の範囲は，どこまで自明なものなのであろうか．「中央アメリカ」や「カリブ」というのは，よく「中部アメリカ」をさらに区分けした下位の地域単位のようにとらえられるが，そうした見方は本当に妥当なのであろうか．
　地域の区分や命名はしばしば他者の視点でなされ，そこには他者の世界観が投影されている．例えば小アンティル諸島が南北で2つに分けられ，北側の島々（ヴァージン諸島からドミニカ島まで）がリーワード諸島（風下の島々），南側の島々（その南からトリニダード島まで）がウィンドワード諸島（風上の島々）と呼ばれるのは（第1章参照），植民地時代に確立した三角貿易体制のもと，貿易風と北赤道海流に乗って南東側からこの一帯に接近していたイギリスの視点で島々の位置関係がとらえられたからである（図10.1）．ところがスペイン語やオランダ語では，「風上の島々」（Islas de Barlovento/Bovenwindse Eilanden）といえばこれら小アンティル諸島のすべてを指し，「風下の島々」（Islas de Sotavento/Benedenwindse Eilanden）というのは南アメリカ大陸の北岸に沿って東西に連なる島々（現ベネズエラ領やオランダ領のアン

ティル諸島）のことである（図10.2）．スペインやオランダにとっては，風上に英領の島々が，風下に自国領の島々があるとの空間認識が自然であったからである．ちなみに，「アンティル」というのはもともと，ヨーロッパ中世の人が思い描いていた，ラテン語のante（前）とinsula（島）を合成して名づけられた「アジアの前にある島」という空想上の島のことであった．「西インド」という呼称と同様，その命名には当時のヨーロッパ人の抱く世界観が反映されている．
　本書でいう「中部アメリカ」とは，スペイン，イギリス，オランダ，フランスなどによる植民地争奪の的になり，その版図がまだら模様に幾重にも描き換えられてきた複雑な地域である．その過

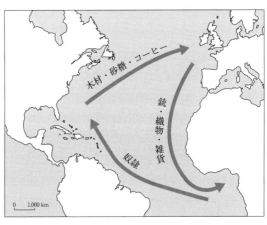

図10.1 植民地時代のイギリスによる三角貿易

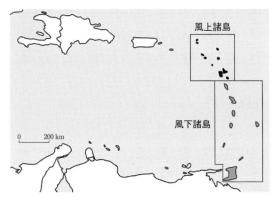
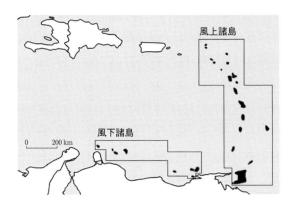

(a) 英語での風上諸島と風下諸島　　(b) オランダ語・スペイン語での風上諸島と風下諸島

図 10.2　風上諸島と風下諸島

程で旧宗主国が各々の支配地に異なる文化的特徴を刻みつけ，先住民人口の変化，アフリカやアジアなどからのヒトの移動といった要素も加わって，その地域的多様性はさらに複雑になった．そうした中部アメリカを亜地域に分類するのは決して単純な作業ではないが，まずはスペイン系地域と非スペイン系地域の 2 つに大別するのが理解の助けとなろう．独立の時期や経緯，その帰結としての社会形成のあり方に大きな違いが認められるからである．

現在のメキシコ，中米 5 カ国，ドミニカ共和国がスペインから独立したのは，いまから約 200 年前の 19 世紀初頭のことである．その引き金は，ナポレオンのイベリア半島侵攻によりスペイン国王が退位させられたこと（1808 年）にあった．本国のこの混乱で植民地社会が動揺し，スペイン系白人エリート層が最終的に，自らの権益を守るために独立に踏み切ったのである．それゆえスペイン系白人が政治的・経済的権力を握り，混血層や先住民層が社会の中・下層に位置する格差構造は，植民地時代から変わることなくそのまま維持されることになった．なお，キューバとパナマはそれぞれ，カリブ海域への覇権拡大の野心を抱くアメリカ合衆国の関与で 20 世紀初頭に独立したという点で時期と経緯は異なるが，伝統的支配層の特権が温存されたという点は他のスペイン系の国々と共通している．

それに対し，イギリスやオランダの植民地となっていたカリブの島々，および南アメリカ大陸のギアナ地方（旧英領のガイアナと旧蘭領のスリナム）で独立が達成されるのは，第二次世界大戦後のことであった．その担い手となり，今日でも政治や社会の中枢を占めるのは，奴隷として連れてこられたアフリカ系黒人の子孫である（トリニダード・トバゴなどの一部の国では，これら黒人に加え，奴隷制廃止後に導入されたインド系などの子孫も社会の重要な一角を占めている）．

なお，フランスの植民地であったハイチでは，フランス革命（1789 年）に刺激された黒人奴隷が大規模蜂起を起こし，1804 年に独立国家を樹立した．つまりハイチの独立は，その時期が大半のスペイン系諸国と同じである一方，国家の中枢を占めるのが被支配層の黒人系（および混血系のクレオール）であるという点では，イギリス・オランダ系カリブ地域と共通している．

10.1.2　人々の共同体意識と地域概念の再検討

ここで考えておきたいのは，この地域に暮らす人々がどのような地域的アイデンティティを抱いているのかということである．Middle America の訳語として当てられている「中部アメリカ」という地域概念はかなりあいまいである（第 1 章参照）．Middle America という呼称の起源も実ははっきりしていないし，これに相当するスペイン語も存在しない．グアテマラやエルサルバドルの人々が自らのことを「セントロアメリカーノ」（Centroamericano：中央アメリカ人；スペイン

語）と称したり，カリブの人々が「カリビアン」（Caribbean：カリブ人：英語）と称したりすることはよくあるが，この地域一帯に暮らす人々が自らのことを「ミドゥロアメリカン」と呼ぶことはないし，自分たちのことを「中部アメリカの一角に生きる者」と意識しているかもはなはだ疑わしい（なお「Middle American」という語をオックスフォードの英西辞典で引くと，「アメリカ合衆国中西部の住民もしくは先住民」という説明が出てくる）．

とりわけ「カリブ」という地域の概念やアイデンティティについてはよく注意しておく必要がある．表 10.1 には中部アメリカにある下位地域共同体がまとめられている．ここにあるカリブ共同体（CARICOM）は，後述するとおり，その前身を含めると半世紀以上の歴史をもつ地域統合体であるが，その加盟国に，南アメリカ大陸に位置するガイアナとスリナムの 2 カ国が含まれているのである（図 10.3）．しかも CARICOM の本部は，ガイアナの首都のジョージタウンに置かれている．旧英領植民地としてガイアナとカリブの島々とが歴史的経験を共有し，地域的な一体感を抱いていることがここに象徴的に示されている．この感覚は時に，黒人アイデンティティ，そしていまなお残る奴隷制批判や反植民地主義とも結びつく（CARICOM では 2013 年，植民地支配の謝罪と賠償を求める委員会が設けられた）．そうした情念が大陸と島々とをまたいで共有されているのはオランダ系の植民地でも同じであり，そのことはスリナムにある街角の屋台（写真 10.1）やキュラソー島の博物館の中庭にあるモニュメント（写真 10.2）など，日常空間の中にも垣間見ることができる．

他方でドミニカ共和国の人々の間には，スペイン系のラテンアメリカ人（Latinoamericano）としてのアイデンティティが強い．ドミニカ共和国の人々は自らのことをカリベーニョ（カリブ人：Caribeño：スペイン語）と称することもあり，カリブに生きる者との意識はある．しかし，政治的・経済的・文化的交流は大陸のスペイン系諸国とのほうがはるかに緊密であり，両者の間での同

朋意識も強い．近年は，貿易や移民の問題をめぐる対米関係面などでの政策協調の必要性も強まっており（第 6 章参照），ドミニカ共和国がカリブにありながら，CARICOM ではなく中米統合機構（SICA）に加盟しているのはこの国の立ち位置を如実に反映している（図 10.3）．

実は，この環カリブ海地域（カリブ海の島嶼国，および中央アメリカや南アメリカ大陸のカリブ海沿岸諸国）において，CARICOM 諸国とスペイン系諸国の間には機微な外交問題がある．ドミニカ共和国は近年，カリブ諸国との実利的関係の強化に乗り出し，CARICOM 加盟への関心も表明していた（1998 年に署名された CARICOM・ドミニカ共和国自由貿易協定はその 1 つの契機となった）．ところが，イスパニョーラ島を東西で分けあう隣国ハイチとの外交的な摩擦が原因で，加盟話は立ち消え状態になっている．すなわち，かねてからハイチ系移民の増大に悩んでいたドミニカ共和国は 2014 年 5 月，新しい帰化法（法律第 169-14 号）を制定し，国内での出生を証明できないハイチ系住民を多数（2015 年 6～8 月の間に約 6 万 6,000 人），ハイチに追放する措置をとった．しかし CARICOM は 2015 年 7 月開催の第 36 回首脳会議で「未解決の人道上の危機」との表現でドミニカ共和国を批判するコミュニケを発出するなど，全面的にハイチに連帯しており，またドミニカ共和国の CARICOM 加盟にも拒否感を示しているのである．

この第 36 回首脳会議ではまた，ベネズエラ・ガイアナ間の対立をめぐっても，ガイアナの側に立つ CARICOM 諸国とスペイン系の大国ベネズエラとの溝があらわになった．ベネズエラとガイアナの間には，19 世紀末から続く未解決の国境問題がある（なお，紛争勃発当時のガイアナはイギリスの植民地）．その係争地内の一部の海域を，ベネズエラが 2015 年 5 月，大統領令（1787 号）で戦略的防衛区域に指定したため（なお，その直接的な引き金はガイアナ政府による米系資本への石油採掘権の付与），ガイアナが CARICOM に問題を持ち込み，首脳会議のコミュニケにベネズエラの大統領令への懸念表明が盛り込まれることにな

表10.1　中部アメリカにおける主な地域共同体と経済協定

	地域機構・地域共同体				経済協定			
	中米統合機構 (SICA)	カリブ共同体 (CARICOM)	東カリブ諸国機構 (OECS)	カリブ諸国連合 (ACS)	北米自由貿易協定 (NAFTA)	CARICOM単一市場・経済 (CSME)	米・中米・ドミニカ共和国自由貿易協定 (DR-CAFTA)	ペトロカリベ (PETROCARIBE)
発足（条約発効）年	1993	1973	1981	1994	1994	2006	2006	2004
条約締結・設立合意年	1991	1973	1981	1994	1992	2001	2004	2004
前身となる組織・条約	1951	1965	1967	—	—	—	—	—
加盟国・地域	8	15	7	25	3	12	7	18
準加盟国・地域	—	5	3	5	—	—	—	—
北アメリカ								
カナダ					○			
アメリカ合衆国					○		○	
メキシコ・中央アメリカ								
メキシコ				○	○			
ベリーズ	○	○		○		○		○
グアテマラ	○			○			○	○
エルサルバドル	○			○			○	
ホンジュラス	○			○			○	○
ニカラグア	○			○			○	○
コスタリカ	○			○			○	
パナマ	○			○				
バハマ・大アンティル諸島								
バハマ		○		○				○
キューバ				○				○
ジャマイカ		○		○		○		○
ハイチ		○		○				○
ドミニカ共和国	○			○			○	○
小アンティル諸島								
セントクリストファー・ネーヴィス		○	○	○		○		○
アンティグア・バーブーダ		○	○	○		○		○
（英領）モントセラト		○	○	○				
ドミニカ国		○	○	○		○		○
セントルシア		○	○	○		○		○
セントビンセント・グレナディーン諸島		○	○	○		○		○
バルバドス		○		○		○		
グレナダ		○	○	○		○		○
トリニダード・トバゴ		○		○		○		
環カリブ南アメリカ								
ガイアナ		○		○		○		○
スリナム		○		○		○		○
コロンビア				○				
ベネズエラ				○				○

注1）カリブ諸国連合（ACS）には上記のほか、アルバ、キュラソー、フランス（仏領ギアナ、サンバルテルミー、サンマルタン代理）、仏領グアドループ、仏領マルティニーク、オランダ、シント・マールテン、ボネール＝シント・ユースタティウス、カイコス諸島が準加盟加盟。

注2）カリブ共同体（CARICOM）には上記のほか、英領アンギラ、英領バミューダ、英領ヴァージン諸島、英領ケイマン諸島、英領タークス・カイコス諸島が準加盟加盟。

注3）東カリブ諸国機構（OECS）には上記のほか、英領アンギラ、英領ヴァージン諸島が準加盟加盟。

注4）CARICOM単一市場・経済（CSME）には上記のほか、ハイチと英領モントセラートが設立条約に署名したもの。ハイチは一部設立規定を未履行。モントセラートは英領の参加が否定。

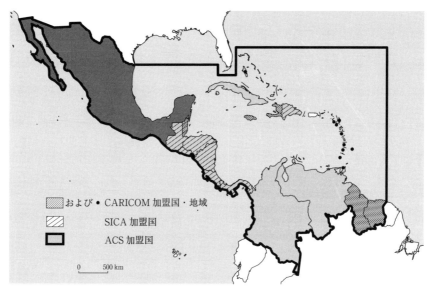

図 10.3 カリブ共同体（CARICOM），中米統合機構（SICA），カリブ諸国連合（ACS）の加盟国
CARICOM 加盟のカリブの小島嶼国については●印で強調して示してある．

写真 10.1 スリナムの屋台（スリナム，パラマリボ，2001年8月）
アフリカ・アイデンティティがあらわれている．

写真 10.2 キュラソー島の奴隷博物館にあるモニュメント（キュラソー，ウィレムスタット，2016年8月）
細長い顔を真横からみるとアフリカの形をしている．

ったのである．

　以上に述べてきたことからもわかるとおり，私たちが「カリブ」という世界を理解しようとするとき，その範囲の設定には十分に注意しなければならない．カリブにおける国際関係のダイナミズムというものは，決してカリブの島嶼部に限定されてはおらず，カリブ海に面した大陸部までを含めた環カリブ海地域全体の中で働いているのである．したがって，「中部アメリカ」という地域の設定にも慎重さが求められてくる．つまり，もし中部アメリカを「北アメリカ」と「南アメリカ」の間にある地域という単純な定義で区切りとり，その下位に「カリブ」という地域単位を押し込んでしまうと，総体として理解すべき「カリブ」という世界，すなわち「環カリブ海地域」を不用意に分断し，大陸部のカリブ・アイデンティティをもつ国々が視野から抜け落ちてしまうことになるのである．

 10.2 中部アメリカと欧米諸国の関係

10.2.1 植民地化と覇権主義の対象としての中部アメリカ

　中部アメリカの地域的特徴を方向づけることになった欧米諸国との関係を，もう少し掘り下げてみておこう．

　1492年のコロンブスによる「新大陸の発見」に

よって植民地建設の足場を築いたスペインは，未知の大陸の探索を進め，ポルトガル領と定められたブラジルを除く南北アメリカの広大な領土を手に入れた．ただ，カリブの島々や南アメリカ大陸のギアナ地方などへはスペインの支配が十分には及ばず（南アメリカ大陸の山岳部に銀などの資源が発見され，島嶼部への関心が薄れたということもあった），やがてそこは，遅れて進出したイギリス，オランダ，フランスなどによる争奪戦の舞台となった．セントルシアのように，1814年のパリ条約でイギリス領と確定するまで，イギリスとフランスの間で14回も領有が変わった島もある．

これらカリブの島々における最大の産物はサトウキビであったが，カリブではメキシコや中央アメリカと異なり，先住民が初期の征服の過程でほぼ絶滅しており，農園の主要な労働力となったのはアフリカから連れてこられた黒人奴隷であった．19世紀に奴隷制が廃止されてからは，不足する労働力はイギリスやオランダの植民地であったインドやインドネシア（とくにジャワ）の契約労働移民によって補われた．

中部アメリカに独立国家が誕生するのは，すでにふれたとおり，19世紀初頭のことである．1804年に世界初の黒人独立国家としてハイチが樹立されたのを皮切りに，1810年にメキシコの，1821年に現ドミニカ共和国の，1824年に中米連邦共和国の独立が宣言された．なお中米連邦共和国はエリート間の対立が原因で1839年に瓦解し，いわゆる中米5カ国（グアテマラ，エルサルバドル，ホンジュラス，ニカラグア，コスタリカ）に分かれた．ドミニカ共和国は，その独立を嫌ったハイチによって1822年から22年間にわたり併合され，同国があらためて独立を達成したのは1844年のことであった．

こうした混乱期に米州への影響力の拡大を狙ったのがフランスやイギリスであり，これを牽制したのがアメリカ合衆国である．アメリカ合衆国はモンロー・ドクトリンを打ち出して，欧州列強に対し米州への不干渉を求め（1823年），やがてこの論理を拡大解釈して米州全体での覇権の確立を

目指すようになった．米墨戦争（1846〜1848年）によるメキシコからの領土割譲，米西戦争（1898年，アメリカ・スペイン・キューバ戦争と呼ぶべきとの学説も強い）によるプエルトリコ獲得とキューバの属国化，パナマの分離独立（1903年）の支援にかこつけた運河の権益確保，ニカラグア，ドミニカ共和国，ハイチへの米軍駐留（1920〜1930年代），中米紛争への介入（1980年代），グレナダ侵攻（1983年），パナマ侵攻（1989年）など，アメリカ合衆国による露骨な軍事干渉が冷戦終焉まで繰り返されてきたことは第8章にも述べられているとおりである．

他方，イギリス系やオランダ系の植民地が独立するのは，すでにふれたとおり第二次世界大戦後のことである．イギリスは当初，南アメリカや中央アメリカの大陸部を含む環カリブ海地域にある自国の植民地全体からなる自治連邦を設立することを試みた．その方針のもとで，1958年に10の植民地を構成単位として設立されたのが西インド連邦である．しかし，この自治連邦は，連邦制のあり方や権限をめぐる争いからジャマイカとトリニダード・トバゴの二大国が相次いで離脱したため，1962年に瓦解してしまう．結局，この2国は同年に単独で独立する道を選び，また西インド連邦を構成していたセントクリストファー・ネーヴィスなどのその他の自治領や，連邦に参加していなかったバハマ，ガイアナ，ベリーズも1964年から1983年にかけて相次いで個別にイギリスから独立していくこととなった．なお，モントセラト，バミューダ諸島などはイギリスの海外領土にとどまることを選択している．

なお，オランダ系植民地に関しては，大陸部のスリナムが1975年に完全な独立を果たし，アルバやキュラソーなどの島嶼部はそれぞれ，自治権を有するオランダの構成国となる道を選択した．

10.2.2 現代の欧米諸国との関係

軍事的干渉や植民地支配を被ってきた中部アメリカの人々には，欧米諸国に対する反感や怨嗟といった負の感情がある．ただ欧米先進諸国との政治的・経済的関係の強化は実利的に不可避であり，ヨーロッパ諸国の植民地主義が遠い過去のも

のとなり，また冷戦終焉によりアメリカ合衆国の地政学的な強硬政策が大きく減退した今日，中部アメリカ諸国と欧米諸国の関係は，総じていえば協調的である．

スペイン系諸国に関しては，1990年代の初頭に各国のマクロ経済政策がネオリベラリズム（新自由主義）に転換（詳細は後述）して以降，アメリカ合衆国との通商関係は深まっている．メキシコは1992年，アメリカ合衆国とカナダとともに北米自由貿易協定（NAFTA，表10.1）を締結し（1994年発効），超大国とともに歩むことに自国の発展の命運を賭けた．今日，アメリカ合衆国はメキシコにとって輸出で約8割，輸入で約5割を占める最大の貿易相手国となっている．なお，NAFTAは先進国と発展途上国の間で結ぶ自由貿易協定としてその嚆矢となるものであった．他方，中米5カ国とドミニカ共和国も2004年，アメリカ合衆国との間で米・中米・ドミニカ共和国自由貿易協定（DR-CAFTA，表10.1）を締結した（2006年以降，ニカラグアを除く各国で順次発効）．メキシコや中米諸国（とくにグアテマラ，エルサルバドル，ホンジュラス），ドミニカ共和国は，アメリカ合衆国との間に厄介な移民問題も抱えている（第6章参照）．しかし，移民や出稼ぎ労働者からの本国への送金が出身国の経済を支え，またアメリカ合衆国内でもこれら労働者が低賃金労働を担い，旺盛な消費市場を形成して経済に寄与しているのも事実であり，相互依存関係は極めて深い．

非スペイン系のカリブ諸国でも，地理的近接性から，今日ではアメリカ合衆国との間には活発なヒトと資本の移動がある．それとともに，これらカリブ諸国は植民地時代からヨーロッパ諸国への経済的依存が非常に強く，とくにそれはイギリスが1973年に欧州共同体（EC）に加盟したことで強まった．すなわち，それに先立ち1963年，ECは旧植民地諸国に対して通商上の特恵措置の供与や開発援助を行うヤウンデ協定を締結していた．この協定の内容を拡充することを主眼にアフリカ・カリブ・太平洋諸国（いわゆるACP諸国）からの一次産品輸入にEC側が一方的な関税優遇措置をとることを定めるロメ協定（1975年締結）が締結されようとしていたとき，イギリスはその交渉過程でバナナと砂糖の特恵レジームの設立にイニシアティブをとり，カリブ諸国はその恩恵を強く受けることとなったのである（ただしこれは特恵を享受できない中央アメリカのバナナ輸出国との間に摩擦を引き起こすことにもなった）．なお，ロメ協定は4次にわたる改定を経て，2000年，コトヌ協定に引き継がれている．同協定においては欧州連合（EU）諸国とACP諸国との間の協力の枠組みは，通商のみならず資金協力や貧困撲滅などの開発協力にも拡大されている．

10.3　中部アメリカ諸国の域内協力

10.3.1　中米統合機構（SICA）と
カリブ共同体（CARICOM）

経済の規模が小さく外交力も弱い中部アメリカ諸国にとって，近隣国との連帯と協力を深めることは，国家の発展と国際社会でのプレゼンスの向上のための重要な課題であった．その柱となったのが，前述したSICAとCARICOMである．

SICAの起源は，中米5カ国によって1951年に創設された中米機構（ODECA）にさかのぼる．当時ラテンアメリカ（メキシコ以南の中・南アメリカ諸国）では，一次産品輸出経済から脱却して輸入代替工業化（輸入に依存している工業製品の国産化）を実現することが国家発展の道であるとの理論が広く共有されていた．ただ，一国一国での工業化には市場の狭隘性が限界となるため，共同市場を創設してその域内においては貿易を自由化し，域外に対しては工業保護のための共通関税を設けるとの戦略がとられようとしたのである．ODECAは中米諸国においてそうした政策の推進を目的に設立され，1960年にはコスタリカを除く4カ国による中米共同市場（MCCA）が発足することとなった．

MCCAは共同市場と関税同盟の形成に向けた措置を段階的にとり，域内貿易を拡大させることに一定の成果をあげる．ただ，相対的に工業化が進んでいたエルサルバドルと遅れていたホンジュラスとの間で貿易不均衡が生じるなど，摩擦の種

も生まれた．また，保護主義政策には財政赤字を拡大させ競争力のない産業を温存させるという宿命的な弱点があり，その矛盾は時間とともに拡大していった．結局，国家中心型の発展戦略は，1970年代末から1980年代にかけて激化した中米紛争や，1982年のメキシコによるモラトリアム宣言（対外的な借款と利子が返済不能に陥り，その繰り延べを求める宣言）に端を発してラテンアメリカ全体に広がった経済危機（「失われた10年」）により完全な破綻に追い込まれることとなった．

この状況が大きく転換したのは1990年代初頭のことである．冷戦終焉とともにアメリカ合衆国は東西代理戦争と化していた中米紛争から手を引き，累積債務を抱えるラテンアメリカ全体に対して経済支援と抱き合わせてネオリベラリズム改革（市場経済原理を重視した貿易や投資の自由化，規制の緩和・撤廃，国営企業の民営化など）を促していった．中米5カ国にパナマを加えた6カ国が1991年，ODECAを発展的に改組して現在のSICAを創設したのは（テグシガルパ議定書），こうした米州全体の潮流に沿ったものである．SICAは1993年，エルサルバドルの首都サンサルバドルに本部を置いて正式に発足し，最高意思決定機関である首脳会議のもと，地域統合のみならず，経済開発，平和・民主主義の推進，社会政策，環境，災害対応など包括的な政策協調を行う地域協力枠組みとして再出発して現在にいたっている．この間，2001年にはベリーズ，2013年にはドミニカ共和国も正式な加盟国としてSICAに加わった．

一方，CARICOMも，その起源が半世紀以上前にまでさかのぼる古い共同体である．カリブにおける地域統合も当初は経済領域を中心とするものであり，その出発点となるのは1960年代にバルバドス，ガイアナ，アンティグア・バーブーダ（いずれも独立達成前）の間で始められた自由貿易構想協議である．この協議にイギリス系カリブの独立国や自治領が合流し，まず1968年にカリブ自由貿易連合（CARIFTA）が創設された．CARIFTAは，域内貿易の自由化とそれによる

貿易拡大に一定の成果をあげていく．そうした中でイギリスのEC加盟が決まり，新たな経済環境に対処するための統合枠組みの強化が必要であるとの認識が強まって，1973年，CARIFTAはCARICOMに発展的に改組されることとなった（チャグアラマス条約）．

こうしたことがカリブで模索された背景には，独立を達成したばかりの国や独立を目前に控えた国それぞれの経済規模がひとつひとつでは著しく小さく，政治的な独立に見合う経済的な自立を獲得するためには経済の統合と政策協調の推進が不可欠であると認識されたからである．ただ他方で，先行して独立を達成していたジャマイカやトリニダード・トバゴの経済規模や工業化水準は，域内では圧倒的に優位にあり，これを懸念した小アンティル諸島の国や自治領は，まず西インド諸島連合閣僚評議会（WISA）と東カリブ共同市場（ECCM）を1967～1968年に発足させ，その域内で貿易の自由化や共通関税の創設を先行して進めてからCARIFTAに加盟するとの戦略をとった．このWISAとECCMは1981年，東カリブ諸国機構（OECS）に発展し（加盟国は表10.1参照），東カリブ中央銀行や共通通貨の東カリブドルを設けて，今日でも金融政策を含む経済同盟として機能している．

冷戦終焉後，ネオリベラリズムの潮流に包まれたのはカリブ地域も同様であった．1990年に開催された第10回CARICOM首脳会議では，「CARICOM単一市場・経済」（CSME）の創設を目指すことが宣言され（グランドアンス宣言），市場統合のさらなる推進と加盟国の拡大が目標に据えられた．これによって1995年にスリナムが，2002年にハイチが加盟国として加わり，また2001年にはCSME設立に関する議定書（改訂チャグアラマス条約）が署名されるにいたった．CARICOMは今日，首脳会議を頂点に金融・企画，外交・共同体関係，人間・社会開発，貿易・経済開発に関する共同体閣僚会議や専門理事会を有し，経済分野のみならず，民主主義支援（とくに政情が不安定化しているハイチへの支援），海洋資源保護，気候変動対策，災害対応などを含む

包括的な政策協調を行う地域機構となっている.

　CARICOM諸国とスペイン系諸国をつなぐ広域的な多国間協力の枠組みを創設することの必要性が認識されたのも, 1990年代のことであった. この構想にもとづいて1994年に設立されたのが, カリブ諸国連合 (ACS) である. その加盟国には表10.1のとおり, SICA, CARICOM諸国のほか, メキシコ, コロンビア, ベネズエラといった大国, そして独自の政治経済体制をとるキューバが含まれている (図10.3). ACSはその憲章の前文で, 環カリブ海地域の諸国間の関係強化のための新しい時代の幕開けを約すると宣言している. 政策協調の柱としてカリブ海域の環境保全, 持続可能な観光, 貿易・対外経済関係の強化, 自然災害への対応, 運輸の5つを掲げ, 本部をトリニダード・トバゴのポートオブスペインに置き, 関連の専門委員会などを設けている. ただ, ACSは創設からの18年間で首脳会議の開催が7回にとどまるなど, その役割が限定的であるとの指摘もある. 他方で, 環カリブ海地域に位置する25カ国が1つの例外もなく参加する対話の枠組みが存在していること自体の意義を評価する声も少なくない.

10.3.2 中部アメリカにおける新しい地域協力の模索

　1990年代に推し進められたネオリベラリズム改革により, 財政再建や貿易・投資の拡大などが実現してラテンアメリカのマクロ経済が成長軌道を回復したのは事実である. ただ, 競争の激化や社会サービスの低下, 格差の拡大はやがて大衆層の不満を高め, 1990年代の後半から2000年代の初頭にかけ, ネオリベラリズムやそれを主導したアメリカ合衆国を批判する政権が各国で相次いで誕生した. 中でも1999年に政権に就いたベネズエラのチャベス大統領はアメリカ合衆国を真っ向から激しく批判し, 当時推進されようとしていた米州自由貿易地域 (FTAA) 構想 (2005年にベネズエラやブラジルなどの反対で最終的に頓挫) に対抗する枠組みとして2004年に米州ボリバル同盟 (ALBA) を立ち上げ (キューバやボリビアなどが参加), また2005年にはペトロカリブ (PETROCARIBE) という, エネルギー支援を通じて中部アメリカの中小国をひきつける枠組み (加盟国は表10.1のとおり) を構築した. 2000年代に入ってから国際市況での資源価格は中国における需要拡大などにともなって高騰しており (石油の価格も2000年の1バレル20ドル台後半から2011年には100ドルを超えるまでに上昇), この問題は石油をもっぱら輸入に依存する中央アメリカやカリブの中小国を大いに悩ませていた. 世界有数の石油輸出国であるベネズエラはこれに手を差し伸べ, 自国産の石油を輸入する加盟国に対して優遇条件を供与した (例えば石油価格が1バレル当たり50ドルを上回った場合, 輸出相手国に対して支払額の40%分に当たる資金を金利1%, 2年間据え置き, 返済期間25年とする優遇条件でベネズエラが融資). しかしその最大の狙いは, 石油支援をテコにベネズエラの政治的・外交的影響力をカリブに拡大することにあった (写真10.3).

　ラテンアメリカ全体に広がるネオリベラリズムへの不満はアメリカ合衆国による歴史的な覇権主義への反発とも結びつき, 2008年には, キューバを含みかつアメリカ合衆国とカナダを排した米州の全33カ国が一堂に会する史上はじめてのラテンアメリカ・カリブ諸国首脳会議が開催された. この会議は2011年, ラテンアメリカ・カリブ諸国共同体 (CELAC) へと発展し, CELACは今日, 地域全体の政治的意思を世界に表出する機能を担いつつある. 2013年からはCELACと欧

写真10.3　ハイチに展開するベネズエラの石油支援事業
(ハイチ, レオガン, 2016年9月)

州連合（EU）との間の首脳会議が，2015年からはCELACと中国との間の政治対話のフォーラムが定例化されるなど，国際社会での認知度も高まっている．

ただ，ペトロカリブやCELACの将来像には不透明感もある．これらの構築過程で主導的役割を果たしてきたベネズエラやブラジルの内政が2015年以降，混迷状態に陥り（ベネズエラにおける暴力的な与野党対立の激化やブラジルにおける大統領弾劾など），政策協調の推進力が失われているからである．先にふれたCARICOM諸国とスペイン系諸国の間にある機微な外交懸案も，ACSやCELACの枠組みで効果的に対処できるかは必ずしもはっきりしない．他方で2015年にはキューバとアメリカ合衆国の国交が54年ぶりに回復され，地域全体の国際関係の構図が好転することへの期待も高まった．ただ，2017年にアメリカ合衆国で発足したトランプ政権は，NAFTAの再交渉や対キューバ関係の再検討，移民政策の見直しなどの方針を打ち出しており，中部アメリカ諸国にとっての新たな懸念材料も生まれてきている．

10.4 日本と中部アメリカの関係

10.4.1 日本と中部アメリカの交流の始まり

最後に，日本と中部アメリカの関係についても概観しておきたい．

日本と中部アメリカの交流の始まりは，いまから400年以上も昔にさかのぼる．最初の接点は，1609（慶長14）年9月に房総半島沖で起きた，メキシコに向かっていた帆船の海難事故であった．当時スペインはメキシコとフィリピンを植民地支配下に置き，メキシコ太平洋岸の町アカプルコとマニラとの間に，往路は貿易風，復路は偏西風を利用したガレオン船と称される帆船による交易路を開設していた．その帆船の1隻でフィリピン総督のドン・ロドリゴも乗り合わせていたサンフランシスコ号が嵐のために難破し，当時の岩和田村（現在の千葉県御宿町）の村民が乗船者317人を救出する出来事が発生したのである．ドン・ロドリゴは事故後，徳川家康に謁見し，家康は一行が帰国するための帆船を提供した．約1年間にわたり日本に滞在したドン・ロドリゴは，そのときの記録を『日本見聞録』として残している．

こうして日本と現メキシコとの交流の歴史は始まり（1609年は両国の修好開始の年とされている），4年後の1613（慶長18）年10月には，スペインとの貿易交渉を望む仙台藩主の伊達政宗が，藩士の支倉常長らを慶長遣欧使節として現在の宮城県石巻市月浦から最初の中継地メキシコに向けて派遣した．常長は3カ月にわたる航海の末，翌1614年1月，アカプルコに到着し，3月にはメキシコ市を訪問，6月に大西洋岸のベラクルスからスペインに向けて再び航海の旅に出て，7月にはキューバのハバナにも寄港している（写真10.4）．

こうした歴史により，メキシコは日本にとって中部アメリカのみならずラテンアメリカ全体の中でもっとも親密な関係をもつ国となった．独立国となったメキシコと日本が正式に外交関係を樹立するのは1888年のことであるが，このときに締結された日墨修好通商条約は，日本がアジア以外の国と結んだはじめての平等条約としても重要であった．明治政府は当時，治外法権と関税自主権の問題解決のためにアジア以外のいずれかの国と対等な条約を結び，それを先例として欧米諸国と再交渉することを考えており，古くからの交流のあったメキシコに接近してこの条約を締結したのである．

榎本植民団という，日本からラテンアメリカへの初の組織的移住が行われた地もメキシコであっ

写真10.4 アカプルコにある日本公園と支倉常長像（メキシコ，アカプルコ，2017年2月）

た．これは，榎本武揚外相が在任中（1891～1892年）に立案した日本人入植計画である．榎本は拓殖会社を設立してメキシコ南部チアパス州のエスクイントラに土地を購入し，1897年，総勢36人からなる一行を同地に派遣した（1名は途中アカプルコで病死）．ただ，この入植計画はマラリアの蔓延や資金不足の問題で，わずか3カ月で頓挫する．ラテンアメリカへの集団移住が本格化するのは1899年のペルー移民からであり，メキシコへの集団移住が軌道に乗るのは20世紀に入ってからのことであった．いまでは約2万人の日系人がメキシコの各地に暮らしており，その数はラテンアメリカではブラジル，ペルー，アルゼンチンに次ぐ第4位となっている（表10.2）．

ところでラテンアメリカの日系人というと十把一絡げにとらえられがちであるが，移住の形態は時代によって大きく異なっており，次の3つに大

別される．第一は日本政府と相手国政府の協定により実施された，第二次世界大戦前の集団移住である．この協定はプランテーション農園などの労働力としての日本人受け入れを定めるものであり，渡航者の中にはやがては日本に帰るつもりでいながら，それを果たせず現地にとどまった者も多かった．第二はそうした移住者が別の国へと転住していった事例である．例えば戦前のアルゼンチンへの移民は，そのほとんどが近隣諸国からの転住者で占められていた．そして第三は第二次世界大戦後に，相手国政府との協定により実施された集団移住である．この協定に基づく移住では，当初より入植地の開拓とそこでの定住が想定されていた．

したがって表10.2に示されているとおり，日本からの移住者の数は，渡航先国や時期によって大きな違いがある．中部アメリカに関しては，メキシコ，パナマ，キューバへの移住が戦前に，ドミニカ共和国への移住が戦後に集中している．なお，メキシコへの移住で特徴的だったのは，鉱山や農園などでの労働や鉄道建設に従事するとの契約で渡った移民のうちかなりの人数が，アメリカ合衆国に密かに入国することをもくろんだということである．このことを重くみたアメリカ政府が日本に強く抗議したため，1908年，日本からメキシコへの移住が禁止されることとなった．

ドミニカ共和国への移住は，「移民は棄民であった」との表現で非難される深刻な問題をはらむものであった．すなわち，同国へは1956～1959年，日本政府の斡旋で多くの人が移住した．しかし，優良農地が無償譲渡されるとの募集要項に反し，譲渡された土地は農耕にはまったく不向きな荒地ばかりで，多くの移住者が転住や帰国を余儀なくされることになったのである．原因は，政府間の約束が明確でなかったこと，ドミニカ共和国側が対ハイチ防衛の思惑から1,319人中760人の入植者を国境地帯に送り込んだことなどにあった（図10.4）．この問題をめぐっては，一部の移住者が2000年，日本政府を相手に損害賠償を求めて提訴した．東京地裁は2006年，請求権の及ぶ20年の期間を過ぎているとの理由で請求自体は棄却

表10.2 日本人の移住と海外日系人数（単位：人）

	日本人の移住		海外日系人数
	1899～1941年	1952～1988年	（2015年推定）
ブラジル	188,986	53,562	1,900,000
ペルー	33,070	5	100,000
メキシコ	14,476	20	20,000
アルゼンチン	5,398	2,735	65,000
キューバ	686	0	1,100
パラグアイ	521	7,136	10,000
チリ	519	13	3,000
パナマ	415	0	nd
コロンビア	229	55	1,800
ボリビア	202	1,905	11,350
ドミニカ共和国	nd	1,330	800
ベネズエラ	nd	49	800
ウルグアイ	nd	46	350
エクアドル	nd	nd	300
その他	34	4	nd
ラテンアメリカ合計	244,536	66,860	2,114,500
アメリカ合衆国			1,304,286
ハワイ			240,000
カナダ			109,740
オーストラリア			36,000
フィリピン			33,000
インドネシア			4,500
海外日系人合計			3,800,000
在日日系人			240,000

（日本人の移住は国本，1991，海外日系人数は海外日系人協会ホームページより作成）

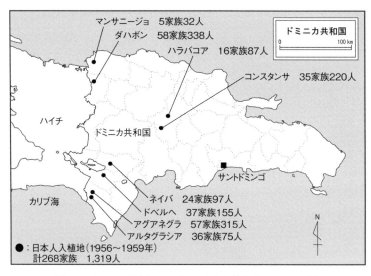

図 10.4　ドミニカ共和国における日本人入植地（1956～1959 年）

写真 10.5　ハイチとの国境地域で水田農業を行う日系移民
（ドミニカ共和国，2012 年 1 月）

したものの，国の責任を認める判決を下し，これを受けて政府は謝罪表明と原告を含む全移住者への特別一時金（見舞金）の支給を行って原告団と和解した（写真 10.5）．

10.4.2　日本と中部アメリカの外交・経済関係

第二次世界大戦でラテンアメリカ諸国はすべて連合国側に参戦したため，国際法上は日本と交戦したことになる．ただ実際には戦火を交えず，機微な外交懸案を残すこともなかった．1951 年のサンフランシスコ講和条約に署名した 49 カ国のうちの 20 カ国はラテンアメリカ諸国が占めており，ラテンアメリカは日本の戦後復帰を強く後押ししたといえる．ちなみにイギリスに次いで 2 番目にこの条約を批准（1952 年 3 月）したのはメキシコであった．

戦後の日本とラテンアメリカとの関係は，まず経済によって強められていった．日本とラテンアメリカの貿易は 1948 年頃に本格的に再開され，1960 年代以降に急伸していく．高度経済成長を遂げる日本側に原材料や食糧に対する旺盛な需要があり，また相対的に所得水準の高いラテンアメリカ諸国が日本の工業製品の市場となったためである．

投資に関しても，ラテンアメリカは戦後，日本企業の進出先として非常に注目を集めた．あまり知られていないが，戦後初の日本企業による海外への工場進出先はエルサルバドルである．10 大紡績会社の 1 つであった呉羽紡績が 1955 年，同国に設立したユサ（IUSA）社という合弁の紡績会社がそれに当たる．背景には朝鮮戦争の影響で綿花の価格が暴騰し，日本側がその調達先を探していたことがあった．ちなみに，一時期は綿花やその関連製品のほぼすべてが対日輸出向けとなっていたエルサルバドルとの交易関係は，いまではすっかり変わっているが，ユサ社はいまなお同国で企業活動を続けている．

1950 年代の末から 1960 年代に入ると，日本企業による対ラテンアメリカ投資はさらに活発化していった．当時ラテンアメリカでは輸入代替工業化政策がとられ（前述），積極的に外資が導入され

ていたため，金属・機械産業をリーディング部門として成長を始めた日本にとってはまたとない投資先となったのである．また，ラテンアメリカに豊富に存在する資源を日本が必要としていたことも，企業進出の大きな理由であった．代表的ないくつかの大型投資案件はまずブラジルで始まったが，1973年に石油危機が発生すると産油国であるメキシコが脚光を浴びるようになり，石油ブームによる経済成長にわくメキシコに，日本企業の進出が相次ぐこととなった．

ところがラテンアメリカ諸国は，前述のとおり，累積債務問題を引き金に1980年代に深刻な経済危機に陥った．これにより日本との貿易も縮小し，投資も一気に萎えて，日系企業の撤退や事業縮小が相次ぐことになる．1990年代以降，ラテンアメリカ諸国はネオリベラリズム改革を断行してマクロ経済を再び回復基調に乗せるが，入れ替わるように日本が低成長期に入り，対ラテンアメリカ投資はその後もほとんど回復しなかった．表10.3は2016年末現在の日本のラテンアメリカにおける投資残高である．中部アメリカにおいては，その大部分がケイマン諸島や英領ヴァージン諸島などのタックス・ヘイブン（租税回避地）向けである（写真10.6）．

ただそうした中でも，メキシコとの経済関係は近年，堅調に推移している．NAFTAの枠組みを活用した対米輸出の拠点としてメキシコが魅力的な投資先となり，グアナファト州やアグアスカリエンテス州には，日系の自動車やその関連部品の工場，またそれに関係する商社の進出が相次いでいる（図10.5）．2004年に締結された日墨EPA（経済連携協定；2005年発効）も，両国間の貿易や投資の拡大に寄与した．この協定により，日本は自動車用鋼板の関税撤廃などの利点を享受している．日墨EPAは，日本にとってシンガポール（2002年）に次ぐ2番目のEPAであり，農産物の自由化にかかわるEPAとしてははじめてであったという点でも，日本の通商政策の転換点を画するものであった．メキシコによる豚肉の輸出先は，EPAが発効した2005年に日本がはじめてアメリカ合衆国を抜いて第1位となり，2015年には80.6％が日本向けになるまで拡大している．

10.4.3　日本による対中部アメリカ協力

日本と中部アメリカの民間部門による経済関係が，メキシコを例外に総じて振るわない中，公的部門による経済協力は重要性を増している．とはいえ，日本の政府開発援助（ODA）の予算は1997年以降下がり続けており，中部アメリカ向けも例外でない．日本が対中部アメリカ向け協力の重点目標としているのは，『開発協力大綱：2016年

表10.3　中南米への直接投資残高（2016年末）

	直接投資残高（億円）
中部アメリカ	
ケイマン諸島	35,781
英領ヴァージン諸島	13,261
メキシコ	11,090
バミューダ諸島	4,613
パナマ	2,737
バハマ	653
バルバドス	207
その他	143
合計（中部アメリカ）	68,485
南アメリカ	
ブラジル	28,586
チリ	5,426
ペルー	1,207
ベネズエラ	730
ウルグアイ	478
アルゼンチン	332
その他	143
合計（南アメリカ）	36,902
総計	105,387

（日銀資料より作成）

写真10.6　ペーパーカンパニー向けの私書箱が並ぶケイマン諸島の郵便局（ケイマン諸島，ジョージタウン，2013年9月）

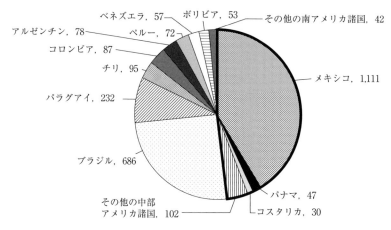

図 10.5 中部アメリカと南アメリカに進出している日系企業数（2016 年 10 月現在）
（『海外在留邦人数調査統計 平成 29 年要約版』より作成）

版』によれば次のとおりである．まず，「中米支援」では，①インフラシステム輸出，②防災・災害復旧，③気候変動対策，再生可能エネルギー，④格差是正（保健，教育，人材育成），⑤三角協力の推進の 5 つである．また「カリブ諸国支援」では，①気候変動対策，再生可能エネルギー，②防災・災害復旧，③水産，④ハイチ大地震からの復興支援の 4 つである．

ODA 以外では，日本は大規模災害が発生した際に人的協力を行っている．1998 年にハリケーン・ミッチによりホンジュラスで大きな被害が出たとき，日本は医療，防疫，給水活動のため，国際緊急援助隊派遣法にもとづき，185 人の自衛隊員と C130 輸送機 6 機を派遣した．これはラテンアメリカにおけるはじめての自衛隊の活動であったと同時に，1987 年に制定された国際緊急援助隊派遣法にもとづく自衛隊の海外派遣としてもはじめての事例であった．機微な外交問題が存在していないことが，協力対象国として好都合であったものと考えられる．2010 年 1 月のハイチ大地震の際にも，初動段階で国際緊急援助隊の医療チーム 25 人を，またその後の 1 カ月間は自衛隊医療部隊 100 人を派遣し，のべ 3,484 人を診療した．さらに同年 2 月からは 2013 年 3 月までの 3 年間にわたり，国連の平和維持活動（PKO）として同国に展開していた国連ハイチ安定化ミッション（MINUSTAH）に 350 人で構成される施設部

写真 10.7 震災復興の任務として瓦礫の撤去作業を行う日本の PKO 部隊（ハイチ，ポルトープランス，2010 年 11 月）

隊を派遣し，倒壊した建物の瓦礫の撤去や道路の補修などに従事した（写真 10.7）．

10.5　中部アメリカを歩く

冒頭でとりあげた小アンティル諸島に再び話を戻したい．この列島を北から南へと旅してみよう．いちばん北に位置しているのは米領のヴァージン諸島と英領のヴァージン諸島である．弧を描くように南東に下ると，そこには英領のアンギラ島がある．その南にあるシントマールテン島（面積 88 km^2）は国境線の引かれた小さな島であり，北側（面積 54 km^2）がフランスの海外準県，南側（面積 34 km^2）がオランダの自治領となっている．その南にあるアンティグア・バーブーダとセントクリストファー・ネーヴィスは，いずれも旧英領の

写真10.8 クリケットに興じる少年（グレナダ，2011年3月）

写真10.9 トリニダード島にある海上ヒンズー寺院（トリニダード・トバゴ，2014年12月）

独立国である．そのすぐ南にあるモントセラートは，イギリスの海外領土にとどまる．その南には仏領グアドループ，ドミニカ国，仏領マルティニーク，セントルシアの順で，フランスの海外領と旧英領の独立国とが交互に並んでいる．そしてその南に続くセントビンセント・グレナディーン諸島，グレナダ，トリニダード・トバゴと，この弧状列島から少し離れたところに位置するバルバドスの4つは，いずれも旧英領の独立国となっている．

このように小アンティル諸島に限っても，そこにはまだら模様の多彩な空間が広がっている．グレナダを歩けばアフリカ系黒人の少年が広場でクリケットに興じる姿をみかけることができる（写真10.8）．トリニダード・トバゴではインド系の人々やヒンズー寺院（写真10.9），そしてモスクが日常の風景に溶け込んでおり，自分がまるで南アジアか東南アジアを歩いているかのような錯覚を覚える．ここを離れて大アンティル諸島のドミニカ共和国に足を踏み入れれば，植民地時代の面影を偲ばせるスペイン系の町並みとラテンのリズムが私たちを迎えてくれる．大陸部のメキシコや中央アメリカに行けば，動植物資源の豊かな森，先コロンブス期の遺跡，鮮やかな衣装をまとった先住民の人々で賑わう市場，そして巨大な高層ビル群を目にすることができる．

中部アメリカは政治の不安定や貧困問題，治安の悪化など，厄介な問題もかかえているが，人々をひきつける魅力をあわせもっている．様々な人と文化がモザイク状に織りなす中部アメリカという地域は，知れば知るほど面白く，興味が尽きない．

[浦部浩之]

引用・参考文献

浦部浩之（2009）：日本の対ラテンアメリカ外交の歴史と現在―対米配慮と日系人配慮の外交から中長期ビジョンの構築へ．金沢工業大学国際学研究所編：日本外交と国際関係，pp.127-154，内外出版．

浦部浩之（2012）：2010年大地震で露わになったハイチの自然災害への脆弱性―その構造的問題に関する一考察．ラテンアメリカ・レポート，29(2)：37-52．

浦部浩之（2014）：地域機構と地域協力．ラテン・アメリカ政経学会編：ラテン・アメリカ社会科学ハンドブック，pp.126-134，新評論．

浦部浩之（2016a）：石油をてことした外交戦略と新しい地域統合の模索．坂口安紀編：チャベス政権下のベネズエラ，pp.169-210，JETROアジア経済研究所．

浦部浩之（2016b）：2015年ラテンアメリカ政治の動向と地域統合の展望― UNASURとCELACの現状と課題．マテシス・ウニウェルサリス，18(1)：39-66．

海外日系人協会（2017）：海外日系人数．http://www.jadesas.or.jp/aboutnikkei/index.html（2018年2月5日確認）

外務省（2017a）：日本の開発協力（2016年版開発協力白書），外務省．

外務省（2017b）：海外進出日系企業統計表（平成28年10月1日現在）．http://www.mofa.go.jp/mofaj/files/000260880.xlsx（2018年2月5日確認）

菊池　務・畑　恵子編（2012）：世界政治叢書6 ラテンアメリカ・オセアニア，ミネルヴァ書房．

国本伊代（1991）：移住と日系人社会―その歴史と現在．スターリングス，バーバラ・ツェケリー，ガブリエル・

堀坂浩太郎編：ラテンアメリカとの共存—新しい国際環境のなかで，pp.3-25，同文館

財務省（2017）：直接投資残高地域別統計（資産）（全地域ベース）（2016年末）．http://www.mof.go.jp/international_policy/reference/iip/rdip_all2016.xls（2018年2月5日確認）

細野昭雄（1983）：ラテンアメリカの経済，東京大学出版会．

細野昭雄・田中　高編（2010）：エルサルバドルを知るための55章，明石書店．

CARICOM ホームページ：http://www.caricom.org/（2018年2月15日確認）

SICA ホームページ：http://www.sica.int/（2018年2月5日確認）

═════ コラム1　日本の中の中部アメリカ ═════

中部アメリカを旅するには時間とお金がかかるが，実は日本の中でも様々なかたちで中部アメリカを発見することできる．以下にそれらを紹介したい．

■房総半島

日本と中部アメリカの交流は，1609年，房総半島沖で難破したメキシコ行きの帆船を現在の千葉県御宿町の住民たちが救ったことに始まる．それを記念して御宿町には，太平洋を一望できる丘の上に**メキシコ記念公園**が整備されている．公園の中心にあるのは，1928（昭和3）年に建立された高さ17mのオベリスク型の塔**日西墨三国交通発祥記念之碑**である（写真C10.1.1）．この碑の周囲には日本，メキシコ，スペインの旗がたなびき，また日墨交流400周年を祝して2009年にメキシコ政府から寄贈されたメキシコ人彫刻家ラファエル・ゲレロ作の**ブロンズ像「抱擁」**が据えられている．この公園には1978年，メキシコのホセ・ロペス・ポルティーリョ大統領も来訪しており，入口には**ロペス・メキシコ大統領来訪記念碑**も設置されている．

この丘を下って北に進むと，難破船の乗員らが上陸した岩和田の浜に行くことができる．浜には**ドン・ロドリゴ上陸地**と題する碑があり，説明が添えられている．御宿町の中心には**御宿町歴史民俗資料館**があり，日墨交流に関する展示や救難の様子を描いた絵画などをみることができる．御宿駅前通りは1978年に来訪した大統領の名にちなんで1996年，**ロペス通り**と名づけられている．なおこの訪日の年，御宿町はメキシコのアカプルコ市と姉妹都市協定を締結している．

御宿町の北西にある大多喜町もまた，1978年にメキシコのクエルナバカ市と姉妹都市協定を締結した．1609年，時の大多喜城主の本多忠朝がドン・ロドリゴら一行を歓待したことが縁となっている．町の中心から大多喜城に向かう道は1978年の大統領訪町を記念して**メキシコ通り**と名づけられ，歩道には古代メキシコの魚や鳥，人，太陽などが刻印されたタイルが埋め込まれている．通りの起点には**メキシコ塔**と呼ばれ

る円柱のモニュメントがあったが，残念ながら最近，道路の拡幅工事のため撤去された．**大多喜町役場**の廊下にある小さなショーケースには，姉妹都市協定書や贈答品などが展示されている．

■宮城県

日墨関係の黎明期の出来事としては，1613年に仙台藩主伊達政宗が派遣した慶長遣欧使節も重要である．宮城県石巻市の太平洋を一望できる渡波地区には，1996年に開館した**宮城県慶長使節船ミュージアム（サン・ファン館）**と，使節団の使用した帆船を再現した**サン・ファン・バウティスタ復元船**がある（写真C10.1.2）．サン・ファン館は，使節についてジオラマやパネル，映像で説明してくれる．このミュージアムは東日本大震災の津波で大きな被害を受けた．幸いミュージアムは2013年11月に再開したが，復元船は老朽化のために2016年3月から再び乗船できなくなっている．雄大で美しいその姿からは素人目にはわからないのだが，腐食が進み，津波による歪みもあるらしく，2020年頃を目途に解体する方向で検討が進められているとのことで，非常に惜しまれる．

ミュージアムから路線バスに乗り，牡鹿半島の月浦（月の浦）に行くと，そこは使節の船が出帆した浜がある．県道沿いのバス停の近くに1987年，**支倉常長像と慶長遣欧使節支倉常長の航海図記念碑**が設置された．また浜には**南蛮井戸の跡や支倉六右衛門常長解纜地の碑**という標柱（出帆350周年を記念して1963年に設置）がある．バスは1日5，6本しかないので，訪問するなら時間に注意する必要がある．なお，**支倉常長像**は仙台市の仙台城址入口付近にもある．支倉常長生誕400年記念事業の一環で1972年に設置されたものである．

■名古屋市

名古屋市にも日墨関係のモニュメントなどがいくつかある．市の中心部を南北に延びる**久屋大通公園**には姉妹都市提携を記念してつくられた広場があり，ロサンゼルス広場と南京広場にはさまれて**メキシコ広場**

148　10．世界の中の中部アメリカ——中部アメリカの国際関係と日本

（いこいの広場）がある．広場には，トルテカ文明（全盛期は 11～12 世紀）の中心都市トゥーラにあったピラミッド神殿の天井を支える**トゥーラの戦士像**（1978 年にメキシコ市より寄贈），太陽神を中心に複雑なモチーフを幾重にも重ねた図柄のアステカの暦（同），15 世紀に信仰されていた月の女神**コヨルシャウキの石碑**（1980 年寄贈）がある．なお，メキシコ広場を含む姉妹都市の広場は再開発のため 2018 年度中の取り壊しが予定されている．モニュメントは別の場所に移設されることになっている．

金城ふ頭にも姉妹都市提携を記念して 1978 年に寄贈された**トゥーラの戦士像**があり，その横の通りは**メキシコ大通り**と名づけられている．名古屋市公館の地下 1 階は**名古屋市国際交流展示室**となっており，メキシコ市などの姉妹都市から贈呈された様々な記念品が展示されている．地下鉄伏見駅に近い**アムナットスクエア**（朝日新聞社西隣）の中 2 階にあるオープンスペースには姉妹都市 4 都市の彫刻が設置されており，そのうちの 1 つはメキシコ人彫刻家ファン・クルスの作品である．**東山動植物園**に行くと，2012 年に姉妹都市提携 35 周年を記念してメキシコ市が寄贈した**4 つの太陽の祭壇**をみることができる．太陽神の像を載せる土台のレプリカで，側面にはアステカ創世神話の土，風，火の雨，水の 4 つの太陽の時代に登場する動物が描かれている．動植物園の職員は生き物の展示場所についてはとても詳しいが，この像のことはあまり知らないようで，探し出すのには難儀するかもしれない．

■京都市

京都市は 1980 年，メキシコのグアダラハラと姉妹都市を提携しており，同市から寄贈された**エスタンピーダ野性馬真鍮像**（1991 年設置，1992 年除幕）が**宝が池公園**内にある．広大な公園で，園内の案内図に像のことが載っておらず，下手をすると探し出すのに長時間かかる．宝ヶ池通り側の入口近くの友愛の広場に行けば見つけられる．**京都市動物園**には 1989 年にグアダラハラ動物園から友好動物として寄贈された鳥ムジヒメシャクケイがいる．現在の展示は寄贈された個体の子孫とのことである．ただ，説明書きなどは何もないので，事情を知らなければ一般の見学者には由来がわからない．

■長崎市

長崎市には**日本二十六聖人殉教記念碑**があり，それが立っている**西坂の丘**は長崎県指定史跡になっている．この記念碑は，豊臣秀吉のキリシタン禁教令により 1597 年に処刑され，1862 年にローマ教皇によって列聖された 26 人の殉教者にまつわるものであり，そのうちの 1 人がメキシコ人のフランシスコ会修道士フェリペ・デ・ヘススである．御影石の台座に 26 聖人のブロンズ像を配したこの記念碑は，列聖 100 年祭を記念して 1962 年に設置された．記念碑に隣接する**日本二十六聖人記念館**（1962 年開館）では，殉教の歴史などが学べる．また，道路をはさんで向かいにある**聖フィリッポ・デ・ヘスス教会**には，メキシコのグアダラハラ大司教から送呈された**日本初上陸の聖フィリッポ像**（フィリッポとはフェリペ・デ・ヘススのこと）が飾られている．

■その他

このほか，中部アメリカにかかわる施設などを列挙すると次のとおりである．岡山市は 1969 年にコスタリカのサンホセ市と姉妹都市協定を締結しており，**岡山市役所のロビーには姉妹都市から寄贈された記念品**

写真C 10.1.1 メキシコ記念公園の日西墨三国交通発祥記念之碑とブロンズ像「抱擁」（千葉県御宿町，2017 年 5 月）

写真C 10.1.2 サン・ファン・バウティスタ復元船（宮城県石巻市，2016 年 6 月）

や写真などが展示されている．岡山駅西口のコンベンションセンター前の広場は，2005年にパチェコ・コスタリカ大統領が来訪した際，**岡山市・サンホセ市友情の広場（サンホセスクエア）**と名づけられた．神戸北野の異人館街には，神戸市から伝統保存建造物に指定されている明治後期建築の**旧パナマ領事館**があり，内部はトリックアートの博物館になっている．東京都北区にある岩淵水門は，直接には中部アメリカと関係はないが，その建設にかかわった青山士は技師としてパナマ運河の建設にもかかわっており，水門近くにある**荒川知水資料館**ではそうした史実もパネルで紹介されている．

　一般の博物館の展示の中にも，中部アメリカを見つけることができる．大阪府吹田市にある**国立民族学博**物館には中部アメリカを含む世界各地の土器・土偶，石彫，織物，楽器，先史時代から近現代にいたる道具や生活用品などが数多く展示されており，非常に充実している．愛知県犬山市にある**野外民族学博物館リトルワールド**の本館展示室もこれに準ずる．岡山県備前市の日生地区にある**BIZEN中南米美術館**は，同地で漁網の製造・販売を営んでいた故森下精一が渡航先10カ国で集めた古代アメリカをテーマとする遺物や美術品が展示されており，メキシコからパナマにかけての中部アメリカの収蔵品はその主要な一部となっている．

　中部アメリカにゆかりのある施設やモニュメントは，まだほかにもあるのだろうか．もう少し旅を続けてみたい．　　　　　　　　　　　　　　　[浦部浩之]

═══ コラム2　中部アメリカの中の日本 ═══

　今度は中部アメリカにある日本ゆかりのモニュメントなどを紹介してみたい．

　メキシコから旅を始めよう．1609年に慶長遣欧使節の支倉常長が上陸したゲレロ州の**アカプルコ**は，日墨交流発祥の地である．リゾートホテルの連なるビーチの一角に**日本公園**があり，そこには**支倉常長像**が立っている（10.4節，写真10.4）．また，旧市街に近いサンディエゴ要塞に隣接する**メキシコ・フィリピン広場**にも**支倉常長の胸像**が据えられている．要塞の内部にある**アカプルコ歴史博物館**では，日墨関係の歴史を説明したパネルや太平洋を横断した帆船の模型，アジアから持ち込まれた陶磁器などをみることができる．なお，慶長遣欧使節はメキシコからヨーロッパに向かい，途中キューバにも立ち寄った．**支倉常長像**は，首都のハバナの中心部近くにもある．

　話をメキシコに戻そう．アカプルコから太平洋岸を南に下ったチアパス州のエスクイントラは，1897年に日本初のラテンアメリカへの集団移住である榎本拓殖団の入植地が築かれた場所である．植民70周年を記念して1967年，エスクイントラに接する**アカコヤグア**の町にオベリスク型の**榎本殖民記念碑**が建てられた．内陸部に行くと，モレロス州の州都クエルナバカ（千葉県大多喜町の姉妹都市）にある**クエルナバカ大聖堂**で，長崎で処刑された26聖人を描いた400 m² の**壁画**をみることができる．ハリスコ州の州都グアダラハラ（京都市の姉妹都市）のコロモス公園には，京都市が寄贈した6,000 m² の広さをもつ**日本庭園**（1994年竣工）がある．

　エルサルバドルへと南下しよう．呉羽紡績（後に東洋紡と合併）による同国での紡績工場の設立は，第二次世界大戦後の日本による初の海外工場進出であった．それに心血を注いだのが平生三郎である．平生にちなみ，首都サンサルバドルの中心部から2 kmほど南に行った丘陵部には約5万 km² の広さをもつ**平生三郎公園**が東洋紡の寄付でつくられており，静かなたたずまいの中，市民の憩いの場となっている．

　コスタリカの首都サンホセは，1969年に岡山市と姉妹都市協定を締結している．岡山市は1957年にアメリカ合衆国のサンノゼ市と姉妹都市となっており，その縁で，サンノゼ市と姉妹都市の関係にあったサンホセ市（なお，サンノゼとサンホセは英語とスペイン語で異なる発音となっているが，綴りは同じ）を加えた3都市間の姉妹都市関係が成立した．サンホセ南東部の住宅街の中には2002年，7,700 m² の広さをもつ**岡山公園**が造成されている．園内には鳥居，砂利庭，東屋，そして1997年に岡山市が寄贈していた桃太郎像が設置されている（写真C10.2.1）．

　最後にカリブの**ドミニカ共和国**に飛ぼう．首都サントドミンゴの植物園の中には，11,000 km² の広さをもつ**日本庭園**（1976年設置）がある．ドミニカ共和国への日本人移民は，政策の不備により多大な苦難を強いられた．サントドミンゴの旧市街南部には，移住者家族を象ったブロンズ像と移住者の氏名を刻んだ碑からなる**日本人農業移住記念碑**がある．設置は2013年の

ことであり，比較的新しい．ハイチとの国境に近いダハボンにもまた，1981年に建てられた**移住記念碑**があり，そこには移住や転住の苦難が綴られている．町はずれにある**日本人墓地**には，数十人の移住者たちが眠る．墓碑に記されている「南国土佐を後にして十七才春」といった文字に，移民の苦労が偲ばれる．

中部アメリカにはこのほかにも日本にゆかりのあるモニュメントなどがあるものと思われる．日本庭園はニカラグアの首都マナグアやドミニカ共和国の日本人移住地ハラバコアにもあると聞く．日本と中部アメリカの関係は，けっして深いとはいえない．しかし，両者の絆を築いてきた人々はたしかにいる．そうした人たちの足跡を訪ね歩くのは，とても心躍らされることである．　　　　　　　　　　　　　　　　　　[浦部浩之]

引用・参考文献

Aristimuño, Ignacio (2012)：ラテンアメリカにおける日本庭園の建設とその貢献．言語文化，**14**(4)：461-476．

写真C 10.2.1　岡山公園にある桃太郎（コスタリカ，サンホセ，2017年8月）

さらなる学習のための参考文献

●**第1章　中部アメリカ地誌へのアプローチ──地域概念と地域区分**

ギルバート，A. 著，山本正三訳（1996）：ラテンアメリカ入門，二宮書店.

国本伊代・中川文雄編（2005）：ラテンアメリカ研究への招待（改訂新版），新評論.

小池康弘編（2008）：現代中米・カリブを読む─政治・経済・国際関係（異文化理解講座8），山川出版社.

ジェームズ，P. E. 著，山本正三・菅野峰明訳（1979）：ラテンアメリカ（1・2・3），二宮書店.

田辺　裕監修，栗原尚子・渡邊眞紀子訳（1999）：中部アメリカ（図説大百科　世界の地理4），朝倉書店.

南山大学ラテンアメリカ研究センター編（2004）：ラテンアメリカの諸相と展望，行路社.

フンボルト，A. von 著，ヴァイグル，E. 編，大野英二郎・荒木善太訳（2001-3）：新大陸赤道地方紀行（上・中・下），岩波書店.

●**第2章　自然環境と災害──自然災害への脆弱性**

宇佐見耕一・小谷眞男・後藤玲子・原島　博編集代表（2012）：世界の社会福祉年鑑2012─特集・自然災害と社会福祉，旬報社.

京都大学防災研究所監修（2011）：自然災害と防災の事典，丸善出版.

坂井正人・鈴木　紀・松本栄次編（2007）：ラテンアメリカ（朝倉世界地理講座─大地と人間の物語─14），朝倉書店.

ジェームズ，P. E. 著，山本正三・菅野峰明訳（1979）：ラテンアメリカ1，二宮書店.

世界銀行・国際連合編，千葉啓恵訳（2011）：天災と人災─惨事を防ぐ効果的な予防策の経済学，一灯舎.

田辺　裕監修，栗原尚子・渡邊眞紀子訳（1999）：中部アメリカ（図説大百科　世界の地理4），朝倉書店.

田辺　裕総監修，新川健三郎・高橋　均監修（1999）：南北アメリカ（世界地理大百科事典3），朝倉書店.

ワイズナー，B. ほか著，岡田憲夫監訳，渡辺正幸・石渡幹夫・諏訪義雄ほか訳（2010）：防災学原論，築地書館.

●**第3章　民族と文化の混淆──征服から現代まで**

井上幸孝編（2014）：メソアメリカを知るための58章（エリア・スタディーズ130），明石書店.

大貫良夫編（1984）：民族交錯のアメリカ大陸（民族の世界史13），山川出版社.

国本伊代編（2017）：カリブ世界を知るための70章（エリア・スタディーズ157），明石書店.

黒田悦子（2013）：メキシコのゆくえ─国家を超える先住民たち，勉誠出版.

染田秀藤・篠原愛人監修，大阪外国語大学ラテンアメリカ史研究会訳（2005）：ラテンアメリカの歴史─史料から読み解く植民地時代，世界思想社.

マン=ロト，マリアンヌ著，染田秀藤訳（1984）：イスパノアメリカの征服（文庫クセジュ665），白水社.

ラス・カサス著，染田秀藤訳（2013）：インディアスの破壊についての簡潔な報告（岩波文庫），岩波書店.

歴史学研究会編（2008）：世界史史料7　南北アメリカ─先住民の世界から一九世紀まで，岩波書店.

●**第4章　多様な農業──企業的農業から零細農まで**

吾郷健二（2010）：農産物貿易自由化で発展途上国はどうなるか─地獄に向かう競争，明石書店.

石井　章（2008）：ラテンアメリカ農地改革論，学術出版会.

坂井正人・鈴木　紀・松本栄次編（2007）：ラテンアメリカ（朝倉世界地理講座─大地と人間の物語─14），朝倉書店.

田中　高（1997）：日本紡績業の中米進出，古今書院.

田辺　裕監修，栗原尚子・渡邊眞紀子訳（1999）：中部アメリカ（図説大百科　世界の地理4），朝倉書店.

バーバック，R.・フリン，P. 著，中野一新・村田　武訳（1987）：アグリビジネス─アメリカの食糧戦略と多国籍企業，大月書店.

バルマー=トーマス, V. 著, 田中　高・榎股一索・鶴田利恵訳（2001）：ラテンアメリカ経済史—独立から現在まで, 名古屋大学出版会.

吉田太郎（2002）：有機農業が国を変えた—小さなキューバの大きな実験, コモンズ.

吉田太郎（2002）：200万都市が有機野菜で自給できるわけ—都市農業大国キューバ・リポート, 築地書館.

● 第5章　都市化する中部アメリカ——急速な都市化と不均衡な集中

石黒　馨・初谷譲次編（2014）：創造するコミュニティ—ラテンアメリカの社会関係資本, 晃洋書房.

国本伊代・乗　浩子編（2002）：ラテンアメリカ都市と社会, 新評論.

鈴木美和子（2013）：文化資本としてのデザイン活動—ラテンアメリカ諸国の新潮流（文化とまちづくり叢書）, 水曜社.

禪野美帆（2006）：メキシコ, 先住民共同体と都市—都市移住者を取り込んだ「伝統的」組織の変容, 慶應義塾大学出版会.

ドワイヤー, D. J. 著, 金坂清則訳（1984）：第三世界の都市と住宅—自然発生的集落の見通し, 地人書房.

幡谷則子（1993）：ラテンアメリカの都市化と住民組織, 古今書院.

山田睦男・細野昭雄・高橋伸夫・中川文雄（1994）：ラテンアメリカの巨大都市—第三世界の現代文明, 二宮書店.

● 第6章　ヒトと資本の移動——国内・国際人口移動からレメッサ（郷里送金）まで

宇佐見耕一・小池洋一・坂口安紀・清水達也・西島章次・浜口伸明(2009)：図説ラテンアメリカ経済, 日本評論社.

大泉光一・牛島　万編（2005）：アメリカのヒスパニック＝ラティーノ社会を知るための55章（エリア・スタディーズ）, 明石書店.

坂東省次編（2013）：現代スペインを知るための60章（エリア・スタディーズ116）, 明石書店.

ハンチントン, S. 著, 鈴木主税訳（2004）：分断されるアメリカ, 集英社.

ラテン・アメリカ政経学会編（2014）：ラテン・アメリカ社会科学ハンドブック, 新評論.

● 第7章　貧困と社会格差——データから確認する厳しさ

片桐はいり（2007）：グアテマラの弟, 幻冬舎.

工藤律子（2016）：マラス　暴力に支配される少年たち, 集英社.

髙橋　均（1989）：サンディーノ戦記—ジャズ・エイジのヴェトナム戦争, 弘文堂.

山岡加奈子編（2014）：岐路に立つコスタリカ—新自由主義か社会民主主義か（アジ研選書）, アジア経済研究所.

歴史的記憶の回復プロジェクト編, 飯島みどり・狐崎知己・新川志保子訳(2000)：グアテマラ　虐殺の記憶—真実と和解を求めて, 岩波書店.

● 第8章　中部アメリカの地政学——列強・大国に翻弄される国々

加茂雄三編（2005）：ラテンアメリカ（国際情勢ベーシックシリーズ, 第2版）, 自由国民社.

加茂雄三・細野昭雄・原田金一郎編（1990）：転換期の中米地域—危機の分析と展望, 大村書店.

小林志郎（2000）：パナマ運河—百年の攻防と第二運河構想の検証, 近代文芸社.

島崎　博（2000）：中米の世界史, 古今書院.

寿里順平（1991）：中米—干渉と分断の軌跡, 東洋書店.

細野昭雄・遅野井茂雄・田中　高（1987）：中米・カリブ危機の構図—政治・経済・国際関係（有斐閣選書）, 有斐閣.

細野昭雄・畑　惠子編（1993）：ラテンアメリカの国際関係, 新評論.

増田義郎・山田睦男編（1999）：ラテン・アメリカ史 I　メキシコ・中央アメリカ・カリブ海（新版世界各国史25）, 山川出版社.

歴史学研究会編, 油井大三郎・後藤政子編集担当(1993)：統合と自立（南北アメリカの500年　歴史学研究会編第5巻）, 青木書店.

歴史的記憶の回復プロジェクト編，飯島みどり・狐崎知己・新川志保子訳(2000)：グアテマラ　虐殺の記憶—真実と和解を求めて，岩波書店.

●第9章　多様なツーリズム──マスツーリズムから「新しい観光」まで
石森秀三編（1996）：観光の二〇世紀（二〇世紀における諸民族文化の伝統と変容3），ドメス出版.

井上幸孝編（2014）：メソアメリカを知るための58章（エリア・スタディーズ130），明石書店.

江口信清（1998）：観光と権力—カリブ海地域社会の観光現象，多賀出版.

桜井三枝子・中原篤史編（2014）：ホンジュラスを知るための60章（エリア・スタディーズ127），明石書店.

天理大学アメリカス学会編（2014）：アメリカスのまなざし—再魔術化される観光，天理大学出版部.

南山大学ラテンアメリカ研究センター編（2004）：ラテンアメリカの諸相と展望，行路社.

●第10章　世界の中の中部アメリカ──中部アメリカの国際関係と日本
金沢工業大学国際学研究所編（2009）：日本外交と国際関係，内外出版.

菊池　努・畑　惠子編（2012）：ラテンアメリカ・オセアニア（世界政治叢書6），ミネルヴァ書房.

国本伊代編（2017）：カリブ世界を知るための70章（エリア・スタディーズ157），明石書店.

スターリングス，B.・ツェケリー，G.・堀坂浩太郎編（1991）：ラテンアメリカとの共存—新しい国際環境のなかで（ポリティカル・エコノミー），同文舘.

西島章次・小池洋一編（2011）：現代ラテンアメリカ経済論，ミネルヴァ書房.

細野昭雄・田中　高編（2010）：エルサルバドルを知るための55章（エリア・スタディーズ80），明石書店.

松下　洋・乗　浩子編（2004）：ラテンアメリカ　政治と社会（全面改訂版），新評論.

ラテン・アメリカ政経学会編（2014）：ラテン・アメリカ社会科学ハンドブック，新評論.

付録 統計資料

		人口 (千人)[2]	面積 (km²)[3]	独立年	旧宗主国・ 本国	公用語
＜域内独立国＞	**首 都**				**旧宗主国**	
メキシコ	メキシコ市	124,575	1,964,375	1821	スペイン	(スペイン語)[5]
グアテマラ	グアテマラ市	15,461	108,889	1821	スペイン	スペイン語
ベリーズ	ベルモパン	360	22,966	1981	(イギリス)[4]	英語
エルサルバドル	サンサルバドル	6,172	21,041	1821	スペイン	スペイン語
ホンジュラス	テグシガルパ	9,039	112,090	1821	スペイン	スペイン語
ニカラグア	マナグア	6,026	130,370	1821	スペイン	スペイン語
コスタリカ	サンホセ	4,930	51,100	1821	スペイン	スペイン語
パナマ	パナマ市	3,753	75,420	1821	スペイン	スペイン語
キューバ	ハバナ	11,147	110,860	1902	スペイン	スペイン語
バハマ	ナッソー	330	13,880	1973	(イギリス)[4]	英語
ジャマイカ	キングストン	2,991	10,991	1962	(イギリス)[4]	英語
ハイチ	ポルトープランス	10,647	27,750	1804	フランス	ハイチ・クレオール語, フランス語
ドミニカ共和国	サントドミンゴ	10,734	48,670	1865	スペイン	スペイン語
セントクリストファー・ネーヴィス	バセテール	53	261	1983	(イギリス)[4]	英語
アンティグア・バーブーダ	セントジョンズ	95	443	1981	(イギリス)[4]	英語
ドミニカ国	ロゾー	74	751	1978	(イギリス)[4]	英語
セントルシア	カストリーズ	165	616	1979	(イギリス)[4]	英語
セントビンセント・グレナディーン諸島	キングスタウン	102	389	1979	(イギリス)[4]	英語
バルバドス	ブリッジタウン	292	430	1966	(イギリス)[4]	英語
グレナダ	セントジョージズ	112	344	1974	(イギリス)[4]	英語
トリニダード・トバゴ	ポートオブスペイン	1,218	5,128	1962	(イギリス)[4]	英語
＜域内非独立地域＞	**中心地**				**本 国**	
アルバ	オラニエスタット	115	180		オランダ	オランダ語
キュラソー	ウィレムスタット	150	444		オランダ	オランダ語
オランダカリブ領域[1]		25*	328		オランダ	オランダ語
シントマールテン	フィリップスブルフ	42	34		オランダ	オランダ語
サンマルタン	マリゴ	32	54		フランス	フランス語
サンバルテルミー	グスタビア	7	25		フランス	フランス語
グアドループ	バステール	450*	1,705		フランス	フランス語
マルティニーク	フォールドフランス	386*	1,128		フランス	フランス語
モントセラト	リトルベイ	5	102		イギリス	英語
アンギラ	バレー	17	91		イギリス	英語
バミューダ諸島	ハミルトン	71	54		イギリス	英語
英領ヴァージン諸島	ロードタウン	35	151		イギリス	英語
ケイマン諸島	ジョージタウン	58	264		イギリス	英語
タークス・カイコス諸島	コックバーンタウン	53	948		イギリス	英語
プエルトリコ	サンフアン	3,352	9,104		アメリカ合衆国	英語
米領ヴァージン諸島	シャーロットアマリー	107	1,910		アメリカ合衆国	英語
＜その他の国・地域＞	**首都・中心地**				**旧宗主国・本国**	
ガイアナ	ジョージタウン	738	214,969	1966	(イギリス)[4]	英語
スリナム	パラマリボ	592	163,820	1975	オランダ	オランダ語
フランス領ギアナ	カイエンヌ(中心地)	269*	83,534		フランス(本国)	フランス語
アメリカ合衆国	ワシントン D.C.	326,626	9,833,517	1776	イギリス	(英語)[6]
日本	東京	126,451	377,915			日本語

n.d. は該当資料中で調査対象だがデータなし，―は調査対象外.
1）オランダ王国の構成国であるオランダに属する3島（サバ島，シントユースタティウス島，ボネール島）を指す.
2）CIA The World Factbook, 2017年7月データによる. ただし * は UN Population Division 2015 による.
3）CIA The World Factbook および各国統計による.
4）イギリス連邦の構成国.
5）法令上の公用語は設定されていない.
6）連邦レベルでは公用語の規定はない.

GDP(GNI) (100万 米ドル)[7]	1人当たり GNI (PPP, 米ドル)[7]	貧困率 (国別貧困線 未満，%)[7,8]	ジニ指数[9] (%)	識字率 (15歳以上， %)[10]	平均教育年数 (25歳以上 成年，年)[11]	出生時 平均余命 (年)[12]	
							＜域内独立国＞
1,046,922	17,760	50.6	48.2	94.5	8.6	76.9	メキシコ
68,763	7,760	59.3	48.7	81.3	6.3	73.0	グアテマラ
1,741	7,950	n.d.	n.d.	70.3	10.5	70.3	ベリーズ
26,797	8,240	32.7	41.8	88.0	6.5	73.0	エルサルバドル
21,517	4,410	65.7	50.6	88.0	6.2	73.3	ホンジュラス
13,231	5,550	29.6	47.1	78.0	6.5	75.0	ニカラグア
57,436	15,780	20.5	48.5	97.4	8.7	79.6	コスタリカ
55,188	21,020	22.1	50.7	94.1	9.9	77.8	パナマ
87,133	18,630	n.d.	n.d.	99.8	11.8*	79.5	キューバ
11,262	21,680	n.d.	n.d.	n.d.	10.9	75.4	バハマ
14,057	8,470	19.9	n.d.	79.9	9.6**	75.8	ジャマイカ
8,023	1,800	58.5	60.8	48.7	5.2**	63.0	ハイチ
71,584	14,500	30.0	47.1	92.0	7.7	73.7	ドミニカ共和国
910	25,690	n.d.	n.d.	n.d.	8.4	71.3	セントクリストファー・ネーヴィス
1,460	22,130	n.d.	n.d.	99.0	9.2	76.1	アンティグア・バーブーダ
581	10,640	n.d.	n.d.	n.d.	7.9*	76.6	ドミニカ国
1,667	12,060	n.d.	n.d.	n.d.	9.3*	75.3	セントルシア
768	11,410	n.d.	n.d.	95.6*	8.6	73.1	セントビンセント・グレナディーン諸島
4,529	17,210	n.d.	n.d.	99.3*	10.5***	75.6	バルバドス
1,056	13,750	n.d.	n.d.	97.8*	8.6	73.5	グレナダ
21,895	31,830	n.d.	n.d.	96.9	10.9	70.6	トリニダード・トバゴ
							＜域内非独立地域＞
2,584	n.d.	n.d.	—	96.8	—	75.6	アルバ
n.d.	n.d.	n.d.	—	n.d.	—	77.8	キュラソー
—	—	—	—	n.d.	—	—	オランダカリブ領域[1]
n.d.	n.d.	n.d.	—	n.d.	—	73.1	シントマールテン
n.d.	n.d.	n.d.	—	n.d.	—	79.5	サンマルタン
—	—	—	—	n.d.	—	—	サンバルテルミー
—	—	—	—	n.d.	—	—	グアドループ
—	—	—	—	n.d.	—	—	マルティニーク
—	—	—	—	n.d.	—	—	モントセラート
—	—	—	—	95.4**	—	—	アンギラ
—	—	—	—	n.d.	—	—	バミューダ諸島
n.d.	n.d.	n.d.	—	n.d.	—	n.d.	英領ヴァージン諸島
3,207	n.d.	n.d.	—	98.9	—	n.d.	ケイマン諸島
n.d.	n.d.	n.d.	—	n.d.	—	n.d.	タークス・カイコス諸島
103,135	24,020	n.d.	—	92.0	—	79.6	プエルトリコ
3,765	n.d.	n.d.	—	n.d.	—	79.9	米領ヴァージン諸島
							＜その他の国・地域＞
3,502	7,810	n.d.	n.d.	85.6	8.4**	66.5	ガイアナ
3,278	14,490	n.d.	n.d.	92.9	8.3*	71.3	スリナム
—	—	—	—	n.d.	—	—	フランス領ギアナ
18,624,475	58,700	n.d.	41.1	n.d.	13.2	78.7	アメリカ合衆国
4,940,159	42,790	n.d.	32.1*	n.d.	12.5**	83.8	日本

7）World Bank, World Development Indicators による（データは 2006〜2016 年）.
8）ECLAC/CEPAL, Social Panorama of Latin America 2017, Briefing paper による（データは 2014〜2016 年）.
9）UNDP, Human Development Reports による（データは 2010〜2016 年，ただし * は 2010 年以前）.
10）UNESCO Institute for Statistics による（データは 1990〜2015 年，ただし * は 1970 年，** は 1984 年）.
11）UNDP, Human Development Reports による（データは 2015, 2016 年，ただし * は UNESCO Institute for Statistics, 2016, **
　　は Barro and Lee, 2016, *** は UNICEF Multiple Indicator Cluster Surveys for 2006-2015 による）.
12）World Bank, World Development Indicators による（データは 2002〜2015 年）.

索　引

欧　文

ACS　141
CARICOM　135
CARICOM 単一市場・経済　140
CARIFTA　140
CELAC　11, 141
DR-CAFTA　139
CSME　140
ECCM　140
HDI　27
MCCA　139
MINUSTAH　146
NAFTA　53, 139
OAS　11
ODA　145
ODECA　139
OECS　140
PETROCARIBE　141
SICA　135
WISA　140
WRI　25

ア　行

アカプルコ　66, 124, 150
アグリビジネス　53, 54
アシエンダ　6, 46
アステカ王国　31, 34, 43
新しい観光　129
アファーマティブ・アクション　80
アメリカ合衆国　10
アメリカの裏庭　10, 123
アメリカの地中海　10
アリスティード　114
アルベンス　109
アレナル火山　24
アンギラ　61
アングロアメリカ　2, 3
アンティグア　18
アンティル　133
アンティル諸島　5
アンティル大ハリケーン　18
アンバンクト　84

イスパニョーラ島(エスパニョラ島)　31
イスパノアメリカ　3
イベロアメリカ　3
いまを生きる文化遺産　128
移民の世紀　86
医療ツーリズム　131

インカ帝国　31
インターネット　90
インディアス　2
インディアス艦隊　65
インディアス法　68

ヴァルトゼーミュラー　2
ウィルムスタット　61
ウィンドワード諸島　5, 133
ヴェスプッチ　2
失われた 10 年　61

英領ヴァージン諸島　12
エコツーリズム　11, 129
エスキプラス合意　102
エスニックツーリズム　128
越境組織犯罪　95
エッジシティ　72
榎本植民団　142
エヒード　47, 51, 70
エルサルバドル　62
エルサルバドル地震 (2001 年)　23
エルチチョン火山　24
縁故主義　108
エンコミエンダ　6, 35, 46
エンコメンデロ　46

岡山公園　150
オフショア金融市場　12
オールインクルーシブ　124
恩顧主義　108

カ　行

海浜リゾート　123
カカオ　45
カーギル社　54
カストロ, フィデル　109
カストロ, ラウル　115
カリブ海地域　5, 64, 66
カリブ海の真珠　123
カリブ開発構想　57
カリブ共同体　135
カリブ自由貿易連合　140
カリブ諸国連合　141
カリブプレート　16
カリベ・メヒカーノ（メキシカン・カリ
　ブ）　126
カンクン　125
カンクン・サミット　125
「観光は平和へのパスポート」　121
環大西洋革命　86

環太平洋造山帯　15

ギアナ　67
帰化法 (法律第 169-14 号)　135
寄港地　129
基礎的サービス　90
北アメリカプレート　16
キューバ　32, 64
キューバ革命　102, 108, 109
キューバ危機　11, 110
キュラソー　11, 32, 61
教育年数　90
共振　23
強制立ち退き　82
郷里送金　82
　　――のオランダ病　83, 87
キルヒホフ　6
近代世界システム　86

グアダルーペの聖母　40
グアテマラ　11
グアドループ　64
グアナフアト　128
グアンタナモ基地　11, 105
クリオーリョ　37, 40, 44
クルーズ船　129
クレオール　42
グレナダ　26

慶長遣欧使節　142
ケイマン諸島　12
契約栽培制度　54
ゲーテッドコミュニティ　73, 77
ケナン　108

公式ドル化政策　84
国営食糧公社　53, 55
国外への越境　79
国際観光年　121
国際緊急援助隊派遣法　146
黒人奴隷　36
穀物メジャー　54
国連国際旅行・観光会議（観光ローマ会
　議）　121
国連ハイチ安定化ミッション　146
ココスプレート　16
コスタリカ　129
コトヌ協定　139
ゴナイヴ　20
コーヒー　48
コルテス　31, 43
コロニアル都市　128

コロンブス（コロン）　2, 31, 127, 137
コロンブス交換　39
コントラ　102, 111
ゴンドワナ大陸　15
コンベンション・ツーリズム　125

サ　行

サカテカス　128
サステイナビリティ（持続可能性）　130
サトウキビプランテーション　46
サブプライムローン　81
三角貿易　133
サンタマリア火山　24
サンディニスタ革命　106
サンディニスタ民族解放戦線　11, 106
サンディーノ　106
サントドミンゴ　61, 65, 128
サンピエール　24
サンフアン　61
サンフランシスコ講和条約　144

ジェット旅客機　121
シェヴァリエ　3
ジェントリフィケーション　72
資産分配　92
持続可能な開発　125
ジニ係数　91
地元社会の観光への自律的な関与　130
社会的排除　89
若年無業者　93
ジャマイカ　32, 64
小アンティル諸島　5, 61, 133, 146
条件つき現金給付　95
食糧安全保障　58
食糧主権　58
「新植民地主義」的関係　122
新世界　2
新都市交通網　73

垂直的統合（インテグレーション）　54
スクォッター地区　70, 72
スフリエールヒルズ火山　20, 24, 61

政府開発援助　145
政府の能力　96
勢力圏拡張主義　100
世界遺産　126
世界自然遺産　129
世界リスク指数　25
前産業型都市　68
先住民　45
セントクリスファー・ネーヴィス　66
善隣外交政策　107

組織犯罪　94
ソモサ　106

タ　行

大アンティル諸島　5, 61
タックス・ヘイブン（租税回避地）　145
伊達政宗　142
ダリエン地峡　2, 4

チチェンイツァ　126
チナンパ　45
千葉県御宿町　142, 148
中央アメリカ　4
中央アメリカ海溝　16
中米機構　139
中米共同市場　139
中米連邦共和国　138
中米統合機構　135

帝国主義　101
ディベロッパー　122
テオティワカン　34
テキサス　101
テグシガルパ　20, 27
テクン・ウマン　128
テスココ湖　23
テノチティトラン　32, 43
デュバリエ　107

同時多発テロ（2001年）　85
トウモロコシ　34, 40, 45
トゥルム　126
都市農業　57
土地の集中　92
ドミニカ共和国　27, 64
ドミニカ共和国への移住　143
トラスカラ　32, 38
トラテロルコ条約　110
トランスナショナリズム　80
トリニダード・トバゴ　7, 64
トルヒーヨ　108
ドロップアウト　92
ドン・ロドリゴ　142

ナ　行

ナッソー　61
ナポレオンのイベリア半島侵攻　134

ニカラグア　60
ニカラグア革命　102
西インド諸島　5, 61
西インド諸島連合閣僚評議会　140
西インド連邦　138
西坂の丘　149
2乗貧困ギャップ率　88
日墨EPA（経済連携協定）　145
日墨修好通商条約　142
日系人　143
日西墨三国交通発祥記念之碑　148
二部門モデル　78

日本公園　150
日本人農業移住記念碑　150
日本二十六聖人殉教記念碑　149
ニュー・ジュエル運動　112
人間開発指数　27

ヌエバ・エスパーニャ副王領　33

ネオ・ラティフンディオ　51
ネサワルコヨトル　43

農地改革　51
農地改革法　51
ノリエガ　112

ハ　行

バイア諸島　124
バイオエタノール　57
ハイチ　27, 32
　　──の独立　134
ハイチ大地震（2010年）　19, 24, 29
ハイチ支援国会合　24, 29
ハザード　25
支倉常長　142
発展段階論　78
バティスタ　108, 109
バナナ　48
バナナ共和国　49
バナナプランテーション　54
パナマ　12
パナマ運河　105, 117, 129
パナマ市　66, 128
パナマ地峡　2
パナマ文書　12
ハバナ　61, 65, 128
バハマ　12, 61
バハマ諸島　5, 61
バーブーダ島　27
バラデロ　124
ハリケーン・アイバン　26
ハリケーン・イルマ　27
ハリケーン・ジーン　20, 27
ハリケーン・ハティ　20
ハリケーン・マシュー　30
ハリケーン・ミッチ　20, 27, 146
ハリケーン・リサ　22
バリューチェーンの統合　56
バルバドス　64, 67
バレー　61
パンアメリカンハイウェイ　2
パンゲア　14
ハンバーガー・コネクション　54

東カリブ共同市場　140
東カリブ諸国機構　140
ヒスパニック　79
ヒスパニック移民　79
ピッグズ湾事件　110
非伝統的農産物　56

ヒトの輸出　85
平生三郎公園　150
貧困ギャップ率　88
貧困線　88
貧困マップ　93
貧困率　88

ファラブンド・マルティ民族解放戦線　11,
　112
封じ込め政策　108
フェアトレード　57
プエルトリコ海溝　16
不動産バブル　82
不平等　91
ブラボ川　3
プランテーション　7
プリマス　24, 61
「古き良き時代」へのノスタルジー　128
プレ火山　24
フロリダ　101
分極化　72
分断化　74
フンボルト　3

米州機構　11
米州システム　85
米西戦争　11, 102, 104, 138
米・中米・ドミニカ共和国自由貿易協定
　139
米墨戦争　103, 138
ペトロカリブ　141
ベラクルス　65, 128
ベリーズ　60, 61, 68
ベリーズシティ　20, 61, 62
ヘリテージツーリズム　11
ヘリテージ（文化遺産）　126
ベルモパン　60

ボーイング747（ジャンボジェット）　121
貿易風　16
包摂の経済成長　88
北米自由貿易協定　53, 139

ポートロイヤル　18
ホヤデセレン　18
ポルトガル　31, 36
ポルトープランス　61
ポワントアピトル　19
ホンジュラス　146

マ　行

マスツーリズム　122
マナグア　60
マナグア地震（1972年）　22
麻薬戦争　114
麻薬問題　113, 114
マラス　95
マルティニーク　64, 67

ミッション集落　74
緑の革命　47
ミニフンディオ　50, 55
宮城県慶長使節船ミュージアム（サン・
　ファン館）　148
民族のサラダボウル　79

無形文化遺産　128
ムンド・マヤ計画　125

メイン号　104
メキシコ　11
メキシコ大地震（1985年）　23
メキシコ革命　47, 51
メキシコ記念公園　148
メキシコ高原　16
メキシコ市　60, 65, 77
メキシコ広場（いこいの広場）　148
メキシコ料理　40
メスティソ　37, 42
メソアメリカ　5, 34, 40, 126

モテクソマ　32
モノカルチャー　52
モノカルチャー経済　50

モントセラート　61
モンロー主義　3, 101
モンロー・ドクトリン　138

ヤ　行

有機農業　57
ユカタン半島　125
ユサ社　144
ユートピア　122
ユナイテッド・フルーツ社　48, 54
輸入代替工業化　11, 61
ユーロアフリカ環カリブ海地域　9
ユーロ先住民大陸地域　9

ラ　行

ラティフンディオ　46, 50
ラテンアメリカ　2, 3
ラテンアメリカ・カリブ諸国共同体　11,
　141
ラテンアメリカ・カリブ諸国首脳会議
　141
ラパス　22

リゾート開発　122
リトルベイ　61
リビエラマヤ地域　125
領土拡張主義　100
リーワードアンティル諸島　5
リーワード諸島　5, 133

ルイジアナ　101

零細農　55
レーガン　111
レンピーラ　128

ロメ協定　139
ローラシア大陸　15

編集者略歴

石井久生
（いしいひさお）

1964年　茨城県に生まれる
1989年　筑波大学大学院修士課程地
　　　　域研究研究科修了
現　在　共立女子大学国際学部国際
　　　　学科教授
　　　　博士（理学）

浦部浩之
（うらべひろゆき）

1965年　東京都に生まれる
1999年　筑波大学大学院博士課程国際
　　　　政治経済学研究科修了
現　在　獨協大学国際教養学部言語文
　　　　化学科教授
　　　　修士（地域研究），修士（学術）

世界地誌シリーズ 10
中部アメリカ　　　　　　　　　　　定価はカバーに表示

2018年3月20日　初版第1刷

編集者　石　井　久　生

　　　　浦　部　浩　之

発行者　朝　倉　誠　造

発行所　株式
　　　　会社　朝　倉　書　店
　　　　東京都新宿区新小川町 6-29
　　　　郵 便 番 号　162-8707
　　　　電　話　03（3260）0141
　　　　F A X　03（3260）0180
　　　　http://www.asakura.co.jp

〈検印省略〉

ⓒ 2018〈無断複写・転載を禁ず〉　　　　　シナノ印刷・渡辺製本

ISBN 978-4-254-16930-0　C3325　　　Printed in Japan

JCOPY　〈(社)出版者著作権管理機構 委託出版物〉

本書の無断複写は著作権法上での例外を除き禁じられています．複写される場合は，
そのつど事前に，(社)出版者著作権管理機構（電話 03-3513-6969，FAX 03-3513-
6979，e-mail：info@jcopy.or.jp）の許諾を得てください．

◈ 世界地誌シリーズ ◈

世界の諸地域を正確に認識するためのテキストシリーズ

首都大 菊地俊夫編
世界地誌シリーズ 1

日　　本

16855-6 C3325　　　B 5 判 184頁 本体3400円

教員を目指す学生のための日本の地誌学のテキスト。自然・歴史・産業・環境・生活・文化・他地域との関連を例に，各地域の特色を解説する。〔内容〕総論／九州／中国・四国／近畿／中部／関東／東北／北海道／世界の中の日本

前学芸大 上野和彦編
世界地誌シリーズ 2

中　　国

16856-3 C3325　　　B 5 判 180頁 本体3400円

教員を目指す学生のための中国地誌学のテキスト。中国の国と諸地域の地理的特徴を解説する。〔内容〕多様性と課題／自然環境／経済／人口／工業／農業と食糧／珠江デルタ／長江デルタ／西部開発と少数民族／都市圏／農村／世界の中の中国

学芸大 加賀美雅弘編
世界地誌シリーズ 3

Ｅ Ｕ

16857-0 C3325　　　B 5 判 164頁 本体3400円

教員を目指す学生のためのヨーロッパ地誌学のテキスト。自然，工業，観光などのテーマごとに，特徴のあるEU加盟国を例として解説する。〔内容〕総論／自然・農業／工業／都市／観光／移民／民俗／東欧／生活／国境／世界とEU

日大 矢ケ﨑典隆編
世界地誌シリーズ 4

ア メ リ カ

16858-7 C3325　　　B 5 判 176頁 本体3400円

教員を目指す学生のためのアメリカ地誌学のテキスト。生産様式，生活様式，地域が抱える諸問題に着目し，地理的特徴を解説する。〔内容〕総論／自然／交通・経済／工業／農業／多民族社会／生活文化／貧困層／人口構成／世界との関係

広大 友澤和夫編
世界地誌シリーズ 5

イ ン ド

16925-6 C3325　　　B 5 判 160頁 本体3400円

インド地誌学のテキスト。インド共和国を中心に，南アジアの地域と人々のあり方を理解するために最適。〔内容〕地域編成と州／巨大人口と多民族社会／自然／農業／鉱工業／ICT産業／交通と観光／農村／巨大都市圏／他

立教大 丸山浩明編
世界地誌シリーズ 6

ブ ラ ジ ル

16926-3 C3325　　　B 5 判 184頁 本体3400円

ブラジル地誌学のテキスト。アマゾン，サンバ，コーヒー，サッカーだけでなくブラジルを広く深く理解するために。〔内容〕総論／自然／都市／多民族社会／宗教／音楽／アグリビジネス／観光／日本移民／日本の中のブラジル社会／サッカー

首都大 菊地俊夫・成蹊大 小田宏信編
世界地誌シリーズ 7

東南アジア・オセアニア

16927-0 C3325　　　B 5 判 176頁 本体3400円

東南アジア・オセアニア地域の地誌学のテキスト。自然・生活・文化などから両地域を比較しつつ，その特色を追求する。〔内容〕自然環境／歴史・文化の異質性と共通性／資源／伝統文化／グローバル化と経済活動／都市の拡大／比較地誌

名古屋外大 島田周平・一橋大 上田　元編
世界地誌シリーズ 8

ア フ リ カ

16928-7 C3325　　　B 5 判 176頁 本体3400円

アフリカ地誌学のテキスト。〔内容〕自然的多様性・民族的多様性／気候・植生／生業と環境利用（焼畑・牧畜・ブドウ栽培）／都市と農村／都市環境問題／地域紛争／グローバル化とフォーマル経済／開発援助・協力／大衆文化／日本との関係

学芸大 加賀美雅弘編
世界地誌シリーズ 9

ロ シ ア

16929-4 C3325　　　B 5 判 184頁 本体3400円

ロシア地誌学のテキスト。自然・産業・文化などから全体像をとらえ，日本や東アジア，世界との関係性を解説する。〔内容〕総論／国土と自然／開発と資源／農業／工業／社会経済／都市／伝統文化／民族と地域文化／日本・世界との関係

山形大 坂井正人・民博 鈴木　紀・前筑波大 松本栄次編
朝倉世界地理講座14

ラ テ ン ア メ リ カ

16804-4 C3325　　　B 5 判 496頁 本体18000円

〔総説〕自然／地誌〔中部アメリカ〕環境と開発／農村と社会問題／民主化の過程／経済成長と貧困／宗教と表象／アフリカ系文化の影響〔南アメリカ〕環境と開発／人種とエスニシティ／国家と民衆／宗教と民俗〔国際関係〕〔附〕各種データ

山田睦男・中川文雄・松本栄次編
世界地名大事典 9

中 南 ア メ リ カ

16899-0 C3325　　　A 4 変判 1408頁 本体48000円

メキシコ以南の中央アメリカ，カリブ海地域，南アメリカ大陸の約4400地名を収録。欧文索引を掲載。〔収録国・地域〕アルゼンチン，ウルグアイ，キューバ，コロンビア，ジャマイカ，パナマ，ブラジル，ボリビア，ホンジュラス，他

上記価格（税別）は 2018 年 2 月現在